Mosaik bei
GOLDMANN

Buch

Jackie Kennedy Onassis schlug mit ihrem unverwechselbaren Stil die Welt in Bann. Wie würde sie das 21. Jahrhundert meistern? Mode, Beziehungsfragen, Jobprobleme, Familienangelegenheiten – was würde Jackie tun? Alles über zeitlose Eleganz, Erfolg, die Kunst eine unverwechselbare Frau zu sein und Noblesse im Jackie-O.-Style: ein unerschöpflicher Fundus an cleverem Rat und Inspiration, die das Leben einer Frau leichter, stilvoller und schöner machen.

Autorinnen

Shelly Branch studierte Journalismus an der Columbia Graduate School of Journalism. Sie schrieb unter anderem für »Fortune« und »Money«, heute ist sie als Reporterin beim »Wall Street Journal« tätig und lebt in New York.

Sue Callaway ist Journalistin und schrieb bereits für »Esquire«, »Harper's Bazaar«, »Men's Journal« und »Fortune«. Sie lebt mit ihrem Mann und ihren zwei Kindern in Kalifornien.

SHELLY BRANCH
SUE CALLAWAY

Was würde

Jackie

tun?

Stil-Ikone Jackie O.
Der elegante Style-Guide

Aus dem Amerikanischen von
Yvonne Hergane und Imke Brodersen

Mosaik bei
GOLDMANN

FSC
Mix
Produktgruppe aus vorbildlich
bewirtschafteten Wäldern und
anderen kontrollierten Herkünften

Zert.-Nr. SGS-COC-1940
www.fsc.org
© 1996 Forest Stewardship Council

Verlagsgruppe Random House FSC-DEU-0100
Das für dieses Buch verwendete FSC-zertifizierte Papier *Munken Print*
liefert Arctic Paper Munkedals AB, Schweden.

1. Auflage
Deutsche Erstausgabe Oktober 2008
© 2008 der deutschsprachigen Ausgabe
Wilhelm Goldmann Verlag, München,
in der Verlagsgruppe Random House GmbH
© 2005 der Originalausgabe by Rory Shelly Branch und Sue Callaway
Originaltitel: What would Jackie do?
Originalverlag: Gotham Books, a division of Penguin Group (USA) Inc.
Umschlaggestaltung: Design Team München
Umschlagmotiv: Getty Images/Anderson
Illustrationen: Monica Roe
Redaktion: Angela Troni
Satz: Barbara Rabus
Druck und Bindung: GGP Media GmbH, Pößneck
WR · Herstellung: IH
Printed in Germany
ISBN 978-3-442-17036-4

www.mosaik-goldmann.de

Für Barbara, Louise und Liliora,
die mich mit ihrer Anmut, Intelligenz und
Schönheit inspiriert haben

Inhalt

»Ich habe mich schon bei vielen Gelegenheiten gefragt:
Was würde Jackie jetzt tun oder denken? Einmal musste
ich im Restaurant neben einer Frau sitzen, mit der
mein Mann mich betrogen hatte. O Gott, mir war richtig schlecht. Da dachte ich: Was würde Jackie wohl in
dieser Situation machen? Sofort setzte ich mich aufrecht
hin und nahm eine Haltung vollkommener Würde ein.
Kurz darauf fühlte ich mich auch tatsächlich würdevoll. Das war in etwa so, als würde man ein fröhliches
Liedchen pfeifen, um die eigene Laune zu heben. Es
funktionierte – mit Jackies Vorbild vor Augen stand ich
sofort über den Dingen.«

CARLY SIMON

Sängerin/Songwriterin und enge Freundin von Jackie

Einleitung

Was hatte diese Frau bloß an sich?

Im Prinzip war bereits ab dem Tag im Jahre 1947, als sie in Hammersmith Farm debütierte, sonnenklar, dass die elegante Nymphe, die schlicht als »Jackie« bekannt wurde, etwas ganz Besonderes, Unantastbares, Beneidenswertes an sich hatte.

Als echtes »American Idol« stellte sie ein Leitbild dar, das seither unzählige Frauen – von der Kleidung bis zur Gestik – nachzuahmen versucht haben. In erster Linie war es jedoch ihre Aura außergewöhnlicher Würde, die ihr die größte Bewunderung einbrachte. Als Frau kann man einfach nicht anders – man will so sein wie sie. Wer könnte ihrer mehrsprachigen, weltgewandten Selbstsicherheit auch widerstehen? Überall auf der Welt haben Menschen Jackies Fähigkeit bewundert, mit den stürmischen, schmerzensreichen Irrungen und Wirrungen des Kennedy-Vermächtnisses und mit den Jahren an der Seite des Reeders Onassis umzugehen. Dabei schien sie unter den unförmigen Hüten übrigens nie ins Schwitzen zu kommen.

Womit wir auch schon beim Zweck dieses Buches wären. Es gibt Dutzende von Publikationen, welche die »wahre« Jackie zu porträtieren und sie zu den historischen Ereignissen in Bezug zu setzen versucht haben. Doch hat noch keine einzige davon Jackies Alltagsphilosophie auf unser Leben bezogen oder ihre zeitlose Kunst der Anpassung auf die Frau des einundzwanzigsten Jahrhunderts übertragen. Das Interesse der Öffentlichkeit an allem, was mit den Kennedys zusammenhängt, ist heute so groß wie eh und je, daher erscheint es uns angemessen – ja geradezu notwendig –, Jackie durch ein neues, moderneres Prisma zu betrachten. Wir möchten die Fäden ihres so dicht gewebten Lebens neu verknüpfen und die Ergebnisse in einen praktischen, hilfreichen Ratgeber münden lassen.

Im Verlauf der vergangenen vier Jahrzehnte hat Jacqueline Bouvier Kennedy Onassis beinahe so viele Mitglieder der schreibenden Zunft angezogen wie Fans. Das öffentliche Leben, das sie als junge Mutter im Weißen Haus führte, zog – genauso wie später die Garbo-gleichen Jahre in Griechenland und New York – selbst diejenigen Menschen in seinen Bann, die sie bis dato nur von Fotos kannten. Jackies Anziehungskraft und ihr beispielhaftes Verhalten haben noch heute bis weit über das gedruckte Wort hinaus Bestand: Als das New Yorker Metropolitan Museum of Art 2001 eine Ausstellung mit Jackies Garderobe und diversen Einrichtungsgegenständen aus dem Weißen Haus eröffnete, drängten so viele Besucher aus aller Welt herbei, dass die Ausstellung beinahe täglich überfüllt war. Außerdem erzielten zwei Sotheby's-Auktionen, bei denen mehrere Stücke aus ihren verschiedenen Wohnsitzen versteigert wurden, Erlöse in schwindelerregender Höhe.

Doch nüchterne Worte und Artefakte sind nicht genug. Was uns vor allem fasziniert, ist die private Jackie – unser königliches Alter Ego –, die bis in alle Ewigkeit als Inbegriff von Schönheit und Klugheit gelten wird. *Was würde Jackie tun?* erforscht die Alchimie von Jackies zeitloser Lebenskunst und zeigt damit, was eine Frau heutzutage braucht, um eine wahrhaftige Persönlichkeit zu sein. Als erstes seiner Art will dieses Buch Jackies berühmten Blick auf die Leserin lenken – mit Ratschlägen, Einblicken und einer Prise Humor (schließlich saß Jackie zeitlebens der Schalk im Nacken).

Wir leben in einer Zeit der Popkultur, in der uns die klassischen Idole abhanden gekommen sind. Leider kann Jackie Ihr Leben nicht persönlich analysieren und noch weniger umkrempeln. Aber dieses Buch soll die Alternative dazu sein – sozusagen Jackies Analyse in gedruckter Form. *Was würde Jackie tun?* wird Ihnen beibringen, stark und dennoch distinguiert zu sein – eine Mischung, über die alle Jennifer Anistons und J. Los dieser Welt nur allzu gern verfügen würden. Mit Madame Elegance als persönlicher Ratgeberin können Sie sich ein Stück des Zaubers von Jackie O. aneignen – ob im Herzen, im Geiste oder in Ihrem Zuhause.

Nach der Lektüre dieses Buches werden Sie zum Beispiel wissen, wann ein Designer seinen Preis wert ist und wann Sie mit einer Kopie besser dran sind. Sie werden lernen, jedes Thema – von Balzritualen bis zur Berufsdiplomatie – mit derselben Gewandtheit anzugehen wie damals Jackie. Wenn sie es geschafft hat, dass die einfachsten und privilegiertesten Gäste sich im Weißen Haus gleichermaßen wohlfühlten, dann bekommen Sie das in Ihrem eigenen Heim ebenfalls hin. Denken Sie nur mal an Jackies ebenso strenge wie erfolgreiche Methoden der Kindererziehung. In unserem Buch lernen Sie, diese auf Ihre Familie zu übertragen. Das Gleiche gilt für Jackies unübertreffliche Fähigkeiten, mit mächtigen Männern umzugehen.

Dieses Buch ist per definitionem ein Werk, das sich dem Spagat zwischen Geschichte und Mythos, Beobachtung und Beratung, Verehrung und gesunder Respektlosigkeit verschrieben hat. Wir unterbreiten darin zahlreiche Vorschläge für die Frau von heute, indem wir uns fragen, was Jackie in dieser oder jener Situation getan hätte – in einer Zeit, in der die Regeln sozialen Verhaltens viel weniger starr sind als zu Jackies Zeit. Würde sie knappe Dankes-Mails verschicken? Schlechte Nachrichten per BlackBerry überbringen? Abgelegte Kleider beim Secondhand-Laden in Kommission geben? Es mit Pilates versuchen? Sex beim zweiten oder erst beim fünften Date haben? Die Kinder First Class fliegen lassen oder sie in die zweite Zugklasse setzen?

Was würde Jackie tun? bezieht seine Weisheiten aus unzähligen Originalinterviews, Biografien, historischen Belegen und Dokumenten, aus Zeitungsartikeln, mündlichen Erzählungen, Fotos und anderen bereits veröffentlichten Werken. Als kleinen Realitätscheck lassen Sie uns bitte zwei Punkte herausstreichen. Erstens: Jackie hat sicherlich genauso viele glänzende Facetten gehabt wie ein Diamant, aber makel- und fehlerlos war selbst sie nicht. Deswegen soll dieses Buch Ihnen helfen, das zu lernen, was Jackie immer perfekt konnte: ihre Schwächen in Stärken verwandeln. Zweitens: Die meisten Frauen verfügen weder über die finanziellen Mittel noch über die sozialen Verbindungen, die nötig wären, um ein Leben wie Jackie O. zu führen. Weil wir das durchaus wissen, wollen wir Ihnen verraten, wie selbst Jackie den Gürtel hätte enger schnallen oder an allen möglichen Ecken und Enden hätte Geld sparen können.

Langer Rede kurzer Sinn: Dieses Buch soll Ihnen eine solide und doch unterhaltsame Grundlage bieten, aus der Sie jederzeit Inspiration und Ratschläge beziehen können. Damit Sie sich jedes Mal, wenn Sie mit einem bekleidungstechnischen, ethisch-moralischen oder ganz praktischen Problem konfrontiert sind, automatisch fragen: *Was würde Jackie tun?*

1. Kapitel

Anmut im Alltag

Wie man jeden Schritt mit Grazie vollführt

*»Eine schöne Geste ist wirklich außeror-
dentlich selten ...«*

JACQUELINE BOUVIER KENNEDY ONASSIS

Sollen wir es wagen, so zu sein wie sie ...?

Ein verlockender – und zugleich beängstigender –
Gedanke. Schließlich war Jackie O. schon immer in
fast allen Bereichen das Vorbild dafür, wie man etwas richtig
macht. Da war zum Beispiel die unzerstörbare Frisur, die jederzeit tadellos saß, ob vom Wind gebeutelt oder unter einem
eleganten Seidentuch gebändigt. Dann die Flüsterstimme,
die – je nach Bedarf – bezaubern, vernichten oder gefangen-
nehmen konnte. Selbst Jackies äußere Erscheinung strahlte
eine natürliche, leuchtende Anmut aus, die sich von innen
speiste. Dann war da natürlich noch ihr Kleidungsstil – perlenbesetzte Oberteile und Mäntel in A-Form, die das Auge
gerade ohne funkelnde Schmuckstücke betörten. Schon ein
einziges Foto von Jackie bewegt nahezu jede Frau dazu, den
Rücken durchzustrecken, sich die Haare glattzustreichen und
den Mann an ihrer Seite etwas näher an sich heranzuziehen.

Kein Wunder: Das meiste, was wir über die ehemalige First Lady gelesen und gehört haben, ist ehrerbietig, distanziert und unerreichbar. Aber wir leben in einer Zeit, in der alles – von Kleidung und Unterhaltung bis hin zu Manieren und sogar Sprache – außerordentlich erlesen ist. Was läge da näher, als diesen Jacqueline-Glanz anzustreben?

Natürlich lautet das Ziel nicht Perfektion. Um dem Gewöhnlichen, das Jackie in ihrer Jugend so fürchtete, zu entgehen, müssten Sie zeitlebens Diät leben, sich ständig disziplinieren und Verzicht üben, egal ob Sie nun Armani oder einen Arbeitskittel tragen. Jackie war sich stets bewusst, dass Grandezza eine Frage der Einstellung ist: Eine Frau muss tagein, tagaus hart arbeiten, um die Belanglosigkeit bestimmter Menschen und Ereignisse zu verarbeiten, die sie sonst deprimieren würde.

Rücken Sie Ihr Ego in den Schatten und Ihre wahren Qualitäten ins rechte Licht

Im Leben geht es nicht immer um Sie – das kann es nicht, wird es nicht und muss es auch nicht. Selbst wenn Sie damit jetzt nicht einverstanden sind, sollten Sie zuweilen wenigstens so tun. Eine starke Frau – und das war Jackie mehr als alles andere – sollte ihren Grad der Selbstüberschätzung nämlich tagtäglich überprüfen. Das geht übrigens genauso schnell und problemlos wie ein jedes Zubettgehritual. Natürlich hält eine Frau große Stücke auf sich selbst, und das ist grundsätzlich auch in Ordnung. Nur sollte es manchmal besser nicht allzu offensichtlich sein.

● **Raus aus dem Rampenlicht.** »Selbstdarsteller«, sagte Jackie einst, »gehen mir schrecklich auf die Nerven.« Die meisten Menschen aalen sich so gerne im Scheinwerferlicht, dass sie verblüfft (und entzückt) sind, wenn man ihnen etwas von der Aufmerksamkeit zukommen lässt, die man sonst auf sich selbst lenken würde. Sie gehen mit Freundinnen auf einen Cocktail aus? Dann bestehen Sie darauf, dass der umwerfende Typ in der Nische gegenüber nicht Sie beäugt, sondern eine Ihrer Begleiterinnen. Oder erzählen Sie Ihrem Friseur, dass die von ihm verpasste Traumfrisur – und nicht etwa Ihr Auftreten – die Gäste auf dem Wohltätigkeitsball zu wahren Begeisterungsstürmen hingerissen hat.

Jackie war eine wahre Meisterin darin, das Rampenlicht von sich auf andere umzulenken, und pflegte zu Freunden schon mal im Spaß zu sagen: »Die wissen, dass du hier bist!«, wenn wieder mal Hubschrauber mit Paparazzi über ihr kreisten. Selbst wenn massiver Druck auf ihr lastete, verstand sie sich darauf, den Fokus der Aufmerksamkeit von sich wegzulenken. Einmal bat einer von Jackies Biografen, der Tiffany-Chefdesigner John Loring, sie darum, der Zeitung *The New Yorker* ausnahmsweise ein Interview zu geben, um sein Buch zu promoten. Jackie sagte erst zu, lehnte letztendlich aber ab – mit einem wirklich cleveren Argument: »Es wäre für Sie nicht gut, wenn mein Name in dem Artikel erschiene. Dann würden sich die Leser nur an mich erinnern und Sie als Autor vollkommen vergessen.«

● **Ignorieren Sie Fauxpas.** Lassen Sie nicht zu, dass kleine Ausrutscher anderer Menschen Ihren Tagesfluss unterbrechen oder gar Ihr kostbares Chi am Fließen hindern. Wenn andere ins Stolpern geraten, egal ob mit Worten, Manieren oder schlechten Witzen, ist das für Sie noch lange kein Grund, sich aus der Ruhe bringen zu lassen. Jackie kümmerte es kein bisschen, wenn jemand zu ihr sagte: »Ihr Gucci-Kleid ist wunderbar!« (obwohl sie gerade Pucci trug), oder: »Wie war's auf der Bärenjagd?« (obwohl sie bloß zur Fuchsjagd ging).

Hier ein weiteres Beispiel dafür, wie elegant Jackie solche womöglich peinlichen Momente überspielte: Einer ihrer Kollegen bei Doubleday erinnert sich, wie Jackie mal in sein Büro kam, um ein Streichholzbriefchen zu schnorren. »Als ich es ihr reichte, fiel mir plötzlich auf, dass darauf ein JFK-Gedenkstempel prangte«, berichtet er. »Es war nur ein flüchtiger Moment, wie ein Wimpernschlag.« Doch Jackie ließ sich nichts anmerken. Genauso wenig wie an dem Tag, als Innenarchitekt Mario Buatta zum Dinner in ihre Wohnung in der Fifth Avenue kam und ihm beim Hinsetzen die Hosennaht am Hintern aufplatzte. Ohne mit der Wimper zu zucken stellte Jackie sich hinter ihn ans Büfett, damit sein Rücken verdeckt war.

● **Flechten Sie anderer Leute Namen ein.** Möchten Sie, dass Ihnen jemand einen Gefallen tut? Oder sich bei jemandem einschmeicheln? Dann verringern Sie die Anzahl der Gelegenheiten, bei denen Sie »Ich« sagen. Sie erscheinen sofort deutlich weniger egozentrisch und zugleich viel versöhnlicher, wenn Sie Ihre Anliegen jemand anderem zuschreiben. Jackie war für solche Ausweichmanöver bekannt, wenn sie etwas erreichen wollte. »Jack möchte gerne ...«, sagte sie dann immer, oder: »Meine Schwester hat mir davon abgeraten«, oder: »XY möchte nicht ...« Diese unaufdringliche Methode birgt große Vorteile. »Sie konnte Menschen ihren Willen aufzwingen, ohne dass diese es überhaupt bemerkten«, berichtet J. B. West, Majordomus des Weißen Hauses.

● **Werden Sie zur perfekten Schmeichlerin.** Das Ziel der Schmeichelkunst besteht darin, einem anderen Menschen zu sagen, wie besonders er oder sie ist, und gleichzeitig zu betonen, wie sehr man auf ihn oder sie angewiesen ist. Diese Technik erweist sich immer dann als hilfreich, wenn man berufliche Beziehungen zu retten versucht oder etwas Bestimmtes erreichen möchte.

Um ein »faszinierendes« Porträt von Benjamin Franklin für das Weiße Haus zu ergattern, rief Jackie eines Tages den Verlagsmogul Walter H. Annenberg an. Sie war zwar durchaus bereit, vor ihm etwas zu katzbuckeln, aber natürlich nur mit größtmöglicher Würde und Zielstrebigkeit. »Mister Annenberg, Sie sind der wichtigste Einwohner von Philadelphia«, schnurrte sie. »Und zu seiner Zeit war Benjamin Franklin der wichtigste Einwohner von Philadelphia. Aus diesem Grund habe ich sofort an Sie gedacht...« Anschließend erklärte sie ihm daran, dass das Weiße Haus – ja, ganz Amerika – seinen kostbaren Besitz dringend benötige. Wundert es da noch, dass Annenberg ihr das damals 250 000 Dollar teure Gemälde von David Martin bereitwillig überließ?

● **Machen Sie sich selbst etwas kleiner.** Wie stellt man sicher, dass alle sich wohlfühlen, wenn man sich außerhalb seiner eigenen Gesellschaftsschicht bewegt? Ganz einfach: Man macht sich um ein, zwei Zentimeter kleiner. Jackie war sehr begabt darin, sich weniger reich, weniger klug und weniger schön darzustellen, als sie tatsächlich war, wenn die Situation dies erforderte. Zum Beispiel bezeichnete sie ihren Wohnsitz in der Fifth Avenue gern als »alte Baracke«. Selbst in Gesellschaft von Menschen, die sie beeindrucken wollten, gab sie sich gern zurückhaltend. »Wenn jemand zum Beispiel

27

über ein eher wenig bekanntes Buch philosophierte, ließen Jackies gute Manieren sie behaupten: ›Davon habe ich ja noch nie etwas gehört‹, obwohl sie das Buch komplett gelesen hatte«, wie ihre Freundin Carly Simon berichtet.

———

»Wenn man will, dass die Welt einen anbetet, muss man ein grundlegendes Interesse an anderen Menschen entwickeln. Jackie hörte jedem voller Staunen und Begeisterung zu – in ihrer Gegenwart kam man sich vor wie der wichtigste Mensch auf der Welt.«

DR. DEEPAK CHOPRA

———

Ein Grundkurs in Noblesse oblige

● **Werden Sie zur Sonderbotschafterin** – für Fremde, Kollegen und übelgelaunte Menschen. Jackie setzte sich liebend gern ins Taxi, um New York zu erkunden. So manches Mal beugte sie sich in diesen gelben Streitwagen nach vorn und tat etwas, was kaum ein Mensch tut: Sie fragte den Fahrer, wie sein Tag so verlaufen war. In einem Fall – draußen goss es gerade in Strömen – flehte sie den Mann sogar an, früher Feierabend zu machen, damit er möglichst schnell nach Hause und ins Trockene kam. Welchen Sinn sollte es denn haben, über den anderen zu stehen, wenn man sein Licht nicht ab und zu auf sie herabscheinen lässt?

● **Verwöhnen Sie Ihre Helfer.** Es wäre extrem niederträchtig, denjenigen Menschen, die einem den Lebensweg ebnen, nicht ab und zu ein bisschen Anerkennung zukommen zu lassen. Das betrifft den Portier genau wie den Postboten und – wenn man in der glücklichen Lage ist – auch die Köchin und den Privatpiloten. In Jackies Fall verlängerte sich diese Liste außerdem um zahlreiche weniger wichtige Politiker.

Beschränken Sie sich allerdings nicht nur auf ein Trinkgeld und ein Kopfnicken. In der Zeit, als die Präsidentengattin Jackie die Wahlkampagne ihres Mannes unterstützte, konnte sie jederzeit aus dem Stegreif die Namen unzähliger Bürgermeister und Abgeordneter herunterrasseln. Und im Weißen Haus verblüffte sie das Personal damit, dass sie jeden Einzelnen bereits bei der ersten persönlichen Begegnung mit dem richtigen Namen ansprach.

● **Kritisieren Sie Ihre Feinde und Gegner nicht (öffentlich).** Überlassen Sie derart ehrloses Verhalten übermodernen Politikern und den Teilnehmern diverser Reality Shows. Widerstehen Sie vor allem der Versuchung, andere Menschen per E-Mail schlechtzumachen: Es gibt nichts Schlimmeres als Verunglimpfungen, die bis in alle Ewigkeit elektronisch gespeichert und weitergeleitet werden können. Jackie war zeitlebens niemals hinterhältig, obwohl sie tagtäglich von (politischen) Feinden und Neidern (besonders von altbackenen, eifersüchtigen Frauen) umgeben war. Dennoch weigerte sie sich, während der Wahlkampagne im Jahr 1960 Seitenhiebe gegen Hubert Humphrey auszuteilen. Zwei Jahrzehnte später, als Nancy Reagan in den Sumpf negativer Publicity geriet, gab Jackie sich sehr mitfühlend und ging sogar so weit, die Präsidentengattin anzurufen und ihr Tipps im Umgang mit der Presse zu geben.

● **Zapfen Sie höhere Stellen an …** um den Hilflosen zu helfen. Nachdem Sie Ihre unmittelbaren Ressourcen ausgeschöpft haben, blicken Sie nach rechts und links sowie nach oben und unten, auf der Suche nach jemandem, der die Kluft zwischen Ihnen und der Lösung des Problems überbrücken könnte. Lassen Sie sich keinesfalls von Ihrem Stolz abhalten, einen einflussreichen Freund darum zu bitten, dass er einen Ihrer Bekannten unterstützen möge – auch wenn die beiden sich nicht kennen. Genau dafür sind Beziehungen nämlich da.

Im Jahr 1980 trat Jackie beispielsweise an die Ärztin und Wohltäterin Mary Lasker mit der Bitte heran, einem verarmten, kranken Jungen, dem Sohn einer Nagelpflegerin, zur entsprechenden medizinischen Behandlung zu verhelfen. Nachdem Mary ihr den Gefallen gewährt hatte, schrieb Jackie ihrer Freundin einen herzerwärmenden Brief auf dem Briefpapier des Verlages: »Jetzt haben sie nicht mehr das Gefühl, Menschen zweiter Klasse zu sein, nur weil sie arm sind. Was auch immer nun geschehen mag – nun wissen sie, dass eine edle Seele es ihnen ermöglicht hat, die bestmögliche Behandlung zu bekommen.«

● **Halten Sie Feinden die andere – samtweiche – Wange hin.** Manchmal muss man den Menschen beweisen, aus welchem Holz man geschnitzt ist, indem man genau dann erhaben auftritt, wenn einem am allerwenigsten danach ist. Das gilt zum Beispiel dann, wenn Ihnen jemand gerade den perfekten Parkplatz oder im Nobelkaufhaus das letzte Paar Loro-Piana-Handschuhe vor der Nase wegschnappt. In solchen Situationen sind Sie gut beraten, diese kleinen Akte des Nächstenhasses unkommentiert durchgehen zu lassen, genau wie Jackie es tat. Als sie einmal mit Thomas Hoving, dem damaligen Direktor des Metropolitan Museum of Art, auf Reisen war, war sie angesichts der französischen Paparazzi, die ihr vor einem schlichten Restaurant am linken Ufer der Seine auflauerten, bestürzt und verängstigt. Empört über diese Belagerung machte Hoving kehrt, fuhr zum Hotel, dem Plaza Athénée, zurück und verlangte, dass der Portier, der das Lokal verraten hatte, sofort entlassen werde. Als er Jackie hinterher davon erzählte, war sie sehr böse auf ihn und schimpfte: »Sie haben aus einem derart nichtigen Grund einen Mann seines Lebensunterhalts beraubt?«

● **Bringen Sie den Ruf des Geldes zum Verstummen.** Die besten Reichen sind die stillen. Wenn Sie also in der glücklichen Lage sind, über einen endlosen Vorrat knisternder Scheine zu verfügen, dann zerknüllen Sie diese bitte nicht gerade vor den Augen derer, die deutlich weniger haben als Sie. Das soll jetzt nicht heißen, dass Sie sich alle guten Dinge vorenthalten müssen. Aber Sie können gleichermaßen unheimlich wie heimlich reich sein – wenn Sie verstehen, was wir meinen.

Prahlen Sie bitte nicht mit Ihrem Geld – auch nicht mit dem Ihrer Eltern oder Ihres Liebhabers – oder damit, wofür Sie es ausgeben wollen. Als die verwitwete Jackie eine 26-Millionen-Dollar-Zahlung aus der Vermögensmasse von Aristoteles Onassis erhielt, löcherten sie mehrere Society-Experten mit Fragen darüber, was sie mit diesem warmen Geldregen zu tun gedenke. »Über so etwas spricht man nicht«, lautete ihre fassungslose Antwort.

● **Tragen Sie die Nase nicht zu hoch.** Auch wenn Ihr gesellschaftlicher Rang oder Ihre Beziehungen es erlauben – bitte widerstehen Sie der Versuchung, über die Köpfe »normaler« Menschen hinweg Bockspringen zu üben. Das heißt: kein Vordrängeln in der Schlange an der Kasse von Disney World und auch kein Hochschieben des Burberry-Minirocks, um eines der gefragten Taxis anzuhalten. In New York stellte Jackie sich immer wie jeder andere auch in der Kino- oder Museumsschlange an, statt sich vorzudrängeln. Wenn möglich ging sie Schlangen jedoch von vornherein aus dem Weg.

Impressionen einer First Lady – wie Sie sich unverwechselbar machen

————

»Man kann an sich feilen, sich zurechtmachen und Schönheitskorrekturen vornehmen, doch die Leute für dumm verkaufen kann man nicht. Jackie war durch und durch Frau – und dennoch ganz anders als jede andere Frau dieser Welt. Das war schon kein Sex-Appeal mehr, sondern Magnetismus.«
MANOLO BLAHNIK, Schuhdesigner

————

Es ist wichtig, mehr als nur geistreich, hübsch und perfekt zurechtgemacht zu sein. Ob Sie nun einen attraktiven Publikumsliebling oder den Liebling aller attraktiven Männer abgeben – wen kümmert das schon? Wenn Sie sich damit zufriedengeben, eine liebe und nette, aber langweilige Maus zu sein, wie man sie an jeder Ecke findet und die jederzeit bereit ist, ihren Lippenstift, ihre Geheimnisse, den Job und Männer mit anderen zu teilen, dann riskieren Sie, zur Auswechselbaren Frau (AF) zu mutieren.

Eine Auswechselbare Frau ist weder originell noch bemerkenswert im wörtlichen Sinne. Zwar kann sie durchaus redegewandt sein und hat womöglich sogar ein abgeschlossenes BWL-Studium, aber im Grunde sagt sie meistens recht wenig. Sie ist vielleicht aktives Mitglied im Fitnessclub, was man ihr auch ansieht, doch ihr Sinn für sich selbst ist nur schwach ausgeprägt. Insgesamt ist sie leicht zufriedenzustellen, ein bisschen schwer von Begriff und bleibt oft länger, als sie willkommen ist (vor allem wenn Männer im Spiel sind). Sie benutzt das Wort »ich« eindeutig zu häufig und ahnt nicht mal, dass andere sie überflüssig finden.

So sollten Sie niemals sein!

Selbst wenn Sie sich nur eine einzige Perle der Weisheit aus Jackies Leben herausgreifen, dann diese: Lassen Sie niemals zu, dass Sie zur AF werden. Jackie verfügte über zahlreiche beneidenswerte Qualitäten und war mit Sicherheit eine Meisterin in der Kunst der angewandten Weiblichkeit. Aber sie verachtete »Frauen, die »nichts im Kopf« haben und über nichts anderes reden können als ihre letzte Maniküresitzung. Schon in ihrer Jugend mied sie die Gesellschaft von Geschlechtsgenossinnen, die »bloß kichern, schnippisch und hinterhältig und irgendwie beschränkt sind«, und Frauen, die sich dem anderen Geschlecht an den Hals werfen, waren ihr gar ein Graus. Die Welt beherbergt schon viel zu viele davon, daher wollte Jackie auf keinen Fall dazuzählen – und Sie sollten es auch nicht.

Eilen Sie deshalb niemals überhastet an die Seite derer, die sich das Vergnügen Ihrer Gesellschaft noch nicht verdient haben, und widmen Sie Ihren Charme und Ihre Fähigkeiten nicht voreilig denjenigen, die sie nicht zu schätzen wissen. Setzen Sie Ihre Stärken gezielt ein, und lassen Sie andere Menschen ruhig ein bisschen darüber spekulieren, was wirklich in Ihnen steckt. Erheben Sie sich über das Mittelmaß, und verleihen Sie jedem Thema, von Kafka bis Katholizismus, Ihren ganz speziellen Touch. Falls Sie beschließen sollten, sich einem Verein, einer guten Sache oder einem Partner anzuschließen, dann stellen Sie aus dem Stegreif ein paar Regeln auf.

Während ihrer Verlobungszeit mit JFK machte Jackie dem Kennedy-Clan nur allzu deutlich klar, wie wenig sie gewillt war, zur AF zu werden – selbst unter den denkbar widrigsten Umständen. Es war im Jahr 1953, die junge Miss Bouvier und die Familie Kennedy befanden sich noch in der Kennenlernphase. Ethel Kennedy hatte für den St. Patrick's Day eine Party anberaumt und den Gästen lediglich eine Vorgabe gemacht: Tragen Sie Schwarz. Jackie, die spürte, dass Ärger in der Luft lag – und zudem die Gefahr, zur AF zu werden –, erschien tatsächlich in Schwarz, wenngleich mit einigen bunten Assen im Ärmel.

Ethel trug natürlich ein strahlend smaragdgrünes Kleid – und degradierte damit alle anderen weiblichen Gäste zu AFs. Die pfiffige Jackie triumphierte jedoch dadurch, dass sie sich im Rolls-Royce zur Party chauffieren (und den Wagen für alle sichtbar mit laufendem Motor auf sich warten) ließ. Die Botschaft hinter dieser Geste lautet: Ich habe auch noch etwas anderes zu tun ... Um nicht mit den vielen AFs über einen Kamm geschoren zu werden, mischte Jackie sich kaum unter die Partygäste, sondern hielt vielmehr am Kamin Hof. Kurz darauf verabschiedete sie sich mit der Ausrede, sie habe

»grässliche Kopfschmerzen«, früh und flüchtig von den verdutzten Anwesenden. Vor aller Augen stieg sie wieder in den Rolls-Royce, ließ geheimnisvoll die Scheibe heruntergleiten und winkte den Feiernden zum Abschied zu – womit sie auch die letzten Verdachtsmomente, sie könnte eine AF sein, aus der Welt schaffte.

Mit den folgenden Methoden schaffen Sie es garantiert, dem AF-Stempel zu entgehen:

● **Richten Sie Ihre Aufmerksamkeit auf andere.** Seien Sie dabei stets mehr als höflich, besonders bei neuen Bekanntschaften. Konzentrieren Sie sich ganz und gar – wenn auch nur kurz – auf Ihr jeweiliges Gegenüber, gönnen Sie jedem, auch den Einfältigsten, ein anmutiges Kopfnicken oder gar zwei. Jackie »ließ in der Öffentlichkeit nie einen Menschen merken, dass sie ihn nicht mochte«, erinnert sich Kunstkritiker John Russell. »Hinterher dachten die Leute immer: ›Sie mag mich, ja, ich glaube, sie war sogar von mir beeindruckt.‹ Diese Eigenschaft machte sie sehr liebenswert.«

● **Rollen Sie sich selbst einen unsichtbaren roten Teppich aus.** Sie brauchen sich nur einmal umzusehen – überall begegnen Sie zusammengesunkenen Gestalten. Diese gelangweilte, lässige Körperhaltung, der sogenannte »Gesellschaftsbuckel«, mag zwar von Zeit zu Zeit eine trendige Wiederauferstehung feiern, aber bedenken Sie bitte, dass ein Rücken in Fragezeichenform nicht jedem Menschen gut steht, schon gar nicht den am üppigsten Behängten. Um jederzeit eine aufrechte Haltung einzunehmen, stellen Sie sich vor, Sie schritten auf einem roten Teppich dahin, beobachtet von unzähligen Menschen. Wenn man alte Fotos von Jackie betrachtet, meint man, ihr gelegentlich regelrecht ansehen zu können, wie sie sich genau das vorgestellt hat.

● **Üben Sie den Namensappell im Kopf.** Manche AFs beherrschen es nahezu perfekt, sich an die Namen von anderen Menschen, vor allem anderen Frauen, nicht erinnern zu können. Das ist nicht nur unhöflich, sondern beraubt Sie zudem der Chance, bei einer Cocktailparty oder Konferenz die Zügel in der Hand zu behalten. Jackie wusste schon lange vor ihrer Zeit im Weißen Haus, wie wichtig es ist, Menschen mit Namen zu begrüßen. Es zeigt, wie unglaublich weltgewandt Sie sind – Sie kennen aber auch wirklich jeden –, selbst wenn Sie Ihr Gegenüber gerade erst kennengelernt haben.

● **Gestalten Sie Smalltalk lebendiger.** Bestimmt waren Sie schon öfter in Situationen, in denen eine Unterhaltung nicht mehr nur oberflächlich, sondern komplett unterirdisch war. Was haben Sie unternommen, um das Gesprächsniveau anzuheben? AFs folgen in so einer Lage oft dem Herdentrieb und verstummen oder nicken im Chor. In solch unangenehmen Momenten könnten Sie zum Beispiel nonchalant die Frage einwerfen, wer in letzter Zeit in Afghanistan gewesen sei.

● **Suchen Sie sich Festlichkeiten gezielt aus.** Werden Sie nicht zum Standardinventar trendiger Clubs, Bars und anderer AF-Versammlungsorte, egal wie beliebt oder »exklusiv« diese auch sein mögen. Dann wären Sie nämlich vor allem eines: »viel zu verfügbar« – eine Sache, vor der Jackies Vater seine Tochter schon im Teenageralter gewarnt hatte.

Außerdem hätte dieses Verhalten ihrer selbst aufgestellten Regel widersprochen, unberechenbar und geheimnisvoll zu wirken.

● **Halten Sie Hof, und lassen Sie sich stets ein wenig beknien.** Wenn es um geselliges Beisammensein geht, fahren Sie manchmal am besten, wenn Sie sich ein bisschen bitten lassen. Buhlen Sie beispielsweise niemals um eine Einladung zu einem »angesagten« Dinner oder darum, einem bestimmten Mann Gesellschaft leisten zu dürfen. Schon der bloße Hauch von Verzweiflung kann Ihrem Ruf erheblich schaden.

Geben können ist eine Gabe. Bekommen können auch.

Führen Sie eine Wunschliste. Wenn Sie eine Liste all der Dinge anfertigen, die Sie gerne hätten, dann hilft das Ihren Verwandten, Kollegen und allen, die beispielsweise auf eine Einladung in Ihr Feriendomizil hoffen, zu begreifen, was von ihnen erwartet wird – sofern sie in Ihrer Gunst verbleiben wollen. Jackie schrieb häufig Sachen auf, besonders Bücher, die sie sich wünschte, sodass ihre Angestellten im Weißen Haus oder andere Bekannte sofort wussten, womit sie ihr eine Freude machen konnten. Diese persönlichen Wunschlisten sind heutzutage praktischerweise weit ver-

breitet, ob in Form von Hochzeitstischen oder Geschenktausch-
börsen.

Mary Van Rensselaer Thayer, die Autorin von Jackies autori-
sierter Biografie, schrieb: »Jacqueline hat ein schlechtes Gewissen
dabei, (Kunstbücher) auf ihre Wunschliste zu setzen, da solche
Bände extrem kostspielig sind. Aber um Verwandten und engen
Freunden eine Hilfestellung zu geben, was sie zu den Feiertagen
schenken könnten, hinterlegte sie in einer Buchhandlung in der
Nähe ihres früheren Hauses in Georgetown eine Liste mit Büchern, die sie gern besitzen wollte.«

Mit Aristoteles Onassis betrieb sie dagegen ein anderes Ge-
schenkespiel – eines, das Sie gerne auf Ihren Partner übertragen
können, sofern dieser häufig unterwegs ist, egal ob aus geschäft-
lichen oder privaten Gründen. Die Grundregel dabei lautete: Jedes Mal, wenn Onassis Griechenland verließ, sollte er Jackie bei
seiner Rückkehr eine Kleinigkeit mitbringen. Als einer der reichs-
ten Männer seiner Zeit hatte er häufig (wenngleich nicht immer)
sündhaft teure »Kleinigkeiten« im Gepäck. Sollte Ihr Partner nicht
über die Geldmittel eines Herrn Onassis verfügen, dann ermun-
tern Sie ihn, seine Phantasie spielen zu lassen – kleine, mit Bedacht ausgesuchte Mitbringsel sind stets ein Anlass zur Freude.

*Streichen Sie den Satz »Das wäre doch nicht nötig gewe-
sen!«* mit sofortiger Wirkung aus Ihrem Wortschatz. Das hat Jackie schon nicht ernst gemeint, und Sie sollten es auch nicht tun.
Zeigen Sie dem Schenkenden stattdessen, wie sehr Sie es zu
schätzen wissen, dass er an Sie gedacht hat.

Jackie heimste im Laufe der Jahre jede Menge Geschenke von
Bewunderern, Diplomaten, Familienangehörigen und weitläu-

figen Bekannten ein. Ein paar schmeichelnde Worte und Dankes-
briefe führen in aller Regel zu weiteren Rubinarmbändern und
Vollblutpferden – die Sorte funkelnder und behufter Geschenke,
die Jackie über die Jahre in unüberschaubaren Mengen ansam-
melte.

Verletzen Sie keine Unschuldigen. Sollte Ihnen ein Geschenk
überhaupt nicht gefallen, so lassen Sie sich das unter keinen Umständen anmerken. Statt nach dem Kassenbon für den Um-
tausch zu fragen, sagen Sie: »Wie liebenswürdig!«, selbst wenn Sie
wissen, dass der Gegenstand augenblicklich in der Kiste mit der
Aufschrift »Für gute Zwecke« landen wird. Das Weiße Haus erhielt schon immer zahllose Geschenke (einschließlich gruseliger
Porträts vom Präsidentenpaar, sogar aus Reiscrispies gebastelt).
Viele davon hat das Präsidentenpaar für wohltätige Zwecke ge-
spendet, andere aus Sicherheits- oder praktischen Gründen weg-
gesperrt. Selbstverständlich ließ Jackie das die Schenkenden jedoch niemals wissen. Als die Kennedys einmal von einer Familie
einen Kuchen ins Weiße Haus geschickt bekamen, ließ Jackie eine
ihrer Angestellten einen Brief schreiben, in dem sie versicherte,
der Kuchen habe sehr gut geschmeckt. Im Korrespondenzordner
fand sich hingegen eine interne Notiz, die das wahre Schicksal
des Backwerks offenbarte: »Zerstört durch den Geheimdienst.«

Schenken Sie stets mit Bedacht weiter. Es mag Fälle geben,
in denen Sie dem Schenkenden seine Gabe zurückgeben möchten. Das können Sie unter Umständen schon mal machen, etwa
wenn das Geschenk ideellen Wert hat und Sie die Rückgabe als
liebenswerte Geste und nicht als billige Nummer verpacken. Prä-

sidentenberater Ted Sorensen schenkte Jackie einmal mehrere Zeichnungen, die JFK während der Kuba-Krise angefertigt hatte. Jahre später schenkte die clevere Jackie ihm die Skizzen – die sie vorher natürlich hatte rahmen lassen – zu Weihnachten wieder zurück, zusammen mit einer Nachricht, die in ihrer Schlichtheit keiner weiteren Erklärung bedurfte: »Weil Sie ihm so viel bedeutet haben.«

Ersparen Sie sich den Stress beim Weihnachtseinkauf. Es mag Ihnen vielleicht seltsam erscheinen, Weihnachtsgeschenke in den Sommermonaten zu besorgen, aber überlegen Sie nur mal, wie sehr Sie es genießen werden, den vor den Feiertagen auf die dreifache Länge angeschwollenen Schlangen in den Geschäften, der ausgedünnten Auswahl und den zwangsläufig gerade ausgegangenen Geschenkpapiervorräten zu entgehen. Jackie war dafür bekannt, dass sie schon im Juli Weihnachtsgeschenke zu kaufen begann, was angesichts von Sommerschlussverkauf und ähnlichen Aktionen eine gute Methode sein kann, das eine oder andere Schnäppchen zu machen. Also nutzen Sie die Chance, vor den Feiertagen entspannt durch schicke Einkaufspassagen zu bummeln und höchstens ein paar letzte Kleinigkeiten einzukaufen – wie Jackie es mit ihren Enkelkindern zu tun pflegte.

Ich freue mich auf Sie!
Von der umwerfenden Gastgeberin
zum begehrten Gast

Soireen abzuhalten, die jedem möglichst lange in Erinnerung bleiben, ist ein Balanceakt, der im Idealfall jeden weiblichen Gast aus den Latschen ... äh ... Riemchensandaletten kippen lassen kann. Dazu sollten Ihre Gäste sich wohl und entspannt fühlen, gleichzeitig aber von den fesselnden Gesprächen angeregt werden. Sie wollen, dass Ihnen die Gäste in Ihren Bau folgen und jedes Detail bewundern – die Votivbilder im Badezimmer genauso wie die Rosmarinzweiglein im Martini – und am Ende hoffentlich ihre Handynummern oder zumindest reizende Blicke wechseln. Und am allerwichtigsten: Es sollte alles so wirken, als wäre es gar nichts, als wäre es Ihre Berufung, Ihren Gästen Vergnügen zu bereiten, egal wie schwierig diese Aufgabe auch sein mag.

Die gute, schlaue Jackie erfand die Kunst des Gastgebens als First Lady sozusagen neu. Sie ließ die zu Jeffersons Zeiten übliche Vorliebe für gemütliche runde Tische wiederauferstehen und distanzierte sich von der biederen E-förmigen Tischanordnung, die damals modern war. Auf den von ihr organisierten Veranstaltungen gab es französische Speisen und Wein, und zum Entzücken so mancher Kulturschaffender und Staatsmänner schmuggelte sie sogar Cocktails in das Programm vor dem Abendessen. Doch wie könnten Sie nun Ihren Unterhaltungswert als Gastgeberin steigern?

Willkommens-Goodies

Von ästhetischen Fragen zur Eingangstür (im Dunkeln fluoreszierende Klingel oder doch lieber eleganter Türklopfer?)

41

bis zu Ihren Willkommensworten – das Eingangsritual bestimmt den Ton des ganzen Abends. Als Nächstes sollten Sie Ihr feines Näschen für Schmeicheleien einsetzen und jedes Mal, wenn Sie zwei Menschen einander vorstellen, kleine persönliche Eigenheiten einfließen lassen. In dieser Disziplin war Jackie eine wahre Meisterin, wie Letitia Baldrige sich erinnert. »Man sagt nicht: ›Das ist Mary Smith, meine frühere Zimmergenossin aus Kalifornien‹, sondern: ›Das ist Mary Smith, meine umwerfende frühere Zimmergenossin aus Kalifornien, die Abschlussballkönigin war und ein Abonnement auf glatte Einser hatte. Wir waren damals alle unglaublich neidisch auf sie.‹ Jeder weiß, dass das völlig übertrieben ist, aber Mary Smith wird begeistert sein, und die Menschen neben ihr am Tisch wissen, über welches Thema sie mit ihr reden können.«

Stehen formellere Anlässe an, bei denen es zu den gefürchteten Empfangsschlangen oder einer ihrer moderneren Varianten kommt, dann versuchen Sie die Dinge so im Fluss zu halten, wie Jackie es getan hätte. Sagen Sie zu jedem einzelnen Gast: »Danke! Wie schön, Sie zu sehen. Bis gleich«, bevor Sie sich abwenden und zum Nächsten übergehen. Hierbei spielt Jackies Kopfhaltung eine Schlüsselrolle, denn diese dient dazu, jeden Neuankömmling wissen zu lassen, wann er weiterzugehen hat. Hopp, hopp! Wenn jemand zu lange zögert, frieren Sie Ihr Lächeln einfach ein, und verstummen Sie. Die bedeutungsschwangere Pause erfüllt in aller Regel ihren Zweck.

Die Zusammensetzung einer guten Gästeliste

Was tun mit all den Visitenkarten, die Sie zugesteckt bekommen? Natürlich nur den richtig guten, die voller Eselsohren sind und ganz unten in Ihrer Brieftasche landen. Sie könnten sich Jackies Katalogisierkünste zu eigen machen und sie zum Beispiel unter K wie »Kunstszene«, H wie »heiß« oder I wie »intellektuell« abheften. Dann müssen Sie nur noch so tun, als lebten Sie im Paris der zwanziger Jahre. Denken Sie an die geselligen Abende jener Zeit. An die Salons. Jackie fasste diese verlockende Atmosphäre 1981 in einem Interview folgendermaßen zusammen: »Die Franzosen wissen das schon lange, und im Grunde wissen wir das auch – wenn man vielbeschäftigte Männer in eine reizvolle Umgebung versetzt, in der die Räumlichkeiten angenehm und die Speisen gut sind, entspannen sie sich und öffnen sich für anregende Unterhaltungen. Da kann manchmal viel passieren.«

Also durchbrechen Sie das übliche Gästekarussell, und würfeln Sie interessante Menschen aus den verschiedensten Lebensbereichen zusammen. Decken Sie grundlegende Aspekte wie Geschlecht, Alter und Berufsgruppe möglichst gleichmäßig ab (eine Cellistin, ein Multimillionär, ein Designer usw.), gegensätzliche politische Meinungen sollten Sie dagegen nur zusammenbringen, wenn Sie das damit verbundene Risiko eingehen wollen.

Alles trägt Ihre Handschrift – die Kunst der Korrespondenz

Eine Frau mit Niveau und Aura schreibt *à main*. Sie weiß, dass flackernde Wörter am Bildschirm ihr vielleicht ein Vorstellungsgespräch oder so manche interessante Verabredung einbringen können, dass aber Worte, die aus einer echten Schreibfeder fließen, die Chance auf deutlich mehr – wenngleich weniger handfeste – Reichtümer in sich bergen.

Jackie war eine echte Bilderbuchbriefschreiberin. Sie benutzte ihr typisches Briefpapier (hellblaue Bögen mit weißen, geprägten Buchstaben) und ihre unverwechselbare Handschrift dazu, sich Gefallen auszubitten, Liebhaber zu umgarnen, sich aus heiklen Situationen herauszulavieren oder ihrem berühmten Zorn – normalerweise in überschwänglicher Manier – Luft zu machen.

Die meisten Menschen schreiben heutzutage nur noch mit der Hand, wenn es um Lebensläufe und andere offizielle Angelegenheiten geht. Das ist ein Fehler. Die beidhändige Jackie konnte etwa auf acht handschriftlichen Seiten ihr Mitgefühl bekunden (zum Beispiel in dem Brief, den sie der Witwe des Verlegers Phil Graham nach dessen Selbstmord schickte) und dann ohne Probleme zu intellektueller Prosa übergehen, die sich an erhabenere Geister wie zum Beispiel den ehemaligen stellvertretenden Verteidigungsminister Roswell Gilpatric richtete.

Das Besondere an Jackies Schreiben, war, dass sie zumeist durch einen persönlichen Absatz eingeleitet waren. Statt mit einem Allerweltsdankeschön zu beginnen, benutzte Jackie gern »Formulierungen wie ›Was für ein spektakuläres Soufflé!‹«, wie Melody Miller, die langjährige Haushaltshilfe der Familie Kennedy, zu berichten weiß. »Erst nach dieser Einleitung ging sie dazu über, dem Empfänger für den bemerkenswerten Abend zu danken.«

Heutzutage würde Jackie sich sicher ebenfalls zur elektronischen Nachrichtenübermittlung hingezogen fühlen, allerdings ohne ganz auf Handschriftliches zu verzichten. »Kleine Mitteilungen würde sie zwar per E-Mail verschicken, wichtige Dinge jedoch auf gutem Briefpapier festhalten«, behauptet Letitia Baldrige, Jackies gesellschaftliche Beraterin im Weißen Haus. »Bei sehr engen Freunden würde sie sich vielleicht auch mal per E-Mail bedanken, aber allen anderen, besonders älteren Menschen, würde sie hundertprozentig mit der Hand schreiben.«

Achten Sie darauf, Briefe innerhalb einer angemessenen Zeit zu versenden. Wenn sie Geschenke bekommen hatte, legte Jackie stets großen Wert darauf, den Dankesbrief innerhalb von vierundzwanzig Stunden abgeschickt zu haben.

Wichtig: gutes Briefpapier und eine sexy Handschrift.
Wählen Sie stets Karten und Papierbögen, die der zu verschickenden Nachricht entsprechen. Briefpapier mit Prägung (Jackie bevorzugte unter anderem die von Smythson) macht im wahrsten Sinne des Wortes Eindruck, aber Sie müssen ja nicht immer so etwas Schickes benutzen. Um das Ganze aufzulockern (und nebenbei Geld zu sparen), verwendete Jackie auch schon mal

Postkarten aus Museen oder Briefpapier aus Nobelhotels. Das Half Moon Hotel auf Jamaika war übrigens eine ihrer Lieblingsquellen. Dies vermittelt dem Empfänger das Gefühl, dass Sie präsent und auf sein Anliegen konzentriert sind und bildet damit die perfekte Grundlage für ernsthafte Korrespondenz.

Natürlich sollte sich Ihre Schreibkunst immer auf dem höchsten Niveau bewegen, was für viele Menschen schwierig ist. Wer nämlich so ziemlich alles, von E-Mails bis zu den Anweisungen für den Babysitter, in SMS-fähige Kürzel verwandelt, dessen in der Schule erworbenen Fähigkeiten gehen mit der Zeit verloren. Bemühen Sie sich, einen unverwechselbaren Schreibstil zu entwickeln, das ist viel wichtiger, als perfekt mit E-Cards umgehen zu können. Jackies Handschrift war auf verführerische Art schief und ausgefallen. So schrieb sie die Namen der Adressaten gern in Großbuchstaben, begann viele Sätze mit »Du« oder »Sie« und nutzte ihre bevorzugten winzigen Notizzettel bis auf den letzten Quadratmillimeter aus, indem sie auch auf die Rückseite oder an den Rändern entlang schrieb.

Drücken Sie Ihr Bedauern stets angemessen aus. Wenn Sie einer Einladung nicht folgen können, dann äußern Sie Ihr Bedauern darüber am besten doppelt: einmal, um die Gästezahl gleich im ersten Satz zu klären, und dann noch einmal, um den Gastgebern zu verstehen zu geben, dass Sie durchaus an sie denken. Als Jackie einmal nicht zu einer Dinnerparty gehen konnte, entschuldigte sie sich bereits im Vorfeld bei den Veranstaltern. Zu dem Zeitpunkt, als die Feier dann in vollem Gange war, nahm die erkrankte Jackie Papier und Stift zur Hand und schrieb ihren Freunden einen Brief, in dem sie zum Ausdruck brachte, dass sie an die

Feiernden dachte und es traurig fand, nicht dabei sein zu können. Selbst wenn Sie zwangsläufig eine Hochzeit verpassen – den Brautstrauß der Etikette können Sie auf diese Art immer noch auffangen.

Bieten Sie eine Entschuldigung ohne Schuldeingeständnis an. Häufig ist es gar nicht so schwer, eine höfliche Mitteilung zu verschicken, in der Sie eine Schwäche eingestehen, ohne sich gleich unumwunden zu entschuldigen. Jackie war darin sehr gut: Nachdem sie dem Literaturkritiker Lionel Trilling im Mai 1962 für die Zusendung eines Kurzgeschichtenbandes schriftlich gedankt hatte, bemerkte sie, dass ihre fleißigen Helfer Trillings Geschenk mit dem eines anderen verwechselt hatten. Jackie machte den Irrtum mit einer pseudoentschuldigenden handschriftlichen Notiz wieder gut, in der sie zugleich den folgenden Kommentar unterbrachte: »Sie hätten aber auch etwas ins Buch hineinschreiben können!«

Werden Sie zur Meisterin im HA-Erteilen. Unhöflichkeit ist niemals akzeptabel. Falls Sie dennoch mal Nein sagen oder lästige Plagegeister abwehren müssen, so halten Sie es wie Jackie: Verfassen Sie einen Brief in möglichst neutralem Ton, in dem Ihre zwiespältige Meinung zu dem Thema deutlich wird. Jackie setzte solche Schreiben immer mal wieder bewusst ein und hatte sogar eine Bezeichnung dafür: HA – höfliche Abfuhr.

Ein Beispiel: 1977 erhielt sie von Thomas Guinzburg, ihrem früheren Verlegerchef bei Viking, mit dem sie sich völlig zerstritten hatte, zu Weihnachten eine Magnumflasche Perrier-Jouët-Champagner. Jackie bedankte sich zwar – allerdings extrem

knapp und erst nach den Feiertagen: »Lieber Tom, vielen herz-
lichen Dank für Ihr Geschenk. Ich wünsche Ihnen ebenfalls ein
frohes neues Jahr.«

***Sichern Sie sich mit ein paar Zeilen wiederholte Einla-
dungen.*** Zollen Sie den Gastgebern stets Anerkennung, selbst
wenn diese bei Ihrem Besuch gar nicht anwesend sind. Auch Einladungen aus zweiter Hand – also durch Freunde oder Verwandte, die Zugang zu den Räumlichkeiten anderer haben – sind
es wert, mit dem nötigen Respekt behandelt zu werden. Um Ihre
Wertschätzung auszudrücken und einen vorderen Platz auf der
Liste der South-Beach- oder Südfrankreich-Berühmtheiten zu
behalten, sollten Sie dem Besitzer des Hauses, der Ihnen stillschweigend Zugang zu seinem Anwesen gewährt hat, immer einen Dankesbrief schicken. Jackie bediente sich dieser Methode
erstmals im Jahr 1951, als sie sich bei Rose Kennedy, ihrer zukünftigen Schwiegermutter, schriftlich dafür bedankte, dass sie sich in
deren Haus in Palm Beach hatte aufhalten dürfen.

● **Klein, aber fein.** Für formlose Dinner können Sie gut und gerne auf eine ausgefeilte Gästeliste verzichten und Ihre Einladungen kurzfristig verschicken – höchstens ein, zwei Tage im Voraus. Das steigert nicht nur die Beliebtheit Ihrer Einladungen bei Ihren Freunden, sondern senkt auch die Gefahr, dass man Sie versetzt.

Jackie und JFK hielten im Weißen Haus häufig kleine, kurzfristig angesetzte Abendessen für sechs bis acht Freunde ab. Das waren jedes Mal spontane Entscheidungen, da Jackie immer den Abend abwartete, um die emotionale Verfassung ihres Mannes auszuloten. Anschließend puzzelte sie die Gästeliste entsprechend zusammen, wobei sie jene Freunde bevorzugte, die ein Gespräch lebhaft gestalten konnten. Übrigens lud sie nie Menschen ein, von denen sie wusste, dass sie nicht miteinander konnten. Für Jackie lag der Zauber solcher Abende in erster Linie in deren Intimität. »Diese riesigen Empfänge, die Cocktailpartys oder auch die großen Botschaftsdinners … Ich weiß nicht, ob da wirklich wichtige Dinge besprochen oder bewerkstelligt werden«, sagte sie einmal.

● **Setzen Sie Ihr Partyhütchen auf.** Den meisten Spaß hat man manchmal auf Partys, die eigentlich total verrückt und ein bisschen überdreht sind, zum Beispiel bei Kostümbällen, auf denen fast alle Gäste Perücken tragen. Wenn Sie jedoch eine solche Feier ohne einen eindeutigen Grund ausrichten, kann das schon mal seltsam wirken. Die Lösung lautet: Denken Sie sich einfach einen Grund aus.

Jackies Lieblings-Events waren zwar immer die privaten Tanztees in Abendgarderobe, zu denen sie ins Weiße Haus lud, jedoch scheute sie sich genau wie JFK davor, solche Feste ohne guten Grund zu veranstalten, wie Journalist Ben

Perle der Weisheit

Als Gastgeberin können Sie zwar nicht jedes Ego auf seine Gesellschaftstauglichkeit abklopfen, aber Sie können dafür sorgen, das ein jeder auf dem ihm zugedachten Platz sitzt. Wenn Ihnen ein Gast besonders wichtig ist, sei es nun Ihr Chef, Ihr bester Freund oder Ihr PR-Berater, dann reservieren Sie ihm unbedingt den besten Platz. Er sollte also in unmittelbarer Nähe zu Ihnen, dem Essen, dem Alkohol und den faszinierendsten Gästen sitzen. Wie Baldrige sagt: »[Jackie] platzierte den mächtigsten Mann immer zu ihrer Rechten, den zweitmächtigsten zu ihrer Linken – und den unvermeidlichen alten Griesgram zwischen zwei schöne Frauen.«

Bradlee zu berichten weiß. Also verwendete sie gerne mal Familienangehörige oder Freunde als vorgeschobenen Anlass für eine Party.

Ein frisch getrautes Paar, Ihre beste Freundin, die im laufenden Monat Geburtstag hat – im Grunde können Sie jeden auf Ihrer Party als Ehrengast und Anlass zum Feiern präsentieren. Wenn Sie noch dazu ebenso gewitzt sein wollen wie Jackie, dann können Sie bei der Gelegenheit auch gleich mal überlegen, ob Sie das Ganze steuerlich geltend machen können. Jackie war sich nämlich nicht zu fein, beispielsweise der Regierung die eine oder andere Rechnung für eine Soiree unterzujubeln, indem sie einfach genügend Honorationen auf die Gästeliste setzte. Vielleicht können Sie ja die nächste Weihnachtsfeier, zu der Sie auch Ihren Chef und einige Kollegen einladen, als Geschäftsessen ausweisen? Einen Versuch ist es allemal wert.

● **Seien Sie kreativ.** Wenn Sie zu einer spät angesetzten Abendveranstaltung eingeladen sind, etwa einer After-Show-Party oder einem Nachtclub-Event –, sollten Sie die Mühe auf sich nehmen und eine Party vor der Party auf die Beine stellen. Gut möglich, dass Ihre Feier viel lustiger wird als die größere und unpersönlichere Veranstaltung danach, dann heimsen Sie die Lorbeeren dafür ein, dass Sie den Abend erfolgreich angefacht haben.

Die Kennedys waren nicht selten gezwungen, ausufernde Bälle zu veranstalten, und manchmal hatten sie dann nicht genug Platz, um selbst enge Freunde zum davor stattfindenden Dinner einzuladen. Also tat sich der intimste Freundeskreis kurzerhand zusammen und glühte erst mal auf kleinen, intimen Partys vor, bevor sie zum Tanz bei den Kennedys dazustießen.

———

»Jackie legte größten Wert auf Gediegenheit und Diskretion. Dennoch glaube ich, sie hätte dem Grundsatz zugestimmt, dass jemand, der sich danebenbenimmt, auf der Stelle hinausgeworfen wird.«
LETITIA BALDRIGE, ehemalige Angestellte des Weißen Hauses

———

Gewiefte Plauderer: edles Porzellan und andere unbezahlbare Tipps

Eine uralte Geisha-Weisheit lautet: Planen Sie »improvisierte« Gespräche stets im Voraus, um damit die Stimmung zu beeinflussen. Jackie hat sich stets daran gehalten. Sie ließ Unterhaltungen zwar spontan erscheinen, lenkte sie aber clever und bewusst so, dass allzu politische Themen ausgeschlossen und dafür auch mal esoterischere Themen angesprochen wurden, damit JFK sich entspannen und den Abend genießen konnte. Manchmal bat sie sogar wortgewaltige Freunde um die Empfehlung weiterer Gäste, die die Unterhaltungen zu bereichern vermochten. Oleg Cassini, Jackies offizieller Couturier im Weißen Haus und ein enger Freund der Kennedys, hatte zum Beispiel immer einen ganzen Stab an internationalen Persönlichkeiten bei der Hand, die er Jackie empfehlen konnte.

Kommt Ihnen das jetzt vielleicht ein wenig zu konstruiert vor? Dann bedenken Sie, dass gezielte Gesprächsführung eine gute Methode sein kann, ins Stocken geratene Unterhaltungen zu beleben. Vorgefertigtes Geplänkel ist beispielsweise auch dann sehr hilfreich, wenn Ihre Gäste sich in die Haare geraten. Halten Sie Ihre verbale Munition stets in der Hinterhand, um kleine Scharmützel möglichst im Keim zu ersticken.

Drehen Sie auf

Einige der erfolgreichsten Abendveranstaltungen gelingen nur, wenn man Ihnen ganz bestimmte geheime Zutaten beimischt: einen Hauch Verruchtheit und einen Touch Wildheit. Die Substanzen steigen den Gästen übrigens noch schneller zu Kopfe, wenn es direkt von der Gastgeberin kommt – egal ob sie ein bisschen flirtet, zwei Singles zusammenbringt oder als Erste auf der Tanzfläche steht. Also schnallen Sie sich Ihr Louboutin-Schuhwerk mit den schicken roten Sohlen um, und geben Sie ein ausgelassenes Vorbild für Ihre Gäste ab.

Jackie tat dies häufig: Auf einer Party brachten sie und ein Freund den anderen Gästen beispielsweise den Twist bei. Bei einer anderen privaten Tanzveranstaltung schleuderte sie

Ihr Recht auf Absagen

Es ist das gut gehütete Geheimnis jeder erfolgreichen Gastgeberin: Manchmal kommt man nicht umhin, den einen oder anderen Möchtegerngast zu übergehen oder selbst eine Einladung auszuschlagen. Wenn es um Absagen ging, war Jackie extrem versiert und wusste sich stets zu helfen. Hier ein Überblick über die besten Methoden:

1. Das Höhere-Gewalt-Szenario

Schießt das Schicksal einen Ball ab, der Ihre Pläne für eine Dinnerparty in tausend Scherben zerspringen lässt? Dann lassen Sie es Ihre Gäste so rasch wie möglich wissen. Kurz vor Ausbruch der Kuba-Krise ließ Jackie beispielsweise J. B. West ins Weiße Haus kommen, noch dazu an einem Sonntag, seinem einzigen freien Tag. »Da ist etwas im Gange, was sich als große Katastrophe erweisen könnte«, sagte sie. »Das bedeutet, dass wir die Abendveranstaltung zu Ehren des Maharadschas und der Maharani von Jaipur am Dienstag absagen müssen. Könnten Sie sich bitte darum kümmern? Selbstverständlich in aller Geheimhaltung.«

Natürlich ist es ungemein hilfreich, wenn man jemanden hat, an den man das Ganze delegieren kann.

2. Das Was-Besseres-Vorhaben-Szenario

In Ihrem Terminkalender steht seit Wochen ein Bankett zu Ehren besonders verdienter Mitarbeiter eines Unternehmens – und plötzlich tut sich für denselben Abend die Chance auf ein Traumdate auf? Jackie war sich durchaus nicht zu fein, Unwohlsein oder Krankheiten vorzuschieben, wenn sie auf ein bestimmtes Event keine Lust hatte. Zum Beispiel blies die First Lady einmal ein Mittagessen mit den Ehefrauen der Kongressabgeordneten ab und fuhr stattdessen zu einer Ballettaufführung nach New York. Aber seien Sie sehr vorsichtig, wenn Sie eine Veranstaltung schwänzen wollen, denn Jackies Ballettbesuch wurde in der Presse vermeldet und sorgte für böses Blut unter den versetzten Ehefrauen.

3. Das Wie-du-mir-so-ich-dir-Szenario

Wenn jemand Ihnen in gesellschaftlicher Hinsicht einmal geschadet hat, so ist es Ihr gutes Recht, es ihm mit gleicher Münze heimzuzahlen. Im Jahr 1978 veranstaltete Jackie eine große Weihnachtsfeier in der Fifth Avenue und war empört, als Andy Warhol dort mitsamt einem störenden Element aufkreuzte, nämlich dem Schriftsteller Bob Colacello. Selbstverständlich verzog Jackie keine Miene, sorgte aber später dafür, dass Warhol auf etliche Feiern, die Freunde von ihr ausrichteten, nicht eingeladen wurde.

ihre High Heels von sich und tänzelte barfuß durch die imposante marmorne Empfangshalle des Weißen Hauses. Jackie hatte auch immer einen Blick dafür, wer sich auf einer Party nicht amüsieren konnte – und griff rechtzeitig ein. »Plötzlich schubste sie mich Ken Galbraith in die Arme und sagte: ›Jetzt geht der Spaß erst richtig los!‹«, erzählt Jackies langjährige Freundin Solange Herter.

Dennoch sollten Sie eines bedenken: Treiben Sie es bitte nicht zu bunt, und überlassen Sie die ganz extremen Auftritte ruhig anderen – wie etwa Oleg Cassini, der sich bei einer Party im Weißen Haus einen seidenen Lampenschirm auf den Kopf setzte.

Die Göttin der kleinen Dinge

Stellen Sie sich vor, Sie trommeln Ihre absoluten Traumgäste zusammen – und stellen dann viel zu spät fest, dass diese nirgendwo parken können. Oder die Eingeladenen sind begeistert von den erlesenen Weinen, die Sie ausgesucht haben – bis diese ausgehen. Oder die lebendige Unterhaltung quer über den Tisch wird durch das besonders hohe Blumenarrangement erschwert. So manche Katastrophe lässt sich verhindern, wenn Sie auch an die kleinen Dinge denken.

Die detailversessene Jackie wusste genau, wie sehr ihre Freunde die intimen Mittagessen zu zweit (im Wohnzimmer auf Tabletts serviert) schätzten. Daher überließ sie die Vorbereitung nicht allein dem Hauspersonal, sondern kümmerte sich eigenhändig um diverse Details, etwa darum, dass der Brie lange genug bei Raumtemperatur lagern konnte. Oder sie würzte ihre Speisekarten mit perfekt angewandtem Französisch – très elegant.

Sie können problemlos die beste Party aller Zeiten auf die Beine stellen, indem Sie andere Festivitäten nachträglich analysieren und es besser machen. Laut J. B. West schrieb Jackie einmal einen Brief an ihr Personal, in dem sie alle Schwächen eines kürzlich besuchten Staatsdiners aufzählte: »Auf den ersten Gang musste man zehn bis fünfzehn Minuten warten, und die Stimmung sank zeitweise auf den Nullpunkt. Der Wein wurde erst serviert, als die Gäste ihren Fisch längst aufgegessen hatten … Und zu allem Übel war auch noch der Name des Desserts auf der Speisekarte fehlerhaft geschrieben.« Solche Hinweise verwundern nicht, wenn man bedenkt, dass diese Frau sich sogar ihre Seidenstrümpfe bügeln ließ.

Cocktailparty oder gesetztes Abendessen?

Sie sind der Ansicht, Sie könnten sich den Aufwand eines festlich gedeckten und mehrgängigen Abendessens sparen, indem Sie nur ein paar Cocktails servieren? Falsch gedacht. Abgesehen davon gehen jene Gäste, die ein paar Daiquiris (übrigens einer von Jackies Lieblingsdrinks – Rezept auf Seite 57) genossen haben, grundsätzlich nicht vor Einbruch der Nacht. Also sollten Sie lieber gleich eine üppige (!) Mahlzeit servieren und sich selbst einen Nachschlag gönnen, genau wie Jackie es tat. Dann wissen Ihre Gäste, dass sie sich ebenfalls nach Belieben bedienen können. Die Witwe von JFK war nie knauserig, wenn es um Essen und Trinken ging, sondern ließ die Büfett-Tische füllen, bis sie sich bogen. Die Speisenfolge war im Übrigen immer saisonabhängig zusammengestellt und durch einen Nachtisch abgerundet.

Location, Location, Location

Egal, wie erfolgreich und beliebt die Partys bei Ihnen zu Hause sein mögen, peppen Sie Ihre nächste Veranstaltung doch mal dadurch auf, dass Sie sie in ein bewegliches Fest verwandeln. Ein Park, eine Blumenwiese oder gar ein Strand kann eine erfrischende Abwechslung sein, und für ganz besondere Anlässe könnten Sie auch mal richtig groß auffahren – etwa mit einem Ponton über Ihrem Swimmingpool oder einer Reihe Zelte auf Ihrem Rasen.

Im Juli 1961 beschloss Jackie trotz der erheblichen Kopfschmerzen, die ihr diese Veranstaltung bereitete, für den pakistanischen Staatschef Ayub Khan auf dem Rasen in Mount Vernon eine Party zu geben. Ein ganzer Konvoi von Army-Lastwagen transportierte die bei solchen Anlässen benötigte Staffage an den Ort des Geschehens, einschließlich eines

Der echte Jackie-Daiquiri

Jede Gastgeberin, die ihr Margarita-Salz wert ist, beherrscht zumindest einen Cocktail, der für Frauen und Männer gleichermaßen schmackhaft ist und den sie im Handumdrehen mixen kann. Jackies Lieblingsdrink war der Daiquiri, da sie damit nach einem langen Tag immer am besten entspannen konnte. Allerdings war die First Lady, was die Zusammenstellung der Zutaten anging, so eigen, dass das Personal des Weißen Hauses das Rezept sicherheitshalber neben die Bar an die Wand heftete. Ihr besonderer Rat an den Barmixer lautete: Im Zweifelsfall lieber etwas weniger als zu viel süßen.

- 2 Teile Bacardi Rum
- 2 Teile gefrorenes Limonenwasser
- 1 Teil frischer Limonensaft
- Einige Tropfen Falernum (aus Rohrzucker hergestellter Likör) als Süßungsmittel

Nach Belieben mischen – und immer aus einem Gießer, nie aus einem Shaker servieren.

Personaltrosses von 150 Mann. Die Gäste hatten es da schon besser: Sie schipperten in Booten den Potomac hinunter und ließen sich dabei von kleinen Marine-Bands musikalisch unterhalten. Als Hauptgang gab es Poulet Chasseur avec Riz Clamart, nichts weiter als die schicke französische Umschreibung für Hähnchen mit Reis – ein Gericht, das den Transport aus der Küche des Weißen Hauses in die Pampa gut überstehen konnte. Ein großes Festzelt, mit Blumengirlan-

Perle der Weisheit

Einer von Jackies schlauesten Tricks als Gastgeberin bestand darin, sich zu wiederholen. Wenn Sie, ähnlich wie JFK, beispielsweise auf Würstchen im Schlafrock stehen und diese auch noch unvergleichlich lecker zubereiten können, dann sollten Sie dafür sorgen, dass die Würstchen zu Ihren typischen Horsd'œuvres werden. Wenn Gäste sich die Finger nach Ihrem Obstkuchen lecken (und nach dem Rezept fragen), dann zögern Sie nicht, den Kuchen bald wieder zu servieren. Jackie führte gemeinsam mit ihrer langjährigen Kinderfrau und Köchin Marta Sgubin ständig aktualisierte Listen mit den Lieblingsgerichten ihrer Gäste.

den und dazu passender Tischwäsche überspannte die Speisenden. Gegen eine besonders hartnäckige Stechmückenplage sprühten eigens engagierte Gärtner in der ganzen Gegend zweimal Gift. Jeder, der die Party miterlebt hatte, erklärte sie hinterher für einen Riesenerfolg.

Bühnenreife Dekoration

Um sicherzustellen, dass Ihre Gäste, Ihre Speisen – und natürlich auch Sie selbst – so gut wie möglich aussehen, sollten Sie den Ort des Geschehens dekorieren, als wollten Sie ein Theaterstück in Szene setzen. Kerzen sind ein absolutes Muss, ebenso die richtige, am besten sanfte, milchweiße Beleuchtung, da sie die Lautstärke der Unterhaltungen aus unerfindlichen Gründen stets auf Flüsterniveau dämpft. »Das Weiße Haus war immer nur schwach beleuchtet, und wir haben nie, wirklich niemals, eine der grellen Deckenlampen eingeschaltet. In dem Licht hätte jedes Gesicht, genau wie jedes Essen, unweigerlich schlecht ausgesehen«, erzählt Letitia Baldrige. Dimmbare Glühbirnen können Sie hingegen nie genug haben, schließlich stattete Jackie selbst die Kronleuchter damit aus.

Ein weiterer todsicherer Tipp für gelungene Feiern sind runde Tische bei Galadiners. Wenn Sie die Bestuhlung auf sechs bis zehn pro Tisch beschränken, sind inspirierte Gespräche in der ganzen Runde garantiert. Jackie glaubte fest an die Magie des runden Tisches, und sie ließ die Dekoration in der Tischmitte – oft Blumenarrangements oder im Sommer Körbe mit frischem Obst – immer so niedrig gestalten, dass sie nie die Sicht der Gäste aufeinander behinderte.

Werden Sie persönlich

Kleine Aufmerksamkeiten kommen grundsätzlich gut an. Aber nichts verzaubert Ihre Gäste mehr als ein persönliches Partyandenken, das Sie speziell für sie ausgesucht haben. Wenn Sie sprachlich begabt sind, dann denken Sie sich ein kleines Wortspiel aus, das jeden Ihnen anvertrauten Gast amüsiert und den Ehrengästen das Herz erwärmt. Gehen Ihre Fertigkeiten eher in Richtung visuelle Kunst, dann überraschen Sie Ihre Gäste mit einer Zeichnung oder einem liebevoll gestalteten Fotoalbum von dem Event. Für den Fall, dass Sie auf die üblichen Geschenktütchen zum Mitnehmen zurückgreifen wollen, sorgen Sie dafür, dass der Inhalt auf den jeweiligen Gast abgestimmt und stets ungefähr gleich viel wert ist. Den Gästen fallen etwaige Unterschiede nämlich sofort auf.

Jackie war auf allen Gebieten gleichermaßen bewandert. Als Letitia Baldrige ihre Stelle im Weißen Haus aufgab, gedachte Jackie gemeinsam mit dem gesamten Personal des Anlasses, indem sie ihr ein einzigartiges Geschenk machten: einen kleinen Tisch, der an Ort und Stelle zusammengebaut und mit einer Pergamentfolie bespannt war, auf der alle unterschrieben hatten. Als Dank für die Hilfe, die Kitty und Kenneth Galbraith ihr auf einer Indienreise hatten zukommen lassen, veranstaltete Jackie hingegen in einem New Yorker Restaurant eine besondere Party für den Botschafter und seine Frau. Dabei legte sie all ihr künstlerisches Talent in die Waagschale: Die Gäste wurden von einem lebensgroßen Pappaufsteller in Kenneths Gestalt begrüßt, und der Geehrte selbst erhielt ein Gemälde, das ihn reitend auf einem Dickhäuter zeigte.

Fühlen Sie sich wie zu Hause!
Wenn Gäste länger bleiben

Das *grand jeté* der Gästebewirtung besteht zweifellos darin, eine stimmige Choreografie für mehrere Übernachtungsgäste zu entwerfen. Ihre Fertigkeiten müssen sich hier weit über die Inszenierung eines großartigen Abends hinaus erstrecken und Ihre Freunde dazu bringen, nach mehr zu lechzen. Dazu gehören unter anderem perfekt ausgestattete Gästequartiere (Jackie sorgte sogar für beheizbare Handtuchhalter), ausgefallene Speisen, bei denen jeder nach Herzenslust zugreift (in der Onassis-Ära türmte Jackie gerne Kaviar und Champagner auf), und leichte Aktivitäten (etwa die obligatorische Pokerrunde), die nicht allzu viel Eigeneinsatz erfordern.

Eine typische, wenngleich riskante Übernachtungsvariante ist natürlich der Wochenendbesuch, bei dem Freunde am Freitag zum Dinner eintreffen und bis Sonntagabend bleiben. Wenn Sie sich jedoch einige von Jackies meisterlichen Kniffen aneignen, haben Sie am Ende eine große Zahl an Gästen, die sowohl gut erzogen als auch gut gesättigt sind, und bleiben außerdem selbst bei guter geistiger Gesundheit. Aber Vorsicht: Wenn Sie es den Menschen *zu* angenehm machen, werden Sie bald wiederkommen und nach einer Wiederholung verlangen – und zwar womöglich schneller, als Ihnen lieb ist.

Das perfekte Wochenende: ein Survival-Ratgeber für Gastgeber

● **Gespielt wird nach Ihren Regeln.** Nehmen wir mal an, Sie haben einen Multimillionär geheiratet, und Ihre gesamte Verwandtschaft möchte unbedingt das neue Strandhaus (das Ski-Chalet, die Berghütte, den Loft in Manhattan) der »Familie« begutachten? Sie freuen sich über das Interesse, wollen Ihr Nest aber nicht zu früh der »Öffentlichkeit« zugänglich machen und schon gar nicht den Eindruck erwecken, es stünde jedermann jederzeit zur freien Verfügung? Dann entmutigen Sie all jene, die Ihnen spontan oder angekündigt einen Besuch abstatten wollen, indem Sie ein paar wenige Wochenendtermine bekannt geben, an denen Sie bereit wären, Gäste zu beherbergen, und erstellen Sie außerdem eine Prioritätenliste.

Genauso hat es Jackie immer getan. Sie führte akribische Listen mit den Möchtegerngästen für alle Standorte, egal ob Washington, Griechenland oder Martha's Vineyard, und zu Ari-Zeiten war die mit Promis vollbesetzte Warteliste sogar erschreckend lang.

● **Überlassen Sie möglichst nichts dem Zufall.** Wenn Freunde sich für drei Tage bei Ihnen einquartieren, können jede Menge unvorhergesehene Dinge passieren. Um einen eventuellen Lagerkoller und allgemeines Chaos zu verhindern, sollten Sie vorher so viel wie möglich festlegen, etwa die Speisenfolge bei den Mahlzeiten, die Uhrzeit für den Tee und auch die Anzahl der Zeitungsexemplare. Nur so vermeiden Sie, dass Ihre Gäste sich wegen des Kreuzworträtsels in der Wochenendausgabe in die Haare geraten. Seien Sie auch für ausgefallene kulinarische Vorlieben, zum Beispiel den erhöhten Bedarf an Ihrem berühmten Daiquiri sowie Wünsche nach spezieller Diätkost gewappnet (etwa vegane Rohkost, die schauerlicherweise gerade in Mode ist).

Jackie hatte den Vorteil, ein ganzes Bataillon an Personal zur Hand zu haben, dennoch überprüfte sie die Menüs regelmäßig selbst und sorgte dafür, dass Kühlschrank und Bar gut gefüllt waren. Teilen Sie Ihren Gästen die Zimmer am besten im Voraus zu, um Kämpfe um die beste Räume zu vermeiden. Bestechen Sie außerdem Ihre Putzfrau (oder heuern Sie vorübergehend eine an), damit sie am Anreisetag der Gäste noch einmal vorbeikommt. So haben Sie ein blitzblankes Zuhause und gleichzeitig zwei zusätzliche Hände, die Ihnen in letzter Sekunde noch die eine oder andere Besorgung abnehmen können. Übrigens: Servieren Sie doch mal frischen Mais als Vorspeise, wie es Jackie gerne tat, besorgen Sie Hummer, oder geben Sie ein paar Minzzweige in die Eisteekannen.

● **Komplimentieren Sie Ihre Gäste ruhig auch mal hinaus.** Egal, wie umwerfend Sie sind – jeder Hausgast braucht und will ab und zu eine kleine Pause. Versuchen Sie es daher mit einem Präventivschlag: Legen Sie für sich mehrere Auszeiten fest, bevor Ihre Gäste sich in stinkenden Fisch verwandeln, die Sie nur noch loswerden wollen. Ihre Freunde werden es Ihnen danken, und Sie bekommen dafür ein paar wertvolle Stunden Ruhe. Erklären Sie Ihren Besuchern beim Frühstücksbüfett den Weg zur nächsten Museumsausstellung, zu den Sehenswürdigkeiten der Stadt oder zur Einkaufsmeile. Schreiben Sie ihnen die Namen einiger guter Restaurants auf, um sich das Chaos eines weiteren Mittagessens in Ihrer Küche zu ersparen. Platzieren Sie außerdem ein paar spannende Bücher sowie einen gut bestückten iPod neben dem Gästebett – an Regentagen können Geschichten und Musik ein gerne angenommener Rettungsanker sein.

Als Jackie einmal den Orchesterleiter Peter Duchin und dessen Frau Cheray an Bord von Aris 100 Meter langer Yacht *Christina* zu Gast hatte, hinterließ sie ihnen die folgende Nachricht auf dem Schreibtisch: »Versprechen Sie mir, heute ausschließlich das zu tun, worauf Sie Lust haben. Für mich zählt nur, dass Sie glücklich sind.«

● **Lassen Sie die Gäste an Ihrem Leben teilhaben.**
Wenn Freunde sich übers Wochenende bei Ihnen einfinden, bedeutet das für die Gäste auch die Chance zu erfahren, wie Sie wirklich ticken. Wandern Sie gerne? Dann starten Sie zu einer morgendlichen Gruppenwanderung auf Ihrem Lieblingspfad. Mögen Sie Tiere? Dann organisieren Sie einen Ausflug ins nächste Naturschutzgebiet oder ans Meer – und verbinden Sie ihn am besten gleich mit einem Mittagspicknick (was Jackie mit Vorliebe tat). Auf Martha's Vineyard pflegte sie täglich im Ozean zu schwimmen – und wenn sie Gäste hatte, nahm sie diese einfach mit ins Wasser.

● **Sorgen Sie für ein unvergessliches Erlebnis.** Wenn alles gut gelaufen ist, halten Sie die Highlights des Wochenendes für die Ewigkeit fest. Auf Skorpios bastelte Jackie häufig Fotoalben für ihre Gäste – lustige Bildunterschriften inklusive. Zum Beispiel schenkte sie Rose Kennedy nach deren erstem Besuch ein solches Album. Nachdem der Fotograf Peter Beard, der den ganzen Sommer 1971 auf Skorpios verbrachte, eine Wette gegen Ari gewann (er behauptete, er könne unter Wasser vier Minuten lang die Luft anhalten), schenkte Jackie ihm später ein Aquarell, auf dem sie den Augenblick seines nassen Triumphes festgehalten hatte. Sollten Sie kein Camille Pissarro sein, dann tut es natürlich auch eine geschickt ausgewählte Zusammenstellung von Schnappschüssen.

Nehmen Sie Gegeneinladungen an

Jackie fühlte sich im Haus von Freunden oft sicherer als in Hotels, wo sie dem Blick der Öffentlichkeit ausgeliefert war. Natürlich war sie auch als Gast eine Trophäe, aber sie benahm sich niemals so, als hätte sie ein Recht darauf, eingeladen zu werden. Wenn Sie also demnächst bei jemandem in die Gästehausschuhe schlüpfen dürfen, dann erlauben Sie es sich, zu entspannen und sich »wie zu Hause« zu fühlen, was jeder guter Gastgeber fördern wird. Tun Sie aber gleichzeitig nichts, was Ihre Privilegien als Gast gefährden könnte.

● **Gehen Sie mit Wünschen sparsam um.** Es gibt nur ein einziges Schmerzmittel, das Ihnen bei Kopfweh hilft? Dann packen Sie es ein, statt sich auf das Medizinschränkchen Ihrer Gastgeber zu verlassen. Sie mögen keinen Kaffee mit Haselnussaroma zum Frühstück? Halten Sie dennoch still, und trinken Sie stattdessen in Ruhe einen Tee. Als Jackie einmal in der Jagdhütte von Freunden zu Gast war, bat sie bescheiden nur um eines: eine Schrankstange, an der sie ihre Kleider aufhängen konnte.

● **Vorsicht mit dem Dresscode.** Gastgeber, die übers Wochenende einladen, veranstalten häufig einen Riesenzirkus um die gewünschte Bekleidung ihrer Gäste. Passen Sie daher auf, dass Sie auf der Grillparty nicht als einzige Person im Sweatshirt inmitten von Gästen stehen, die allesamt feinsten Bergdorf-Zwirn tragen. Noch schlimmer ist es jedoch, wenn Sie Ihre Rüschenbluse tragen, während alle anderen Jeans anhaben. Streben Sie daher stets die goldene Mitte an, und auch wenn »legere Kleidung« gewünscht ist, packen Sie dennoch Schmuck und Stolas ein, um Ihren Look notfalls aufzupeppen. Jackie traf den Nagel auf den Kopf, als sie zu einer Party auf Hawaii (sie weilte dort gerade im Gästehaus einer Freundin) perfekt gekleidet mit Sommerröckchen und Sandalen erschien. Alle anderen trugen Cocktailkleider und Anzug – und waren entsetzt darüber, wie overdressed sie im Vergleich zu Jackie waren.

● **Nehmen Sie rechtzeitig Ihren Hut.** Gute Gäste sind extrem hellhörig, also benutzen Sie bitte Ihre Antennen, um Hinweise darauf aufzufangen, wann Sie jemandes Gastfreundschaft eventuell überbeanspruchen. Als Jackie in Virginia die Mellons besuchte, verschwand sie unauffällig, sobald ihre wohlhabenden Freunde andere Gäste erwarteten. »Sie rief mich dann immer an und sagte, die Mellons bekämen bald wichtigen Besuch und sie brauche eine andere Unterkunft fürs Wochenende«, erinnert sich Dana Reuter, Jackies Reitfreundin, die unter anderem die Frühstückspension Red Fox Inn führte. Manchmal räumte Dana Reuter in ihrer Großzügigkeit sogar ihr eigenes Haus, um Mrs O. Platz zu machen – ein unglaubliches Angebot, das Jackie mehrere Male dankbar annahm.

● **Bedanken Sie sich überschwänglich.** Ihr Können im Formulieren von schriftlichen Danksagungen wird später noch gebraucht – bei der Ankunft im Haus der Gastgeber sollten Sie sich erst einmal in der Kunst des Schenkens üben. Zur Auswahl stehen kleine Aufmerksamkeiten wie Blumen, Champagner (bitte ausreichend für alle Gäste) und selbst gebackene Plätzchen. Hier noch ein Tipp von Einrichtungsexperte Harry Slatkin: »Kerzen sind der neue Mitbring-Wein.«

Wenn Sie mit dem Verteilen Ihrer Gaben bis zum Schluss warten, steigen übrigens die Preise, denn da müssen Geschenke sehr viel persönlicher und vor allem wohlüberlegt sein. Lassen Sie sich daher nicht zu viel Zeit, denn auch die schönsten Erinnerungen an Ihre Gastgeber und deren Zuhause verblassen irgendwann.

Der gekonnte Umgang mit Familie und Freunden

Sie erfreuen uns, sie überraschen uns und stellen unsere Vorstellungen von Normalität auf eine harte Probe: Familie und Freunde wollen und nehmen sich meist nur unser Bestes. Deshalb ist es auch so wichtig, Grenzen zu setzen. Die Frau Mama besteht auf den täglichen Anruf, dabei haben Sie kaum Zeit zu schlafen, geschweige denn zu plaudern. Ihre kinder-

losen Freundinnen treffen sich wie in alten Zeiten wieder jeden Donnerstag zum Cocktail und zucken zusammen, wenn
Sie das Wort Windeln auch nur am Rande erwähnen.

Was Sie (genau wie Jackie) beim Umgang mit Freunden
und Familie beachten müssen: Helfen Sie der Frau Mama
und allen anderen, ihre Erwartungen neu zu justieren, denn
das Leben (Ihres genau wie das Ihrer Freunde und der Familie) geht nun mal weiter. Wenn Sie sich treffen – und all die
unschönen Verhaltensmuster innerhalb einer Nanosekunde
wieder da sind –, dann kratzen Sie all Ihre Selbstbeherrschung und Ihren Humor zusammen, um etwas daran zu ändern. Überprüfen Sie außerdem im Laufe der Jahre immer
mal wieder, wo auf dem Familienstammbaum Sie sich befin-
den: Klettern Sie noch nach oben, oder sind Sie nichts weiter
als ein Anhängsel?

Erstellen Sie eine Hackordnung

Wir alle haben eine unsichtbare Liste im Kopf, die darüber
bestimmt, wie wir unsere Freunde und die Familie behandeln und wie wir unsere Kontakte pflegen. Einige Menschen
in unserem Umfeld genießen oberste Priorität, und zwar
samt ihrer Hilferufe und Probleme, andere dagegen rangie-
ren eher auf den unteren Plätzen und riskieren, demnächst
komplett aus der Rangliste zu purzeln. Dementsprechend
teilen wir unsere Zeit und Aufmerksamkeit ein, und zwar
egal ob wir die Entscheidung bewusst, unbewusst oder spontan nach der aktuellen Laune treffen.

Jackie überließ es nicht gern dem Zufall, wem sie ihre kostbare Zeit widmete. Sie hielt vielmehr die Zügel stets fest in
der Hand und stellte bei vielen Gelegenheiten eine eindeu-
tige Prioritätenliste auf: Ehemann und Kinder zuerst, hoch-

näsige, ehemalige Schulfreunde, die sich als Gesellschaftskletten erwiesen, zuletzt. Als frischgebackene First Lady bekam Jackie so viele Anfragen und Einladungen, dass sie der Telefonzentrale eine Liste mit Namen von Anrufern gab, die zu ihr durchgestellt werden durften. Etliche Verwandte waren damals bestürzt, dass sie nicht auf dieser Liste standen.

Alles in allem sind solche Prioritätenlisten durchaus eher von Vorteil denn von Nachteil. Sie zwingen einen nämlich, sich darüber klar zu werden, wer einem besonders lieb und teuer ist. So kommt man nicht in die Verlegenheit, leere Versprechungen zu machen, die man ohnehin nicht einhalten kann (ein absolutes No Go für Jackie).

Bewahren Sie andere vor dem Ruin

Stellen Sie sich mal vor, Ihr Vater verkündet, er wolle seine komplette Altersvorsorge »investieren«, um Immobilien zu erwerben, die im Werbefernsehen angepriesen wurden. Oder ein Freund will seinen sicheren Job in der Werbeagentur kündigen, um sich fortan dem Internetverkauf eines trendigen Öko-Drinks zu widmen. Sollten Sie in solchen Fällen einschreiten und den Betroffenen aufzeigen, welche Risiken mit ihren Plänen verbunden sind?

Ungefragt Ratschläge zu erteilen kann im Einzelfall ziemlich riskant sein, aber überlegen Sie mal: Diejenigen Menschen, die wirklich ehrlich zu Ihnen sind, können Sie bestimmt an ein bis zwei Fingern abzählen. Sie können also davon ausgehen, dass sowohl Ihr Vater als auch besagter Freund niemanden hat, der ihm die Wahrheit ins Gesicht sagt. Daher sollten Sie in den sauren Apfel beißen und die unschöne Aufgabe übernehmen. Ob Sie recht hatten, wird sich natürlich erst mit der Zeit herausstellen, und es kann gut sein, dass Vater und Freund Ihre Hilfe am Ende sehr zu schätzen wissen.

Wenn Sie befürchten, dass Ihr Rat nicht sonderlich willkommen ist, dann sollten Sie die Sache besser indirekt angehen. Als Jackie sah, dass Freunde ihrer Schwester Lee deren Traum von einem Leben als Schauspielerin unterstützten, stellte sie die falschen Freunde zur Rede. »Kitty, was zum Teufel redest du da!«, herrschte sie die Schauspielerin Kitty Carlisle Hart an – felsenfest davon überzeugt, dass Lees Ambitionen eher der Eitelkeit denn einer echten Begabung und Leidenschaft geschuldet waren.

Lernen Sie zu erkennen, wann etwas nicht mehr zu retten ist

Nehmen wir mal an, Sie und Ihr Bruder haben Kinder im gleichen Alter. Während Ihr Sohn in Schule und Sport der absolute Überflieger ist, geht Ihr Neffe höchstens als Durchschnittsschüler durch und ist zudem extrem schüchtern. Was tun Sie in diesem Fall?

Laden Sie Ihren Bruder nun zur Theateraufführung ein, in der Ihr Sohn in der Hauptrolle brilliert, wohl wissend, wie sehr ihn das belasten wird, oder verheimlichen Sie die Aufführung und riskieren damit, dass Ihr Bruder sich übergangen fühlt? In solchen Situationen, in denen Sie eigentlich nur verlieren können, entscheiden Sie sich am besten für die stillere Variante. Grundsätzlich sollten Sie niemandem schmerzhafte Dinge unter die Nase reiben. Notfalls können Sie die nicht erfolgte Einladung damit entschuldigen, es sei ohnehin nur »eine kleine Schulveranstaltung« gewesen.

Jackie lernte die Lektion, dass man es Familie und Freunden nicht immer recht machen kann, auf die harte Tour –

also zerreißen Sie sich bitte nicht bei dem Versuch, die Quadratur des Kreises zu erfüllen. Im Jahr 1966 sorgte Jackie für eine Paparazzi-Sensation, als sie unvermittelt auf der Hochzeit ihrer Stiefschwester Janet erschien. Die Braut, der sie damit die Show gestohlen hatte, brach inmitten des von Jackie verursachten Durcheinanders in Tränen aus. Die Lektion trug Früchte: Als Lee ein Jahr später in Chicago in dem Stück *The Philadelphia Story* auftrat, hielt sich Jackie − wen wundert's − während der gesamten Spielzeit auf einem anderen Kontinent auf.

Mein plus Dein ist nicht gleich Unser

Sie müssen nicht wie Jackie sein − eine Frau, die mit mehreren herrlichen Häusern, Männern vom Kaliber des Pulitzer-Preises und einem direkten Zugang zu den Mächtigsten der Mächtigen gesegnet war −, um unter einem besonders tückischen Familienübel zu leiden: Angehörigen, die der Meinung sind, die Blutsverwandtschaft gebe ihnen das Recht, all *Ihre* Besitztümer stünden auch ihnen zu.

Das ist zwar ein ganz nettes Konzept, nur leider nicht praktikabel. Hat Ihre Schwester sich womöglich ein bisschen zu sehr in den Schmuck verliebt, den Sie von Ihrem Liebsten geschenkt bekommen haben? Mit genau diesem Problem hatte Jackie zu kämpfen, als ihre Stiefschwester Lee die edle Gabe sah, die Jackie von Ari vor der Hochzeit bekommen hatte (schließlich war Lee als Erste mit Ari zusammen gewesen).

In solchen Situationen müssen Sie sich über Eifersuchtsgefechte hinwegsetzen − Jackie pflegte derartige Wünsche einfach zu ignorieren − und für sich entscheiden, ob Sie etwas tatsächlich ausleihen möchten. Teilen Sie daher entsprechende Winke mit diversen Zaunpfählen großzügig nach allen Seiten aus. Aus Angst, dass ihre wilden Nichten und Neffen ihr Haus in Hyannis Port verwüsten könnten, räumte Jackie die besten Möbel immer weg, wenn sie nicht da war, und ließ das auch die ganze Verwandtschaft wissen.

Natürlich steht es Ihnen frei, Ihre Reichtümer, sofern Sie welche haben, mit anderen Menschen zu teilen. Was haben Sie schon von einem Haus mit fünf Schlafzimmern, wenn Sie keine kränkelnde Freundin einladen können, damit sie sich in einem dieser Räume wieder erholt?

Jackie legte zwar lebenslang großen Wert auf ihre Privatsphäre und deutliche Grenzen, war andererseits jedoch extrem großzügig, wenn es die Situation erforderte. Als ihre Mutter den Tod ihres Ehemanns verkraften musste und später Alzheimer bei ihr diagnostiziert wurde, gründete Jackie eine Stiftung, in die sie eine Million Dollar einbrachte, um Janets finanzielle Situation dauerhaft abzusichern.

Pflegen Sie Ihr eigenes Ich

Ihr Mann liebt Sie, weil Sie so sind, wie Sie sind, nicht wahr? Also ändern Sie sich bloß nicht. Überhören Sie, was er Ihnen ins gelegentlich Ohr raunt, und ignorieren Sie die Finger, die Ihnen seine Verwandten immer wieder in den Rücken bohren. Sich zu verbiegen, um in eine fremde Familie zu passen, ist ebenso irrsinnig wie überflüssig. Sie haben es nicht nötig, egal wie umwerfend oder reich sein Clan auch sein mag. Seine Verwandten sind Wiedergeborene? Schön – das ist aber noch lange kein Grund für Sie, eines Morgens aufzuwachen und plötzlich eine andere Sprache zu sprechen.

Anfangs versuchte Jackie noch, mit den herrischen und bis zum Exzess sportlichen Kennedys mitzuhalten. Aber nachdem sie sich bei einem der »Touch-Football«-Spiele den Knöchel gebrochen hatte (»Die bringen mich um, noch bevor ich ihn heiraten kann!«, seufzte sie), drückte sie sich bewusst vor der Hyannis-Port-Olympiade und machte stattdessen nur noch das, worauf sie Lust hatte. Die Besuche beim Kennedy-Clan schränkte sie ebenfalls ein. »Einmal die Woche ist schön, jeden Abend nicht«, ließ sie dazu verlauten.

Ein kleiner, aber nicht unbedeutender Hinweis zum Schluss: Sich selbst treu zu bleiben ist wichtig – aber beharren Sie bitte nicht in jeder Situation auf Ihrem Standpunkt. Man muss wissen, wann man nachgeben muss. Wenn Sie beispielsweise in eine Familie von überzeugten Vegetariern einheiraten, müssen Sie deswegen zwar nicht gleich der Fleischeslust abschwören, aber servieren Sie Ihren Schwiegereltern möglichst kein Filet Mignon. Jackie, die in jungen Jahren politisch nicht besonders aktiv oder interessiert gewesen war, wechselte stillschweigend ins Demokratenlager, als sie JFK heiratete.

Die Schwieger-Tiger

Im Krieg und in der eigenen Familie ist alles erlaubt. Gleichgültig wie viele Geschwister, Schwägerinnen und Schwager Ihr Liebster hat, sollten Sie daher erst mal nach der Schwachstelle im Herzen seiner Eltern suchen. Das kann zwar kurzfristig zu innerfamiliären Eifersuchtsdramen führen, doch achten Sie am besten einfach nicht darauf: Ihr Fokus sollte auf Mutter und Vater Ihres Mannes liegen – die halten nämlich nicht nur die finanziellen Zügel in der Hand, vermutlich hört er auf die beiden auch am meisten.

Jackie wickelte JFKs Vater Joe Kennedy im Handumdrehen um ihren abgeknabberten kleinen Finger. Sie redete von Anfang an ganz direkt mit ihm – was sich sonst niemand traute – und richtete sich nach seinen hohen Anforderungen. Schon früh in ihrer Beziehung zu JFK durfte sie sich einem Familienausflug der Kennedys anschließen – und übertraf den von Johns Schwester Eunice vorbereiteten Proviant, der aus schlichten Erdnussbutter- und Marmeladesandwiches bestand. Als passionierte Feinschmeckerin hatte Jackie für sich selbst ein echtes kleines Gourmet-Mahl eingepackt – inklusive Pastete und Wein. Als sie den anderen etwas davon anbot, nahm Joe Kennedy – der später Johns Klagen über Jackies horrend hohe Boutiquenrechnungen als haltlos abtun sollte – das Angebot nur zu gerne an.

Mit der Zeit werden Sie herausfinden, wer in der Familie Ihres Partners die Macht in Händen hält: Dem- oder derjenigen müssen Sie fortan Honig um den Bart streichen. Jackie eroberte Aris ältere Schwester Artemis im Sturm, indem sie sich ernsthaft für Griechenlands Geschichte und Kultur interessierte – und ihr regelmäßig üppige Geschenke machte. Die enge Bindung zwischen Jackie und Artemis sollte sich nach Onassis' Tod als sehr nützlich erweisen, als Jackie sich mit Aris Tochter Christina um das Erbe streiten musste.

Schnipp, schnapp! Die Kunst, Verbindungen zu kappen

Wenn alle Stricke reißen, kann es durchaus nötig werden, sich von Menschen loszusagen, die für Sie nutzlos oder dauerhaft anstrengend sind. Selbstverständlich ist das immer eine heikle Angelegenheit, doch für Jackie gab es einige wichtige Gründe, um zu diesem (letzten) Mittel zu greifen:

● **Mangelnde Loyalität.** Auf wen können Sie sich verlassen – und zwar auf Dauer? Ben Bradlee und seine zweite

Frau Tony standen den Kennedys sehr nahe und hatten unbeschränkten Zugang zum Weißen Haus. Aber nachdem Bradlee das Buch *Conversations with Kennedy* veröffentlichte, ließ Jackie ihn fallen wie eine heiße Kartoffel, weil das Buch ihrer Meinung nach einen Vertrauensbruch darstellte. Selbst bei Gelegenheiten, bei denen sie sich nur wenige Zentimeter voneinander entfernt im selben Raum aufhalten mussten, würdigte Jackie ihn keines Blickes. Ihr Zorn wurde übrigens nur noch stärker, als Bradlee und seine dritte Frau Sally Quinn ein Anwesen kauften (Grey Gardens in East Hampton), das jahrzehntelang den Bouviers gehört hatte.

● **Schmutzige Wäsche waschen.** Familienangelegenheiten sollten genau dies bleiben: Familienangelegenheiten. Jackie katapultierte ihren Stiefbruder Jamie Auchincloss aus ihrem Leben, nachdem er 1979 mit Kitty Kelley sprach und der Autorin für ihre rasch zum Bestseller avancierte Biografie *Jackie Oh!* verriet, wo Jackie ihr Hochzeitskleid (von der Trauung mit JFK) und das blutbespritzte Kostüm aus Dallas aufbewahrte. »Kittys Ruhm bedeutete meine Schmach«, sagte Auchincloss später bei einem Interview.

● **Moralische Gründe.** Falls Sie vom rassistischen Gerede Ihrer Freunde genug haben, dann vergeuden Sie keine Zeit mit dem Versuch, sie zu ändern – sägen Sie sie vielmehr schnellstens ab. Jackie setzte sich zeitlebens gegen Ungerechtigkeiten zur Wehr, wobei sie sich einmal sogar mit JFKs berühmtester Gespielin, Marilyn Monroe, solidarisch erklärte. Als das American National Theatre sie als Gönnerin zu gewinnen versuchte, lehnte Jackie rundweg ab, mit der Begründung, das Theater führe ein Stück von Arthur Miller auf. Was war der Hintergrund? Miller hatte in dem 1964 aufgeführten Stück *After the Fall* seine Exfrau Marilyn als selbstmörderisches Flittchen bezeichnet, was Jackie als unverzeihlichen Verrat empfand. »Angesichts dessen, wie Arthur Miller Marilyn behandelt, möchte ich mit diesem Theater nichts zu tun haben«, erklärte sie.

● **Unerträgliche Dummheit.** Wer braucht schon Anhängsel, die dumm wie Bohnenstroh sind? Jackie konnte jedenfalls gerne auf derartige Begleiter verzichten. Die berühmte Washingtoner Hostess Perle Mesta war beispielsweise so dreist, das Ehepaar Kennedy 1956 für seine Garderobe bei einer Champagnerparty zu kritisieren, die Jackie für mehrere Politikergattinnen veranstaltet hatte. Mesta mäkelte an JFKs braunen Schuhen und den nackten Beinen Jackies herum, die zu jenem Zeitpunkt im siebten Monat schwanger war. Die modische Verunglimpfung wurde schwer bestraft: Solange die Kennedys an der Macht waren, durfte Mesta das Weiße Haus kein einziges Mal betreten.

● **Nicht zurückblicken,** sonst kommen Sie ins Stolpern. Manchmal müssen Sie auch andere Menschen abservieren, um Ihr Reisegepäck zu erleichtern. Jackie hielt beispielsweise nichts davon, die Vergangenheit wiederaufleben zu lassen, daher nahm sie auch nie an Ehemaligentreffen teil, sei es in Miss Porter's Internat oder am Vassar College.

Würde *Jackie* ...

... Bargeld verschenken?

Ye$! Trotz ihrer berühmten Shoppingtouren und des Vergnügens, das sie dabei empfand, wenn ihr für ein Familienmitglied oder einen Freund genau das passende Mitbringsel einfiel, hatte Jackie häufig nicht genug Zeit, um die Geschenke selbst zu besorgen. (Kommt Ihnen das irgendwie bekannt vor?) Daher steckte sie sogar zu Weihnachten nicht selten einen Geldschein in eine Karte. »Bin dieses Jahr leider kaum zum Shoppen gekommen, also kauf dir davon einfach, was du dir wünschst«, schrieb sie zum Beispiel an ihre Assistentin Provi Paredes. Ihrem Stiefbruder Jamie schickte sie zum Geburtstag immer einen Scheck in Höhe seines Alters – plus eins. Sie würde die Geschenkgutscheine, die heutzutage überall üblich sind, sicher als einen Segen empfinden.

... darum betteln, in eine geschlossene Gesellschaft aufgenommen zu werden?

Niemals. Als gebranntes Kind – auf dem Vassar College hatte die Clique um Daisy Chain ihr einst den Zutritt verwehrt – wusste Jackie, welch starke Motivation eine Ablehnung bedeuten konnte. Am Ende zahlte sie es den ganzen Auswechselbaren Frauen so richtig heim – durch die Heirat mit einem sexy und stinkreichen Senator.

... Familienangehörige verprellen, um ihre geistige Gesundheit zu erhalten?

Ja – und wer könnte es ihr verübeln? Egal wie sehr man versucht, es allen recht zu machen – manchmal muss man sich einfach mal um sich selbst kümmern, auch wenn dies bedeutet, dass man damit andere brüskiert. Jackie pflegte sich gelegentlich einen ganzen Tag lang in ihrem Schlafzimmer zu verbarrikadieren – und kam am Abend erfrischt und gut gelaunt wieder heraus. Während eines Aufenthalts in Florida stieß sie sogar ihre Schwiegermutter Rose vor den Kopf, indem sie sich weigerte, zum Mittagessen herunterzukommen. Solche Aktionen machen Sie vielleicht nicht gerade beliebt, wirken aber Wunder für Ihre Seele.

… sich in die Hochzeitsvorbereitungen ihrer Kinder einmischen?

Ganz sicher nicht – und zwar egal, wer bezahlt. Der Tag gehört dem Brautpaar, nicht den Eltern. Jackie machte bei der Planung ihrer eigenen Hochzeit mit JFK sozusagen die Hölle durch (die vielen Kennedys, die verkrachten geschiedenen Eltern, das Kleid, das sie verabscheute). Aus Erfahrung klug, riet sie ihren Kindern, ihre Hochzeit genau so zu gestalten, wie sie es gerne wollten. Caroline ging denn auch aufs Ganze und gönnte sich 450 Gäste sowie ein Kleid von Carolina Herrera, das sie selbst und nicht ihre Mutter ausgesucht hatte. Die wenigen Gäste, die Jahre später bei John Juniors völlig gegensätzlicher Trauung dabei waren, stimmten darin überein, dass Jackie die kleine, intime Veranstaltung sicher sehr genossen hätte.

2. Kapitel

Was für ein Kleid!

Und was es über Sie aussagt…

> *Eine Frau »ist dann gut angezogen, wenn die Leute sagen: ›Sie sah himmlisch aus, aber ich kann mich beim besten Willen nicht daran erinnern, was sie anhatte.‹«*
>
> JACQUELINE BOUVIER KENNEDY ONASSIS

Trotz der unzähligen Fotos und Dutzende von Büchern, die Jackies klassischem Stil huldigen, ist ihr Know-how in Sachen Mode bisher noch nie auf seinen praktischen, postmodernen Nutzen überprüft worden. Schließlich war sie eine vorausdenkende Frau, die die Ausgaben der *Women's Wear Daily* immer im Auge behielt, um mit der Straßenmode in aller Welt und Laufsteg-Trends gleichermaßen Schritt zu halten, eine Frau, die T-Shirts mit Designerhosen kombinierte, und zwar lange bevor dieser Stilmix *branché* war, eine Frau, die Haute-Couture-Outfits bestellte, nur um sie bald darauf bei Secondhand-Shops in Zahlung zu geben und so neue Anschaffungen zu finanzieren. Selbst Accessoires hatten bei Jackie eine verdeckte Mission: ansonsten schlichte, geradlinige Kleidung aufzuwerten.

Im Grunde lebte Jackie damals schon die Mix-and-Match-Strategie von *Sex and the City* aus – nur vierzig Jahre früher und mit einem deutlich besseren Ausgang. Anders als Carrie Bradshaw, die sich ständig in ihren Perlen verheddert, wirkte Jackie niemals zickig. Ob formell oder im Freizeit-Look, schwer perlenbehängt oder von schlichter Eleganz – ihre Outfits folgten stets einer einfachen, leicht verständlichen Maxime. Statt trendgerecht waren sie dem jeweiligen Anlass gerecht – ein wichtiger Aspekt, den es wiederaufleben zu lassen lohnt, noch dazu in einer Zeit, in der die Regeln der Modewelt zunehmend ineinanderfließen. Jackie wusste immer, was nötig war, um zu jeder Gelegenheit, in jeder Stimmung und in jeder Phase ihres Lebens korrekt gekleidet zu sein.

So sehen Sie reich und lässig zugleich aus

Es wurde oft über Jackie gesagt, sie habe immer reich gewirkt, und zwar auf eine mühelose Weise, ohne die ganzen überflüssigen Details, die normalerweise mit Reichtum einhergehen. Sie trug kaum Pelz, mochte Hosen, und trotz ihrer übervollen Schmuckschatulle setzte sie die auffälligsten Stücke nur sehr sparsam ein – selbst den an eine Fingerklammer erinnernden 40,5 Karat starken Diamantring, den Ari Onassis ihr geschenkt hatte.

Für ihre Zeitgenossinnen war es nicht leicht, sich diesen Jackie-Look anzueignen. Eine Frau, die ähnlich natürlich wirken wollte, musste sich mit zahllosen historischen und ästhetischen Quellen auseinandersetzen – einschließlich der herben europäischen Silhouetten, des Militär-Looks, der Coco Chanel beeinflusst hatte, und der körperbetonten griechischen Überwürfe, die Hollywood seinerzeit wiederaufleben ließ.

Dies hieß außerdem, allen anderen immer einen Schritt voraus zu sein und ein Outfit bereits zu einem Zeitpunkt zu besitzen, an dem es noch nicht in den Strudel der Trittbrettfahrermode geraten ist und damit an Prestige eingebüßt hat. »Meine Kleider sollen einmalig sein. Ich will nicht, dass irgendwelche kleinen, dicken Frauen im gleichen Kleid herumrennen«, schrieb Jackie im Dezember 1960 an Oleg Cassini, ihren offiziellen Couturier im Weißen Haus.

Lassen Sie sich nicht von kurzlebigen Trends blenden

Heutzutage werden die Mode-Zyklen immer kürzer, sie blitzen in aller Regel kurz auf und vergehen schnell wieder. In allen Preiskategorien gibt es mehr Auswahl, mehr Modeerscheinungen und mehr Trends als je zuvor, und sie kommen und gehen so rasch, dass man die fleißig gesammelten Treuepunkte niemals einlösen kann. Frauen, die sich von dem in nahezu allen Läden aufblinkenden Schild mit der Aufschrift »Brandneu!« blenden lassen, geraten oft in einen Kaufrausch und nehmen wenig Rücksicht darauf, was ihnen wirklich steht oder welcher Stil zu den bereits in ihrem Kleiderschrank befindlichen Teilen passt.

Jackie ließ sich weder von Modewellen beeindrucken noch von irgendwelchen übereifrigen Stylisten zu einem Outfit überreden, das ihrem Geschmack und ihrer Figur nicht entsprach. Sie hatte jederzeit im Gefühl, welches Kleidungsstück zu ihrer hohen Taille und ihrer relativ geringen Oberweite passte — schließlich hatte sie sich 1951 mit der Washingtoner Damenschneiderin Mini Rhea lange genug über

81

Armausschnitte, Taillierungen und die perfekte Platzierung von Knöpfen beraten. Dies erklärt auch, warum Jackies Stil, der sich im Laufe der Jahre erheblich weiterentwickelte, im Grunde erstaunlich beständig blieb. Sie wusste, dass sie in Hosen umwerfend aussah, egal ob diese gerade geschnitten waren oder Schlag hatten. Die Präsidentengattin hatte relativ breite Schultern und Beine von der Eleganz eines Vollblüters, weshalb sie gerne Kleidungsstücke trug, die diese beiden Vorzüge möglichst gut zur Geltung brachten.

Gerade und V-förmige Ausschnitte waren für ihren kleinen Busen besser als tief dekolletierte Oberteile, und bunte Muster, in denen sie bei ihrer Statur leicht wie eine Zeichentrickfigur ausgesehen hätte, beschränkte sie normalerweise auf das Miederteil eines Kleides oder kurze Oberteile im Stil von Emilio Pucci. Seien Sie daher, was Ihre Figur angeht, wirklich ehrlich zu sich selbst, und zwar bis zur Schmerzgrenze, und bedenken Sie, dass Verkäuferinnen oft am Verkaufspreis dessen beteiligt sind, was sie an die Frau bringen. Nur dann werden Sie Modetrends, die nicht mehr sind als ein Strohfeuer, automatisch an sich abprallen lassen.

Der »kleine« Unterschied zwischen Luxuskleidung und High Fashion

Zu Jackies Zeiten gab es nur eine begrenzte Anzahl von Fehlern, die Frauen in Sachen Mode unterlaufen konnten: overdressed sein, zu viel Schmuck tragen oder Farben kombinieren, die sich beißen. Heutzutage sind wohlhabende Damen ganz anderen Gefahren unterworfen, deren größte sich High Fashion nennt. Junge Ladys, die einen Platz auf der Liste der bestangezogenen Frauen anpeilen, sollten lieber die Finger davon lassen. Unter High Fashion verstehen wir Kleidungsstücke, die nicht nur ein echter Hingucker sind und ein Vermögen kosten, sondern auch dazu führen, dass der Eindruck, den der Betrachter vom Körper der Trägerin bekommt, sich verändert. Nehmen Sie zum Beispiel die Sachen von Yohji Yamamoto, As Four oder Comme des Garçons.

Solche Kleidungsstücke tragen Sie auf eigenes Risiko – jedes Teil, das seine Trägerin in den Schatten zu stellen droht, ist eine Gefahr. Der vollendete Jackie-Look zielt dagegen darauf ab, auf klassische Weise schön und luxuriös auszusehen. Jackie trug »nichts Schauriges oder Einschüchterndes«, wie Simon Doonan berichtet, einst Creative Director bei Barneys New York. »Sie hatte nicht vor, eine Diskussion über gesellschaftliche Klassen zu provozieren.«

———

»Jackie kannte ihren Körper sehr gut und wusste genau, welche Farben ihr standen. Ihre Kleider waren meisterlich geschneidert, von den Hosen über die T-Shirts bis hin zu Kostümen und Abendroben. Ich finde, jeder Mensch sollte sich mal ganz offen in einem dreiteiligen Spiegel betrachten, sich einen guten Schneider zulegen und stets daran denken, dass es bei der Frage, was man anzieht, um Qualität geht, nicht um Quantität.«

MICHAEL KORS, Modedesigner

———

Verwechseln Sie »klassisch« nicht mit »statisch«

Einen klassischen Stil zu haben bedeutet mehr, als jahrein, jahraus nach demselben alten Kaschmir-Twinset zu greifen. Eine echte klassische Modeschönheit hält sehr wohl Ausschau nach Trends und baut neue Teile immer wieder in ihre Grundgarderobe ein – etwa Trenchcoats, Designer-Jeans, kniehohe Stiefel und große Taschen, also Dinge, die unweigerlich immer wieder in Mode kommen.

Egal wie alt Sie sind, jede Frau will Spaß an der Mode haben und ihre Garderobe je nach Jahreszeit variieren, nur sollten Sie sich nicht in aktuellen Trends verlieren. Das heißt: Wenn Sie schon unbedingt eine Badetasche aus Wabbelgummi im Stil von Hermès haben müssen, dann verzichten Sie wenigstens auf die dazu passenden Sandalen und die Brieftasche, sonst sehen Sie am Ende aus wie ein Wackelpudding. Die Armeen junger Frauen, die sich auf der Jagd nach dem nächsten Trend – Cargo-Hosen, bauchnabelfreie Tops und Co., natürlich in Rosa – regelmäßig zum Gespött der Leute machen, hätten Jackie sicher kein bisschen gefallen.

Legen Sie sich stattdessen ein, zwei aktuelle Teile zu, die zu Ihrer bisherigen Garderobe passen. »Ich glaube, wenn Jackie heute jung wäre, würde sie Jeans mit maßgeschneiderten Einzelstücken kombinieren und ihre grandiosen Beine bei jeder sich bietenden Gelegenheit zur Schau stellen«, sagt Designer Michael Kors. »Und wenn sie etwas älter wäre, würde sie glamouröse Abendkostüme mit sportiven Pullovern und Hosen tragen, statt immer nur die traditionellen Abendroben.«

Teile, die Sie aus einer Modelaune heraus erstehen wollen, sollten Sie zuerst einem strengen Preistest unterziehen. Perlenbesetzte Flipflops für sechshundert Dollar oder Blumentaschen für zweitausend Euro sehen vielleicht grandios aus, hinterlassen auf Ihrem Konto aber länger Spuren, als sie in der *Vogue* präsent sind. Kaufen Sie sich stattdessen eine günstigere Variante ohne Designer-Etikett, und geben Sie das Geld lieber für wichtigere Dinge wie Jacken, Kleider oder an-

Perle der Weisheit

»Wo haben Sie das denn her?« Stellen Sie diese Frage – oder verraten Sie anderen die Antwort. Jackie scheute sich nicht, auch beinahe fremden Menschen genau diese Frage zu stellen, demnach sollten Sie es auch nicht tun. Sie war außerdem dafür bekannt, dass sie einige ihrer modischen Geheimtipps mit Freundinnen teilte, indem sie ihnen zum Beispiel »Fogal« (eine Strumpfmarke) zuflüsterte.

dere Teile aus, die sie jeden Tag tragen können und die bald nur noch deswegen Aufmerksamkeit auf Sie lenken, weil es sich dabei um den Look des vergangenen Jahres handelt.

Betrachten Sie Laufsteg-Mode mit kritischem Blick

Besonders in den Jahren mit Aristoteles Onassis und denen danach besuchte Jackie immer wieder Modenschauen und verkehrte mit den angesagtesten Designern wie Yves Saint Laurent, Calvin Klein und Halston. Dennoch sind wir sicher, dass sie jeder Freundin geraten hätte, die Laufsteg-Looks mit Vorsicht zu genießen – genau wie sie selbst es tat. Die meisten Designer schicken ihre Models in ausgefallenen Kreationen über den Catwalk, und die wenigsten Teile davon landen jemals in den Geschäften. Modenschauen besucht man schließlich in erster Linie, um sich über die wichtigsten Farben, Schnitte und Trends der Saison zu informieren.

Das ist heutzutage übrigens leichter denn je. Webseiten wie style.com oder firstview.com verwandeln Sie in Ihr eigenes Marktforschungsinstitut und bieten Ihnen bei allen ame-

rikanischen und europäischen Modenschauen einen virtu-
ellen Platz in der ersten Reihe, und zwar unmittelbar nachdem diese Schauen stattgefunden haben.

Es lebe die Wiederholung

Frauen, die zu viele verschiedene Looks tragen, wirken eher
verwirrt denn wohlinformiert und eher von Trends zerrüttet
denn von einem besonderen Stil durchdrungen.

Jackie war dafür bekannt, diverse schlichte Stücke, etwa
Jacken oder Kleider, immer wieder zu tragen. In Washington
trug sie ihr schwarzes Lieblingskostüm von Chancel so oft,
dass sie damit das Budget für sieben Jahre Kleiderkäufe hätte
einsparen können. Später hatte es ihr ein alter geschorener
Biberpelz angetan, den sie gern zu mittäglichen Verabredungen mit Leuten aus der Modebranche zur Schau trug.

Sie wären demnach klug beraten, die Wiederholung zu
einem Schlüsselelement im Umgang mit Ihrer Garderobe zu
machen. Geben Sie dem Drang nach, von Ihren Lieblings-
stücken – etwa einem Paar Schuhe mit der perfekten Absatz-
höhe und einem herrlichen Zehenausschnitt oder einem
Pullover, der sich wie eine engelsgleiche Umarmung an-
fühlt – gleich zwei Exemplare zu kaufen. Ja, kaufen Sie das
Teil ruhig mehrfach, vor allem wenn es im Sonderangebot
ist. Das spart Ihnen Zeit und Kraft, und Sie werden sich noch
oft für die weise Voraussicht selbst beglückwünschen können.
Wenn Jackie etwas entdeckte, das ihr besonders gut gefiel,
kaufte sie es schlauerweise gleich in mehreren Farben.

Besonders wichtig ist bei diesem Vorgehen Ihre Haltung
dazu. Geben Sie nichts auf das, was neugierige Verwandte,
neidische Kolleginnen oder auch die Modepresse darüber sagen, dass Sie Ihre Lieblingsstücke immer wieder anziehen.

Den vielleicht besten Beweis für eine gelungene Wiederholung lieferte Jackie: Sie heiratete Aristoteles Onassis in einem elfeinbeinfarbenen, hochgeschlossenen Valentino-Kleid, das sie einige Monate zuvor bei der Hochzeit einer Freundin schon einmal getragen hatte.

Eifern Sie niemals einer Mode-Ikone nach

Der Versuch, auffällig gekleidete Frauen in Sachen Mode zu kopieren, ist von vornherein zum Scheitern verurteilt. Machen Sie es sich stattdessen zur Regel, inmitten solcher Modezarinnen durch modisches Understatement zu glänzen.

Dasselbe gilt für Accessoires. Sie wollen sich mit einer Dame treffen, die dafür bekannt ist, dass sie üppigen Schmuck von Harry Winston trägt? Dann soll die Teuerste sich ruhig in all den Karat aalen – Sie dagegen halten sich lieber an eine andere, deutlich originellere Linie, egal ob mit Straußenfedern oder einer Bluse mit Vatermörderkragen von Lucite. Dies war auch Jackies Strategie bei einem Staatsempfang mit dem Schah von Persien und dessen Frau im Jahr 1962. Jackie, die keine Lust hatte, mit dem tonnenschweren Schmuck der Gattin ihres Gastes zu konkurrieren, griff zu Hängeohrringen und einer schlichten, sternenförmigen Diamantbrosche. Um den Effekt zu verstärken, steckte sie die Brosche nicht ans Revers, sondern ins Haar.

Sollten Sie jemals einer echten Modediva begegnen, einer umwerfenden Schönheit, deren Stil Sie bewundern, dann weichen Sie nicht, sondern wagen Sie etwas. Plaudern Sie mit der Dame, verabreden Sie sich mit ihr zu einem Cocktail – und laden Sie sich anschließend zu einem Hausbesuch bei ihr ein, bei dem Sie ihren Kleiderschrank in Ruhe beäugen können. Dieses Verhalten ist extrem Jackie-like.

Perle der Weisheit

Wenn Sie gezwungen sind, zwischen zwei atemberaubenden Kleidern zu wählen, dann nehmen Sie immer das aus dem kostbareren, schöneren Material. Edle (Natur-) Stoffe – Jackie mochte übrigens beidseitig gekämmten Kaschmir und Seidensatin besonders gern – halten länger und bringen einen unbezahlbaren zusätzlichen Vorteil: Sie fühlen sich unwiderstehlich an – für Sie und für andere.

Eine der Stilberaterinnen von Mrs O. war übrigens die Herausgeberin der *Vogue*, Diana Vreeland. Außerdem verbrachte Jackie viele Stunden vor den Kleiderbergen einer anderen guten Freundin, Bunny Mellon. Achten Sie nicht nur auf die einzelnen Stücke, die da an der Stange hängen, sondern vor allem darauf, wie Modegigantinnen ihre Garderobe kombinieren, etwa graue Gabardine zu Kamelkaschmir oder robuste Schuhe zu einer Satin-Handtasche.

Die perfekte Farbpalette

Peppen Sie Ihre Garderobe mit mehreren einfarbigen Teilen auf. Einige von Jackies fabelhaftesten Outfits, zum Beispiel ihr elfenbeinfarbenes Gala-Kleid aus Satin, in dem sie ihre Antrittsrede als Präsidentengattin hielt, verdanken ihren unwiderstehlichen Effekt einem schlichten Reinweiß oder einer anderen Einzelfarbe. Denken Sie nur mal an die praktischen Vorteile solcher Kleidungsstücke: Erstens ist die Frage, was Sie dazu kombinieren können, viel leichter zu beantworten, und zweitens besitzt Unifarbenes die Zauberkraft, Ihre körperlichen Schwachstellen perfekt zu kaschieren – Sie werden darin so schlank aussehen wie eine ionische Säule.

Eine große Auswahl an unifarbenen Kleidern reduziert außerdem das optische Durcheinander in Ihrem Kleiderschrank (Jackies umfangreiche Garderobe war übrigens nach Farben und Längen sortiert). Wenn Sie sich für den Uni-Look entscheiden, dann bedenken Sie bitte, dass schlichte Farben sich deutlich besser machen als grelle. Weiß, Schwarz, Grau und andere neutrale Töne sind am besten. Jackie bevorzugte übrigens den Farbton Greige, eine Mischung aus Grau und Beige. Rot und Rosa gelten in der Mode ebenfalls als neutral, fragen Sie mal Ralph Lauren oder Narciso Rodriguez. Von Kopf bis Fuß sollten Sie sich dagegen nicht in Lila kleiden, wenn Sie nicht für einen der Teletubbies gehalten werden wollen.

Das gelungene Kombinieren von Farben ist eine Wissenschaft für sich, und es spricht einiges dafür, wagemutig vorzugehen. Strahlende Farben sehen auf Fotos oft großartig aus, und die auf optische Reize konditionierten Männer können ihnen nur selten widerstehen. Aber in einer Zeit, in der Designer sich in Farbpaletten und extrem bunten Mustern regelrecht aalen, läuft man schnell Gefahr, wie ein Bonbonpapier auszusehen.

Wenn Sie nicht ganz so mutig sind wie Jackie und Orange mit Pink kombinieren wollen, wählen Sie drei bis vier Farben, die am besten aussehen – und zwar nicht an einem Mannequin, sondern an Ihnen. Jackie lehnte mehr als einmal kostbare Ohrclips ab, wenn die Farbnuance ihrem Teint nicht schmeichelte. Dunkelhaarige (und dauergebräunte) Frauen können kräftige Edelsteinfarben gut vertragen, während blassere Typen mit Pastelltönen besser beraten sind. Am besten, Sie betonen Ihre Garderobe mit einzelnen Farbtupfern, etwa einer Tasche in Rosa oder Türkis (übrigens die einzige Farbe, die Jackie meinte, niemals tragen zu können) oder einem Mieder in Sonnenblumengelb.

Senken Sie niemals den Standard Ihres Stils!

Letztlich ist es die Beständigkeit, die Ihnen den Titel einer perfekt gekleideten Persönlichkeit einbringt. Kleiden Sie sich smart fürs Büro, und halten Sie nach Feierabend stets Ausschau nach, nun ja, günstigen Gelegenheiten. Kleiden Sie sich für die Oper elegant, auch wenn auf den Logenplätzen mit schöner Regelmäßigkeit jemand mit Baseballkappe sitzt. Legen Sie sich außerdem in weiser Voraussicht mehrere Outfits für Hochzeiten, Silvesterfeiern und andere Events zu, bei denen man sich keinen Fehler erlauben darf. Und seien Sie Ihre eigene Garderobiere, indem Sie dafür sorgen, dass Ihre besten Kleidungsstücke nach Gebrauch sofort in die Reinigung kommen, um jederzeit wieder einsatzbereit zu sein, wenn Sie etwa spontan zu einer Soiree eingeladen werden.

Jackie hat sich an das ihr wichtige Ideal, perfekt auszusehen, stets gehalten, selbst in den finstersten Momenten ihres Lebens. Nach Onassis' Tod galt ihr erster Anruf einem vertrauten Mitglied der Familie – Ted Kennedy. Und der zweite? Dem italienischen Stardesigner Valentino, der ihr den passenden Look für die Beerdigung verpasste – mit schwarzer Spitze bis unters Knie und allem Drum und Dran. Selbstverständlich wollte Jackie auch beim Gang hinter dem Sarg umwerfend aussehen.

Erkennen Sie, wann es an der Zeit ist für einen Image-Wechsel

Nach den Jahren im Weißen Haus legte Jackie ihren berühmten Hut-und-Handschuhe-Look ab. Nicht nur, weil sie nun nicht mehr die First Lady der USA war, sondern auch weil sie wusste, dass dieses förmliche, manierierte Aussehen, das sie zuvor sicherlich bewusst gewählt hatte, nun nicht mehr angebracht war. Aus und vorbei. Jackie wechselte in eine fabelhafte neue Ära und zeigte jedermann, wie man sich mit Einzelstücken neuer Designer (Yves Saint Laurent oder Courrèges) schmücken konnte. Kurzzeitig trug sie sogar die entsprechenden Logos auf ihren Kleidern.

Es ist immer schwer, den richtigen Augenblick zu erwischen, um einem Look abschwören und sich einem anderen zu widmen. Daher hier ein paar untrügliche Anzeichen:

- Wenn Sie genauso aussehen wie jede andere Frau, und zwar egal wohin Sie gehen, ganz besonders auf Flughäfen — es wird Zeit.
- Wenn ein Mitglied des englischen Königshauses etwas trägt, was auch nur entfernt an eines Ihrer Kleider erinnert — es wird Zeit.
- Wenn andere Frauen Sie nicht mehr fragen: »Wo haben Sie *das* her?« und Sie auch nicht mehr eisig von Kopf bis Fuß mustern — es wird Zeit.
- Wenn Sie sich selbst an eine Szene aus einem Film der Post-Hepburn-Ära erinnern *(Flashdance, Charlies Engel)* — es wird Zeit.
- Wenn selbst das Aufpeppen mit einem neuen Paar Manolos oder einer tollen Tasche nichts mehr hilft — es wird Zeit.
- Wenn Ihre Mutter Ihre Outfits gut findet — es wird Zeit.

Ein Hoch auf Fakes!
Original und Fälschung

Während Alltagskleidung zäh wie Arbeitstiere sein und jahrelang ihren Dienst tun sollten, müssen feierliche Gewänder, etwa Ballkleider und Abendroben, eine viel einfachere Aufgabe erfüllen. Sie brauchen lediglich für kurze Zeit gut auszusehen, zum Beispiel für Ihren Angebeteten, Ihre Gäste und die Kameras, welche die Bewunderer zücken.

Jackie mochte es nicht, wenn andere sie nachahmten, aber sie baute darauf, dass diverse Designer, darunter auch Cassini, in Magazinen abgebildete europäische Mode (vorzugsweise Lagerfeld und Hubert de Givenchy) kopierten. Sie war klug genug, bereits existierende Stile zu verändern, wenn auch zuweilen nur leicht. »Ich habe die Bardot in einer Zeitschrift gesehen – *Elle* oder *Match*, ich weiß es nicht mehr –, sie trug ein schwarzes Kleid. Meins könnte rot sein... mit verdeckten Ärmeln... durchsichtig...«, schrieb sie im Januar 1962 in einem Brief an Cassini.

Diese Strategie funktionierte deswegen so gut, weil die Modewelt die Massenkopien damals nicht am Fließband produzieren konnte. Inzwischen führen die Geschäfte Nachahmermodelle der neuesten Kreationen schon wenige Wochen, nachdem diese auf den roten Teppichen präsentiert wurden. Zur Not können Sie daher ruhig auf Kopien zurückgreifen, besonders wenn Sie hier und da etwas abändern lassen. Noch besser ist es, wenn Sie ein paar Euro mehr investieren und sich von einem Schneider ein Lieblingsstück duplizieren lassen. Am besten, Sie bitten ihn, einen anderen Stoff, eine andere Farbe oder eine andere Länge zu nehmen, damit das Kleidungsstück mehr nach einem Original aussieht.

So können Sie sich gleich mehrere Fakes der aktuellsten Designerstücke leisten – Hauptsache, sie sind gut gemacht. Ihre Sammlung kann neben handgenähten Teilen von Privatlabels wie etwa Saks Fifth Avenue und Barneys und hochwertiger Massenware (etwa von Zara und Mango, mit zusätzlichen Knöpfen, gutem Innenfutter oder aus Naturfasern) so ziemlich alles umfassen.

Noch ein Satz zu den Accessoires: Auch hier können Fakes (allerdings nur richtig gut gemachte) die Garderobe einer Frau perfekt aufpeppen. Jackies »Interpretation« einer dreireihigen Kette aus unechten Perlen, die bis heute nichts von ihrer Berühmtheit eingebüßt hat, erzielte bei einer Auktion im Jahre 1996 stolze 211 500 Dollar.

Jackie förderte das Geschäft mit Kopien auch, indem sie Designer wie Kenneth Jay Lane engagierte, um etliche ihrer (meist von Ari geschenkten) Stücke nachzubilden. Eines dieser Schmuckstücke, eine Halskette aus falschen Diamanten, Smaragden und Rubinen, erfuhr sogar dauerhaften Fernsehruhm, was Jackie sehr belustigte. »Kenny, ich habe Ihre Kette neulich wieder in *Denver Clan* gesehen«, raunte sie dem Juwelier einmal zu.

Mit »Nachbildungen« und »Fakes« meinen wir übrigens keine Fälschungen – die sind etwas ganz anderes. Wer mit einem gefälschten Label versehene Kleider auf den Markt bringt, riskiert hohe Strafen, und Jackie wäre das Risiko, dass einer ihrer Modeschöpfer ins Gefängnis wandert, niemals eingegangen.

Angemessene Bekleidung zu jedem Anlass

Stil ist mehr als nur schicke Kleidung. Neben der Kunst, hochwertige Einzelstücke auszusuchen, muss man auch die Kunst beherrschen, sie bei der richtigen Gelegenheit zu tragen – dem Anlass ebenso angemessen wie der Tageszeit, der Saison, ja selbst der Kultur, in der man lebt. Sie sollten daher sehr genau darüber nachdenken, was der jeweilige Rahmen modisch erfordert, egal was so manche sadistische Stylistin oder Herausgeberin einer Modezeitschrift Sie glauben machen möchte.

Jackie war klug genug, beim Besuch einer indischen Seidenfabrik ein lavendelfarbenes Ensemble zu tragen, das nicht nur sofort ins Auge fiel, sondern auch perfekt zu den farbenfrohen Saris der Einheimischen passte und sie dennoch von allen Umstehenden unterschied. In Europa schlüpfte sie dagegen in ein langes schwarzes und hochgeschlossenes (sprich: frommes und gänzlich unbedrohliches) Kleid, als der Papst sie zu einer Audienz empfing. Außerdem sah sie sich immer wieder gern die Gemälde alter Meister an, um sich von kunsthistorischen Farben (Veroneser Grün, Nattier-Blau) inspirieren zu lassen.

Jeder neue Schauplatz, jedes Event bietet Ihnen die Möglichkeit, sich die ganze Szene schon im Voraus auszumalen – und sich entsprechend zu kleiden.

Locker vom Hocker

Jackie wusste Bequemlichkeit sehr zu schätzen: Sie wirbelte in Caprihosen durchs Weiße Haus (ein Novum für eine Frau, die derart in der Öffentlichkeit stand) und schockierte nicht wenige damit, dass sie ohne Strumpfhose und in einem ärmellosen Etuikleid in die Kirche ging. Aber passen Sie auf: Bequeme Kleidung sollte Sie nicht dazu verleiten, einen modischen Fauxpas zu begehen. »Ich verlasse das Haus niemals, ohne angemessen gekleidet zu sein«, erzählte Jackie dem *Boston Globe* 1960.

Zu Jackies Zeit bedeutete das nichts, was eine Mutter nicht jederzeit gutgeheißen hätte. Heute sind die Minenfelder, auf denen man sich bewegt, viel größer. Ob Jogginganzüge aus Ballonseide, Yoga-Dress oder alles, worauf der Name irgendeiner Popsängerin prangt – clevere Modemacher nennen diese bequeme Kleidung »Athleisurewear«, aber wenn Ihr Freund Sie am Samstagvormittag in dieser Aufmachung im Bio-Laden trifft, wird er sie schon bald nur noch »meine Ex« nennen.

Egal ob Sie zu einer langen Reise starten oder nur auf einen Sprung bei der Poolparty einer Nachbarin vorbeischauen – überschreiten sie Modegrenzen nur mit größter Vorsicht. Die Kunst liegt darin, Ihre Kleidung so zu wählen, dass die anderen sich damit genauso wohl fühlen wie Sie.

Als Jackie 1961 nach Frankreich reiste, tauschte sie ihre förmlichen (und politisch korrekten) amerikanischen Kleider sofort gegen Modelle von Givenchy, den sie besonders gern mochte. Sie wusste, dass die Amerikaner ihr dies verzeihen – und dass die Franzosen sie dafür lieben würden. Das taten sie dann auch. In den Straßen von Paris hallten so viele »Schakii!«-Schreie wider, dass JFK sich bei einem öffentlichen Auftritt am Ende sogar als »der Mann, der Jacqueline Kennedy nach Paris begleitet« vorstellte.

Es ist gar nicht schwer, Jackies Beispiel zu folgen. Wenn Sie beispielsweise in Rom sind, wechseln Sie Ihre Turnschuhe einfach gegen feines ledernes Schuhwerk aus italienischer Produktion aus (doch, die Italiener werden es bemerken und Sie dafür bewundern). In Paris bringt Sie ein reizend geschwungenes Hermès-Halstuch garantiert weiter als ein perfekt ausgesprochenes »s'il vous plaît«.

Der Komfort, oder zumindest ein Hauch davon, sollte sich auf jeden Fall bis zu Ihren Füßen erstrecken. Machen Sie sich keine Illusionen, was hohe Absätze angeht. Jackie liebte hochhackige Schuhe über alles, aber sie war schlau genug, nicht jeden Tag auf zehn Zentimeter hohen Stilettos herumzustaksen. Pfennigabsätze mögen sexy sein, aber sie taugen nicht für den Dauereinsatz, vor allem nicht bei Frauen, die in der realen Welt im Gleichgewicht bleiben müssen.

Was zu viel ist, ist zu viel

Lassen Sie nicht zu, dass Ihre Begeisterung für einen Designer sich bis zur Besessenheit und damit zum Klischee steigert. Sie müssen dem Drang widerstehen, sich von Kopf bis Fuß in Chanel ohne ähnliche Marken zu hüllen. Labels auffällig zur Schau zu tragen hat nun mal nicht das Geringste mit dem glamourösen *Best-of-Everything*-Look zu tun, den Joan Crawford berühmt machte. Ganz im Gegenteil: Es nimmt einer Frau auch den letzten Hauch von Geheimnis. Im Handumdrehen spricht es sich herum, dass sie komplett unoriginell ist, oder noch schlimmer, bourgeois (das böse B-Wort).

Auf der falschen Fährte sind Sie garantiert dann, wenn jemand Sie fragt, was Sie tragen, und Sie mit einem einzigen Wort (»Armani« oder »Prada«) jedes Teil beschreiben können, das Sie am Leibe tragen, und zwar bis hin zu Armbanduhr, Tasche, Schuhen, Jacke oder Lipgloss. Weitere Regeln von Jackie: niemals zu viel Parfüm aufsprühen, eine allzu perfekte Frisur tragen (am allerschönsten sah Jackie auf dem

Foto von Ron Galella mit dem Titel »Jackie, vom Winde ver-
weht« aus) oder sich ständig darüber auslassen, wie viel man
für irgendeine modische Schwäche hingeblättert hat.

Wie Sie sich anziehend anziehen

Jackie setzte sexy Kleidung sehr geschickt und nur spärlich
ein, in etwa so vorsichtig wie einen Morphin-Tropf. Sie wusste,
dass zu viel blanke Haut jede Chance verdarb, ernst genommen zu werden, vor allem von Männern. Die schlimmste Gefahr dabei war und ist: für eine Mätresse gehalten zu werden.

Perle der Weisheit

Falls Sie nicht über Jackies rhetorische Fähigkeiten verfügen, sollten Sie zumindest lernen, in den Umkleideka-
binen dieser Welt so zu tun als ob. Es ist wichtig, die eigene Konfektionsgröße sowohl ins amerikanische als auch ins französische
oder italienische System umrechnen zu können. Bei der Schuhgröße sollten Sie ebenfalls international firm sein.

Kleidergrößen

D:	34	36	38	40	42
USA:	6	8	10	12	14
UK:	8	10	12	14	16
FR:	36	38	40	42	44
IT:	40	42	44	46	48

Schuhgrößen

Europa:	36	37	38	39	40
USA:	6	6½	7½	8½	9

● **Lenken Sie die Aufmerksamkeit auf Ihre Schoko-
ladenseiten.** Zeigen Sie ruhig auch mal Ihren schönen Rücken – und damit auch, was das anstrengende Pilates-Trai-
ning gebracht hat. Ein Kleid mit geradem Ausschnitt lenkt
den Blick auf Ihre Schlüsselbeine (versuchen Sie es ruhig
mal mit einer Brosche statt einer Kette, um den Hals optisch
zu verlängern und die Schultern breiter erscheinen zu lassen). Ärmel in Dreiviertellänge laden regelrecht dazu ein, einen kostbaren Armreif am Handgelenk zu tragen.

● **Im Zweifel lieber weniger als mehr Haut zeigen.**
In den Jahren im Weißen Haus bestanden viele der Änderungen, die Jackie an ihrer Garderobe vornehmen ließ, erst
mal darin, den Saum herauszulassen und den Ausschnitt zu
verkleinern. Die Andeutung eines Dekolletés ist nun mal viel
reizvoller als kaum verdeckte Brüste in einem tief ausge-
schnittenen Top. Neben Jackies Angewohnheit, leise zu sprechen, um Menschen zum Näherkommen zu zwingen, war es
vor allem die Frage, was sich wohl hinter ihrer gut verhüllten
Fassade verbergen mochte, die Männer zu ihr hinzog.

———

*»Jackie hätte sich bei Tag niemals in superknappen
Velour-Shorts blicken lassen! Und schon gar nicht
hätte sie irgendwas getragen, bei dem auf ihrem
Hintern ein Schriftzug prangte.«*

SUSAN FALES-HILL,
Autorin und einst auf der Liste der weltweit bestgekleideten Frauen

———

● **Erteilen Sie Ihrem Mann ein Veto-Recht.** Selbstverständlich müssen Sie nicht vor allen Kaufentscheidungen sein Einverständnis einholen oder ihn stundenlang vor der Umkleidekabine warten lassen. Aber jeder Mann möchte sich, zumindest ab und zu, ein Bild von seiner Frau machen können. Jackie fragte JFK immer mal wieder nach seiner Meinung, bevor sie sich an einen neuen Stil heranwagte. Als sie zum Beispiel überlegte, ob ein Oberteil, das eine Schulter frei ließ, zu freizügig sei, schickte sie Cassini ins Oval Office, um das Votum ihres Mannes einzuholen. JFK war einverstanden.

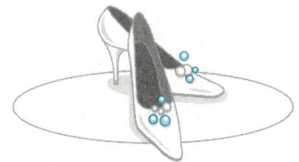

Kostüm = Karriere? Kleidung im Beruf

Jackie trat erst spät ins Berufsleben ein – im Jahr 1975. Damals war sie schon sechsundvierzig und bekam ein fensterloses kleines Büro bei Viking Press zugeteilt. Dennoch passte sie sehr gut in die Verlagswelt, in der die Gehälter in Relation zum geforderten IQ unverhältnismäßig niedrig liegen, und auch hier setzte sie Kleidung bewusst ein, um den Eingliederungsprozess zu beschleunigen. Um Ihren Intellekt erstrahlen zu lassen, tat sie etwas, was heutzutage nur wenige Frauen tun: Sie rationierte ihre Kleidung.

Weniger ist mehr
Ob Sie beruflich erst am Anfang stehen oder jedes Jahr den Erfolgsbonus einstreichen, lassen Sie es sich nicht anmerken,

dass Sie Ihre Freizeit und den Großteil ihres Geldes am liebsten zum Shoppen opfern. Selbst wenn die Anzahl der Designerteile in Ihrem Schrank rekordverdächtig hoch sein sollte (so wie bei Jackie), widerstehen Sie dem Reiz, Ihre neuesten Errungenschaften sofort vorzuführen. Selbst *Vogue*-Chefredakteurin Anna Wintour, die über ein wahrlich großzügiges Budget zum Kleiderkaufen verfügt, neigt dazu, stets dieselbe Handvoll Chanel-Kostüme zu tragen.

Es mag durchaus sein, dass Ihre Kolleginnen sich angesichts Ihrer umfangreichen Garderobe Ihnen persönlich gegenüber bewundernd äußern, hinter Ihrem Rücken bekommen Sie jedoch garantiert viel mehr Aufmerksamkeit, als Ihnen lieb sein kann. Halten Sie sich daher an eine schlichte, überschaubare Auswahl von kombinierbaren Stücken, und tragen Sie nur gelegentlich ein neues Teil zur Schau. Jackie trug zu großen Meetings nicht bloß immer ein Nadelstreifenkostüm – sie trug oft *dasselbe* Nadelstreifenkostüm.

Dass Jackie sich auf die ewig gleichen Hosen und Seidenblusen beschränkte, mag dem Wunsch geschuldet gewesen sein, ihr Abonnement auf einen Platz auf der Liste der bestgekleideten Frauen nicht auszunutzen, aber dieses Festhalten an einer Berufsuniform brachte ihr auch zwei weitere, weniger offensichtliche Vorteile ein: Erstens führte es dazu, dass ihre Kolleginnen sich neben ihr nicht wie kleine Habenichtse fühlten, und zweitens konnten ihre kreativen Fähigkeiten ihren unausweichlichen Berühmtheitsgrad in den Schatten stellen. Auch wenn Sie (noch) nicht so prominent sind wie Jackie – bevor Sie sich fürs Büro einkleiden, sollten Sie daran denken, dass es besser ist, wenn man Sie in erster Linie für Ihre Fähigkeiten bewundert und nicht für Ihr Modebewusstsein.

Mode-Loyalität

Sie sollten Ihre Firma und deren Haltung gut kennen. Oder noch besser: Werden Sie zur Botschafterin Ihres Unternehmens, auch wenn dies bedeutet, dass Sie Ihr eigenes Modeempfinden ein wenig ändern müssen. Angenommen, Sie arbeiten in einer konservativen Branche, in der graue oder blaue Anzüge und Kostüme dem Dresscode entsprechen: Jammern Sie nicht, sondern sorgen Sie dafür, dass *Ihre* grauen und blauen Kostüme todschick aussehen. Falls Sie jedoch ohne einen Hauch Individualität nicht auskommen, dann setzen Sie gelegentlich ein kleines farbliches Highlight.

Sollten Sie das Glück haben, in einer kreativen Umgebung zu arbeiten, wo ein bisschen individuelles Flair gern gesehen wird, dann orientieren Sie sich nach oben. Wenn Sie eine Chefin haben, dann sehen Sie sich genau an, was die Dame trägt, aber übertreffen Sie sie bitte niemals! Wenn Ihre Vorgesetzte Armani trägt, sollten Sie auf keinen Fall in maßgeschneiderten Kostümen von Kiton ins Büro kommen. Bei einem stylishen männlichen Chef könnte es ebenfalls erforderlich sein, dass Sie sich modisch zurücknehmen. Ist er ein extravaganter Typ, der Jean-Paul Gaultier und Paul Smith schätzt? Dann reden Sie bloß nicht über Ihre eigenen Kleider, sondern lassen ihn ruhig im Rampenlicht stehen, das er offenbar so dringend braucht.

Picken Sie sich gezielt Einzelstücke von den Ständern mit Businesskleidung

Diese Kunst sollte heutzutage jede Frau beherrschen. An vielen Arbeitsplätzen haben die spröden Kostümchen längst neueren Trends Platz gemacht – nicht nur Kostümjacken oder -röcken, die einzeln kombiniert werden können, sondern auch ausgefalleneren Stücken wie Jacken aus Stretch-Wolle, Lederröcken oder perlenbesetzten Tops.

Designer – egal ob Calvin Klein, Michael Kors oder sogar Oscar de la Renta – haben auf diese Bewegung entsprechend reagiert und eine Vielzahl neuer, preislich moderater Kollektionen mit Businesskleidung herausgebracht. Manchen Frauen gefällt die neue Flexibilität, andere schaudert es bei der Aussicht, sich jeden Morgen überlegen zu müssen, was sie womit kombinieren sollen.

Jackie wusste schon lange bevor das in Mode kam, wie sie die einzelnen Teile eines Outfits trennen und sie mit anderen Stücken zu einem lässigeren Look kombinieren konnte.

Um sich dieses Talent ebenfalls anzueignen, sollten Sie alle neuen Kollektionen durchgehen, die in Ihrer Preisklasse auf dem Markt sind, und nicht weiter darauf achten, wie sie auf den Ständern aussehen. Das Jackett, das am besten zu dem Rock passt, der am besten zu dem Top passt ... Sie *müssen* die Teile nicht zusammen anziehen. Nehmen Sie Ihre bestgekleidete Freundin als Stylistin mit, oder nutzen Sie den kostenlosen Beratungsservice großer Modekaufhäuser. Aber lassen Sie sich von niemandem zu irgendwas drängen, was sich allzu weit von Ihrem beruflichen Dresscode entfernt – auch nicht zu der coolen Lederjacke mit Nieten!

Falls die vielen winzigen Leibchen und anderen sexy Teile in der Abteilung für Businesskleidung Sie irritieren oder Sie nicht sicher sind, ob ein Outfit mehr nach Abendgarderobe als nach Bürokleidung aussieht, dann gilt: Finger weg. Wahrscheinlich ist es nämlich genau das.

Werden Sie zu Ihrer eigenen Farbberaterin

Jackies Kolleginnen bei Doubleday erinnern sich daran, dass Jackie oft in Braun-, Lila- und Mauve-Tönen im Verlag erschien. Sie steckte diese Farbpalette regelrecht als ihr persönliches Territorium fest, und sobald irgendjemand sie nachzuahmen wagte, stellte sie die Nackenhaare auf.

So weit müssen Sie natürlich nicht gehen. Aber sich eine begrenzte Anzahl von Farben für die Arbeitswelt auszusuchen kann dabei helfen, sich eine Identität aufzubauen und gleichzeitig die eigene Garderobe zu vereinfachen. Das Besondere an dem von Jackie bevorzugten erdigen Mauve ist der gedämpfte Ton, der dennoch – viel stärker etwa als Schwarz – als feminine Akzentfarbe aufleuchtet und die jeweilige Trägerin in den Mittelpunkt rückt. Auch kräftige Farben können sehr vielseitig sein. Wenn Sie sich zum Beispiel für ein Hermès-Orange entscheiden, haben Sie sich damit erstaunlich viel Bewegungsspielraum erobert, von einem blassen Apricot bis hin zu einem rostigen Glut-Orange. Vermeiden Sie einfach nur die grellen, feurigen Nuancen, dann machen Sie schon mal einiges richtig.

Eleganz ist zeitlos – wie man sich in jedem Alter adäquat kleidet

Jackie hatte ein Händchen für adäquates Aussehen, denn sie kleidete sich nie so, dass man sie explizit für jung oder alt hätte halten können, und passte andererseits höllisch auf, kein Outfit zu wählen, das sie automatisch einer unpassenden Altersklasse zugeordnet hätte. In einer Zeit, in der alternde Stars wie Madonna sich über jede Regel angemessener Bekleidung hinwegsetzen, fahren Sie am besten, wenn Sie diese Form der Stil-Verweigerung nicht mitmachen.

Jedes junge Mädchen braucht etwas, worauf es sich freuen kann. Jackie zum Beispiel hob sich ihre Pelze in jungen Jahren für später auf, obwohl ihre Mitschülerinnen sich bereits als Teenager in Pelze hüllten. Selbst eine Frau, die über alle Ressourcen der Welt verfügt, muss lernen, wie wichtig es ist, sich zurückzuhalten und modische Gelüste nur häppchenweise und damit im Laufe der Jahre auszuleben.

Loten Sie Ihre Möglichkeiten als Twen schamlos aus

Zwischen zwanzig und dreißig haderte Jackie, wie die meisten Frauen in diesem Alter, mit dem, was sie als körperliche Makel empfand. Sie sehnte sich schmerzlich nach einer schmaleren Taille, kleineren Füßen und größeren Brüsten. Aber anders als die meisten Frauen ließ sie sich nicht lang und breit darüber aus, sondern machte einfach das Beste aus ihrer Figur.

Genau das sollten auch Sie tun. Jackie entschied zum Beispiel, den leichteren Weg zu gehen und die gegebenen Tatsachen zu akzeptieren: Wenn dreiviertellange Ärmel oder schwerere Stoffe (etwa schwere Seide oder Wolle) ihr am besten standen, dann war das eben so.

Die Jahre als Twen sind die perfekte Zeit, um alle möglichen Modeexperimente zu machen, denn in diesem Alter wird Ihnen noch jeder Fehler verziehen. Auch Jackie entdeckte als Mittzwanzigerin, dass Moderegeln dazu da sind, gebrochen zu werden. Als ärmellose Kleider in Europa groß in Mode waren, stellte sie fest, wie umwerfend ihre muskulösen Arme darin aussahen. Sie gefiel sich darin so gut, dass

sie auf jede Konvention pfiff und bald auch tagsüber ärmellose Kleider trug, nicht ohne dies anderen Frauen weiter-
zuempfehlen.

Schaffen Sie sich in den Dreißigern Ihre eigene Mode-Identität

In den zehn Jahren zwischen dreißig und vierzig sollten Sie
festlegen, wo Sie modisch gesehen hinwollen, und das Pendel
möglichst immer weniger stark ausschlagen lassen. Haben
Sie inzwischen einige Lieblingsboutiquen, und wissen Sie
genau, welche Schnitte Ihnen am besten stehen? Wunderbar!
Wenn nicht, entwickeln Sie sich womöglich gerade zu einer
Gar Garstig Gekleideten Vierzigerin – und aus diesem Stadium gibt es tragischerweise kaum noch ein Entrinnen.

Jackie wusste um diese Gefahr und warnte daher eine andere First Lady davor – eine Frau, die von der Presse wegen
ihrer nachlässigen, wechselhaften Kleidung gerügt worden
war. Anfang der 90er Jahre trafen sich Hillary Clinton und
Jackie zum Mittagessen, und Hillary fragte ihre Vorgänge-
rin, ob sie sich Modestylisten zulegen solle, um eine bestimmten Stil zu entwickeln. Jackie riet ihr davon ab. »Sie müssen
Sie selbst sein«, empfahl sie der Ratsuchenden nur. Wetten,
dass sie einer jüngeren Frau, die noch in den unsicheren Ge-
wässern ihrer Stilsuche herumtrieb, einen ganz anderen Rat
oder ihr zumindest ein paar Tipps gegeben hätte?

Wenn Sie also in den Dreißigern sind und nach wie vor
auf die Vorschläge von Zeitschriften wie *Lucky* bauen, um
Ihre Garderobe zu kombinieren, dann wird es höchste Zeit,
ein neues Kapitel aufzuschlagen. Achten Sie darauf, wie andere Menschen auf Ihre Outfits reagieren und wie Sie sich
selbst darin fühlen. Denken Sie dabei stets daran: Sich pro-

fessionelle Hilfe zu holen heißt nicht, dass Sie gleich den Personal Trainer von Nicole Kidman anheuern müssen. Sicher, in manchen Kaufhäusern ist die Beratung grauenhaft, aber es gibt auch Boutiquen, in denen sich gut ausgebildetes Fachpersonal gekonnt Ihrer Person annimmt, sofern Sie im Voraus einen Termin ausmachen. Die Hilfe der Fachkräfte ist genau das wert, was Sie daraus machen. Achten Sie darauf, wie andere über den Laden reden, und lassen Sie sich erklären, warum eine bestimmte Passform, ein bestimmter Stoff oder Designer Ihnen besonders gut steht – oder eben nicht. Sobald Sie einen guten Modeberater gefunden haben, halten Sie an ihm fest, als hinge Ihr Leben davon ab. Jackie zog sich die Angestellten bei Bergdorf Goodmann im Laufe der Jahre nach ihren Bedürfnissen zurecht und hielt sie ganz schön auf Trab.

Pucci und Perlen mit vierzig

Wenn Sie die Figur dazu haben, dann zeigen Sie sich ruhig in den heißesten internationalen Modetrends – wenn auch bitte nur bis zu einem gewissen Punkt. Jackie wollte an ihrem vierzigsten Geburtstag richtig dick auftragen und feierte ihn in einem Athener Nachtclub in einem über dem Knie endenden, ärmellosen Kleid von Emilio Pucci – eine gewagte Wahl, die in gewisser Weise auch einen Abschied von ihrer früheren Schwäche für poppigere Kleidungsstücke bedeutete. Natürlich fügte sie dem Kleid die passende Prise Individualität hinzu: eine lange Perlenkette, mit der sie eher an königliches Geblüt denn an einen Rockstar erinnerte.

Sie werden auf Ihrem Weg von der ernsthaften Modekennerin zur wahrlich gebildeten Mode-Sammlerin vielleicht auch ein, zwei Stufen zurückschalten wollen. Behalten Sie jedoch die hochhackigen Schuhe, und bewachen Sie jedes Ihrer schmal geschnittenen kleinen Schwarzen mit Argusaugen. Alles andere, besonders die entbehrlichen legeren Stücke, überprüfen Sie bitte auf Herz und Nieren. Superkurze Minis – müssen die wirklich noch sein? Es ist für Frauen über vierzig nahezu unmöglich, in 20 Zentimeter Stoff sexy und gleichzeitig elegant zu wirken. Und dann die fatalen Kombis... Mit vierzig wird es endgültig Zeit, sich von Catsuits und Stilettos zu verabschieden – sofern Sie überhaupt jemals auch nur annähernd aussahen wie Halle Berry und sich so etwas zulegen durften.

Überdenken Sie ruhig auch all die Kleinigkeiten, die Sie im Laufe der Jahre bei Abercrombie & Fitch oder bei Forever 21 erstanden haben. Vom Tag Ihres vierzigsten Geburtstags an soll niemand Sie mehr ungestraft »niedlich« nennen dürfen. Sollten Sie dennoch zwischendurch das Bedürfnis verspüren, sich auszutoben, so tun Sie es mit Hilfe von Accessoires. Eine trendige Tasche von Marc Jacobs zum Beispiel lässt Ihr Outfit sofort jugendlicher erscheinen. Fragen Sie doch mal Jackies Schwester Lee Radziwill, die noch weit über ihren siebzigsten Geburtstag hinaus die verschiedensten Modelle des Designers über der Schulter trug.

Wenn Sie die Welt der maßgeschneiderten Kostüme im Beruf nicht ohnehin schon erforscht haben, wird es spätestens jetzt höchste Zeit. Stellen Sie sich die Londoner Modemeile Saville Row vor – nur in weiblich. Einige üppige Investitionen in gezielt ausgesuchte Einzelstücke werten Ihre Garderobe auf, ohne Ihren persönlichen Stil zu verraten. Versuchen Sie es doch mal mit Kiton, Agnona, Luciano Barbera oder gar mit Carolina Herrera, die Jackie ganz besonders am Herzen lag.

Verkünsteln Sie sich in Ihren Fünfzigern nicht

Die Fünfziger gelten als die neuen Dreißiger – also geben Sie ruhig ab und zu dem Drang nach, sich zu verjüngen und dabei chic zu bleiben. Versuchen Sie es doch mal mit einer kurzen weißen Lederjacke über einem schwarzen Teil. Nehmen Sie sich Oprah Winfreys Rat zu Herzen (die Frau ist seit ihrem fünfzigsten Geburtstag modischer denn je zuvor), und verbannen Sie sämtliche Kaftane aus Ihrem Leben. Haben Sie großartige Beine? Dann zeigen Sie sie her, so wie Jackie 1993, die im Alter von dreiundsechzig Jahren ein weißes Satinklein von Herrera trug, das über dem Knie geschlitzt war.

Neben den üblichen Richtlinien (das Dekolleté etwas mehr verdecken, die Schnitte breiter machen) bringt das Jahrzehnt 50+ Ihnen auch die Lizenz zum Wagnis, etwa in Bezug auf die Accessoires. In ihren Fünfzigern und Sechzigern trug Jackie immer wieder auffällige Stücke, etwa rubin- und diamantbesetzte Halsketten oder griechische Armreifen aus schwerem Gold. Diese ebenso auffälligen wie teuren Schmuckstücke, zumeist Geschenke von Onassis, lenkten den Blick von so manchem altersbedingten Mini-Makel ab. Das fortgeschrittene Alter bietet Ihnen außerdem die Möglichkeit, sich an luxuriöse One-Size-Kreationen von Designern wie Zoran heranzuwagen, die so schlau geschnitten sind, dass sie zierliche und auch weniger zierliche Staturen gleichermaßen umschmeicheln. Sollten Sie sich schon gar nicht mehr erinnern können, wann Sie zuletzt etwas in Größe 36 getragen haben, dann werden Sie diesen Beitrag zur modischen Demokratie sicher zu schätzen wissen.

Jackies Klassiker – bis heute topaktuell

● **Schwarze Rollkragenpullover.** Sie sollten figurbetont, aber nicht zu eng und mit einem Kragen ausgestattet sein, der bequem genug ist, um Ihr Gesicht perfekt zu umrahmen. Wie ein Rollkragenpullover sonst noch sein sollte: nicht zu neu, bis zur Hüfte reichend und aus Naturfasern (heutzutage gerne mit einem Hauch Stretch). Heutzutage würde Jackie vermutlich Marken wie Kors oder Prada wegen ihrer Schlichtheit und Langlebigkeit bevorzugen, damals mochte sie vor allem ein einfaches, erschwingliches Modell von Jax, das heute leider nicht mehr erhältlich ist.

●**»Navajo«-Sandalen.** Dieses trendige Hippie-Schuhwerk, das seinerzeit Stephen Bonanno entwarf, ein Schuster aus West Palm Beach, erfährt derzeit ein großes, wahrlich breit gefächertes Comeback: So stellte Sears vor kurzem sein hübsches Replica-Modell namens »Jacquie« für 19 Dollar vor, während Michael Kors kostspielige High-Heels-Versionen dieser Kultschuhe entwarf). Die vielseitigen Sandalen mit schicken kontrastierenden Verzierungen gibt es in Dutzenden Farbvariationen – und sie machen sich in den Straßen von Manhattan genauso gut wie auf einer Privatyacht vor Skorpios.

● **Schwarz und Weiß.** Dieses Gegensatzpaar zieht zu jeder Jahreszeit und in jedem Zusammenhang Aufmerksamkeit auf sich. Dennoch sollten Sie die Kombination vorsichtig einsetzen, damit Sie darin auf keinen Fall wie ein Kellner, Gastronom oder Friseur aussehen. Jackie bevorzugte übrigens unten Weiß und drüber Schwarz. Vorsicht, wenn Sie die

Reihenfolge umdrehen, dann bekommt Ihr Outfit schnell eine ungewollte Dienstleisternote.

● **Chanel-Jacke (oder eine hochwertige Kopie).** Jackie war berühmt für ihre Fähigkeit, Einzelteile gekonnt miteinander zu kombinieren. Ein Chanel-Jäckchen ist das perfekte Kombi-Stück, da es sowohl mit einem passenden Rock als auch einer Jeans gleichermaßen harmoniert. Bei französischer Mode gibt es zwar selten Verhandlungsspielraum, aber viele Fakes sind gut gemacht, erschwinglich und daher durchaus einen Versuch wert. Allerdings sollten Sie stets dafür sorgen, dass Ihre Jacke aus Naturfasern ist und die enthaltene Farbpalette mindestens zwei, drei Nuancen beinhaltet, die möglichst mit mehreren Teilen in Ihrem Kleiderschrank harmonieren.

● **Röcke in A-Form.** Ah, die A-Linie, deren Form dem Buchstaben ähnelt und die fast alles verzeiht! Ob Kleid oder Rock – ein Kleidungsstück in A-Form lässt jede Hüfte schmaler erscheinen und überspielt zudem hartnäckige Speckröllchen. In der langen Version verdeckt das Wunderwerk außerdem nicht ganz perfekte Beine und lässt Waden und Fußknöchel schlanker wirken.

● **Broschen.** Egal ob die rubin- und diamantbesetzte, an Beeren erinnernde Anstecknadel von Schlumberger, die Jackie von JFK geschenkt bekam, oder der diamantene Stern, mit dem sie ihr formelles Outfit gerne auflockerte, Jacke setzte einzelne Broschen häufig als Eye-Catcher ein. Bis heute gibt es kaum etwas Trendigeres. Egal ob edles Schmuckstück von Chanel oder juwelenbesetzter Käfer, ob echt oder Nachbildung – Broschen können die Halslinie auf natürliche Weise akzentuieren, aber sie machen sich auch betörend im Haar, auf einer Handtasche oder einem Schuh, und hinten auf einem sexy Abendkleid getragen sind sie garantiert eine sinnliche Überraschung.

i-Tüpfelchen, mit denen jeder punkten kann

● **Leoparden- und andere Tierfellmuster.** Ob auf Überwürfen, Jacken oder Handtaschen, Tier-Prints kommen immer und überall gut an. Jackie war vermutlich die erste First Lady, die im Weißen Haus etliche Möbel mit Überwürfen im Leopardenmuster versah.

● **Schwarzes Leder.** Ebenso gewagt wie schön, egal ob zu Minirock, Trenchcoat oder Pillbox-Hut. Jackie trug natürlich alle drei Variationen zur Schau.

● **Männerkleidung.** Es gibt kaum etwas Unwiderstehlicheres als eine Frau in einem blauen Oxford-Herrenhemd von Brooks Brothers, das ihr auf den Leib geschneidert ist. Der Passform wegen ließ Jackie in ihr Exemplar übrigens Schulterpolster einnähen.

● **Fransen.** Ideal für Capes, Ponchos oder sogar Halstücher, die Ihren Nerz umwehen (Letzteres war Teil eines überraschend hippen Looks, in dem Jackie sich um 1969 präsentierte). Die Erklärung ist ganz einfach: Fransen fallen sofort ins Auge, weil sie wie eine Pferdemähne flattern.

● **Tupfen.** Sie sollten möglichst nicht größer sein als eine Erbse. Jackie setzte sie mit großer Begeisterung ein – vom Strampelanzug für ihre Kinder ebenso wie für die Garderobe der Grande Dame.

● **Cowboy-Stiefel.** Die Beine von Reit- und anderen schmalen Hosen werden natürlich in den Stiefelschaft gesteckt. Ja, Jackie war der lebende Beweis dafür, dass diese unglaubliche Kombination funktioniert.

● **Kombis in auffälligen Farben.** Orange und Rosa können durchaus ein echter Hingucker sein. Jackie trug ihr Outfit aus rosa Caprihose und orangefarbenem Pullover stolz spazieren. Ob da Lilly Pulitzer die Finger im Spiel hatte?

Knifflige Situationen und wie man sie meistert

Situation 1: Sie haben sich zu einem waschechten Kaufrausch hinreißen lassen, und jetzt besitzen Sie eindeutig zu viele Sandalen von Jimmy Choo und mindestens ein Narciso-Kleid mehr, als Sie wirklich brauchen oder sich leisten können. Was nun? Zurückbringen und damit eine peinliche Situation riskieren oder die

Sachen behalten und darauf hoffen, dass das Doppelwunder eines Sofortkredits und einer zeitgleichen Kleiderschrankvergrößerung eintritt?

Die Lösung lautet: zurückbringen. Seien Sie dabei sachlich, und kommen Sie sich nicht auf die Idee, sich zu entschuldigen. Solange das Etikett noch dranhängt, haftet der Rückgabe eines Kleidungsstückes nichts Ehrenrühriges an. Jackie schlug öfter ein bisschen über die Stränge und musste das eine oder andere Teil wieder zurückbringen. Was Sie niemals tun dürfen: Sachen nur kaufen, um sie einmal anzuziehen und anschließend zurückzugeben. Da werden Sie sich garantiert schon beim Tragen schlecht fühlen, und noch schlechter, wenn Sie das Teil in den Laden zurücktragen.

Situation 2: Ihr umwerfender neuer Freund hat ein großes Herz und ein noch größeres Bankkonto, und schon bald spricht er genau die Worte, von denen Sie immer schon geträumt haben: »Wir treffen uns bei Barneys.« Dürfen Sie als unabhängige, gebildete Frau, die sich nach nichts stärker sehnt als nach einem neuen Prada-Kostüm, sein Angebot annehmen, Sie von Kopf bis Fuß einzukleiden?

Die Lösung lautet: nicht so hastig. Ein Mann, der darauf brennt, mit Ihnen shoppen zu gehen – und auch noch die Rechnungen zu bezahlen –, könnte sich als Kontrollfreak entpuppen (denken Sie nur an Mickey Rourke in *9½ Wochen*). Womöglich müssen Sie dann anziehen, was *er* möchte (und was gar nicht Ihrem Geschmack entspricht) und bis in alle Tage damit herumlaufen. Das Gefühl, sich wie eine Prostituierte vorzukommen, sollten Sie sich ersparen.

Viel besser ist es, einen Mann zu haben, der Sie regelmäßig mit Geschenken überrascht (die können Sie gerne freudig annehmen oder sie später notfalls zurückbringen bzw. in Kommission geben). Sollte ein Mann Ihnen jemals einfach so seine Kreditkarte aushändigen und Ihnen viel Spaß beim Shoppen wünschen, dann halten Sie es wie Jackie und sagen nur ein Wort: »Taxi!«

Würde *Jackie* ...

... im Internet einkaufen?

Soll das ein Witz sein? Natürlich würde sie nichts lieber tun, als von ihrem Schreibtisch aus das Angebot von Nobelkaufhäusern wie Bergdorf Goodman oder Neiman zu durchforsten. Online Shopping ist nicht nur schön anonym und bequem, sondern bietet auch die Möglichkeit, in aller Ruhe nach Schnäppchen und Sonderangeboten zu stöbern, auch nach besonders edlen – zum Beispiel bei ashford.com oder eluxury.com.

... sich in ein großes Kaufhaus wagen?

Ja, und sei es nur, um mit eigenen Augen zu sehen, was da so toll dran sein soll, oder um ihren Enkelkindern eine Freude zu machen (selbst Caroline wurde mal im heute nicht mehr existierenden *Caldor* gesichtet). Dass Jackie ihre Garderobe mit Kleidern von Woolworth bestücken würde, wagen wir zu bezweifeln, aber ihr kühnes, neugieriges Wesen würde sie durchaus mal zu ein paar kleinen Käufen veranlassen – vielleicht würde sie sich in einem Kaufhaus ja ein Yoga-Dress zulegen.

... sich in Designer-Outlets zeigen?

Nein, zumindest nicht persönlich. Es gibt zwischen den Outlets und der Abteilung mit Sonderangeboten bei Bergdorf Goodman einfach zu viele Ausfahrten auf der Schnellstraße, als dass sich die Fahrt lohnen würde. Außerdem sind die Teile in den Outlet-Stores oft Schnee von gestern und würden Jackies hohen Ansprüchen nicht entsprechen. Als notorische Schnäppchenjägerin suchte sie dennoch durchaus mal sehr hochwertige Outlets (von Yves Saint Laurent oder Loro Piana) auf und fragte gezielt nach bestimmten Einzelstücken oder Stilen.

... Promi-Mode nachahmen?

Nein, nein und nochmals nein. Die meisten Prominenten leiden unter einer ausgeprägten Unfähigkeit, sich gut anzuziehen, und verlassen sich deswegen auf ein Heer von Stylisten, die sie zu Gala-Events herrichten sollen. Dieser Mangel an Selbstbeobachtungsgabe schränkt den Modesinn dieser Menschen immer mehr ein, statt ihn weiterzuentwickeln. Behalten Sie die roten Teppiche trotzdem im Blick (wie Jackie es tat) – aber schauen Sie dabei über die Schauspielerinnen im Blitzlichtgewitter in der ersten Reihe hinweg, die eine A-Linie nicht von einer A-Liste unterscheiden können.

... einen gepolsterten BH tragen?

Nein! Jackie würde nichts von einer künstlich vergrößerten Oberweite halten, zumindest nicht, wenn sie durch Wonderbras von der Stange hervorgerufen sind. Stattdessen würde sie zu berühmten Korsett- und Unterwäscheherstellern nach Europa reisen und sich ihren Push-up nach Maß anfertigen lassen. Selbstverständlich wäre es ein Modell, das gut stützt und leicht gepolstert ist, allerdings nicht so sehr, dass es den Busen in eine Mogelpackung verwandelt. Denken Sie daran: Jackies kleine Brüste haben keinen Mann daran gehindert, sie unwiderstehlich zu finden.

… Designer-Logos zur Schau tragen?

Ja. Wobei man es mit zunehmendem Alter immer weniger tun sollte. Frauen unter fünfzig können gerne Markenzeichen auf Kleidung und Accessoires zur Schau tragen. Als junge Witwe liebte Jackie beispielsweise ihren Mantel von Yves Saint Laurent, auf dessen Tasche ein riesiges YSL aufgestickt war, und durch die Straßen von Paris schlenderte sie mit einem nicht zu übersehenden V (für Valentino) als Gürtelschnalle. Aber übertreiben Sie es nicht, indem Sie mehrere Logos kombinieren oder Initialen für Produkte mit geringem Prestige missbrauchen (ein H sollte immer für Hermès stehen und nicht für Tommy Hilfiger). Je älter Sie werden, desto öfter sollten Sie Designeretiketten verborgen statt allzu offensichtlich tragen.

… ein Diadem aufsetzen?

Non, mon dieu! Überlassen Sie es ruhig Bräuten und einfältigen Promigänsen, sich eine mit Diamanten oder Glasperlen besetzte Tiara ins Haar zu stecken, und halten Sie sich von solchen dämlichen Aschenputtel-Aktionen fern. Es gibt Menschen, die behaupten, Jackie habe 1961 in Versailles ein Diadem getragen, aber sie irren sich: Jackie war selbstverständlich klar, dass Tiaras und Kronen königlichen Majestäten vorbehalten sind. Um trotzdem wie eine Prinzessinnen zu erscheinen, steckte sie sich mehrere Diamantnadeln, die Sie sich von dem Luxusjuwelier Van Cleef & Arpel's ausgeliehen hatte, in ihre Bundhaube.

... Monogramme tragen?

Bis zu einem gewissen Grad ja. Aber Monogramme können die Grenze zwischen Klasse und Masse leicht verwischen und sollten daher besser nur auf Briefpapier und Geschirrtüchern prangen. Jackie versah ihre Garderobe seinerzeit jedenfalls nicht mit ihren Initialen. Ohnehin wirkt es viel edler, wenn Sie lediglich Ihre Accessoires, egal ob klein oder groß, mit einem Monogramm kennzeichnen. Jackie ließ ihr Monogramm zum Beispiel auf einen Gürtel und eine kobaltblaue Metalltruhe setzen, die in ihrem Reitstall stand.

3. Kapitel

Make-up und mehr
Machen Sie sich Jackie-schön

> *»Ich war ein jungenhafter Wildfang.
> Dann beschloss ich, tanzen zu lernen –
> und entdeckte meine weiblichen Seiten.«*
> JACQUELINE BOUVIER KENNEDY ONASSIS

D a wäre der ausgeprägte »Schwanen«-Look, der Millionen von Nachahmerinnen inspirierte. Dazu die grazile Statur, um die sich Kleider mit kunstvoller Präzision schmiegten. Der jahrzehntelange Yoga- und Trampolinunterricht, lange bevor der Rest von Amerika den tollen Effekt des Fitness-Trainings entdeckte. All dies gehörte zu Jackies Erfolgsformel für eine perfekte Präsentation – eine Körperchoreografie, die jedes sinnliche Detail beinhaltete, von den blendend weißen Zähnen über die unbehaarten Arme bis hin zu einem betörenden Duft.

Bis heute hat sich daran nichts geändert: Jackies grundlegende Fertigkeiten sind grundlegend geblieben. Und obwohl wir in einer Welt voller Schönheitshelferlein, Anti-Aging-Cremes, mittagspausentauglicher Kosmetikbehandlungen, Fitness-Trends, Diäten, Nahrungsergänzungsmittel und so weiter und so fort leben, ist es heutzutage keineswegs leichter, sondern im Gegenteil eher schwieriger, sich den makellosen Jackie-Look anzueignen.

———

»Jackies Frisurenstil war regelrecht ikonisch – ausgefallen, modern und klassisch zugleich. Ihr Look würde auch heute nur weniger Änderungen bedürfen. Ich würde ihr einen stufigeren Bob mit etwas weniger Volumen verpassen, um das Haar nicht zu sehr zu strapazieren – eine extrem pflegeleichte Version des typischen Jackie-O-Looks.«

FRÉDÉRIC FEKKAI, Hairstylist

———

Haare, Hairstyle, Härtefälle

Frisuren-Paranoia ist erlaubt

Was ein »good hair day« ist, definiert eine jede Frau anders. Selbst wenn man so detailversessen ist wie Jackie, will man die Gewinn- (und Wind-)chancen so gut wie möglich zu seinen Gunsten manipulieren. Bevor Sie sich mit JFK in einen offenen Wagen setzte, schickte Jackie eine Angestellte des Weißen Hauses im Cabrio durch Washington und ließ sich anschließend über das Ausmaß der zerstörten Frisur berichten. Als sie zum ersten Mal als First Lady nach Frankreich reiste, war sie um den Zustand ihrer Haare dermaßen besorgt, dass sie dem Coiffeur, dessen Dienste sie dort in Anspruch zu nehmen gedachte, eine Haarlocke zuschickte – *en avance*.

Im Vorfeld großer Events werden Sie sicher genauso viel Aufwand betreiben wollen und eventuell sogar professionelle

Hilfe in Anspruch nehmen, selbst wenn dies einen gewissen Aufwand bedeutet. Wenn Ihr ortsansässiger Friseur einfach nicht gut genug ist, dann bestellen Sie ruhig einen Profi zu sich, dessen Künsten Sie vertrauen. Jackie ließ ihren ersten New Yorker Stylisten Kenneth häufig nach Washington einfliegen.

Sollte doch einmal – oh Graus! – niemand verfügbar sein, der Ihnen am Morgen die Haare wieder perfekt frisiert, versuchen Sie ruhig mal, aufrecht zu schlafen, um die Frisur zu schonen. Jackie eignete sich diese Technik übrigens in Griechenland an. Zugegeben, es hört sich etwas verrückt an, vor allem wenn man nicht allein nächtigt, aber auch dafür gibt's eine Lösung: Behaupten Sie vor Ihrem Liebsten einfach, Sie seien beim Lesen eingeschlafen.

Haarige Probleme

Frisuren sind nicht übertragbar. Was an Beyoncé Knowles großartig aussieht, kann auf Ihrem Kopf grauenhaft wirken. Jackie machte schon früh die Erfahrung, dass ein leichter Pony und etwas mehr Volumen am Hinterkopf ihren eckigen Kopf und die weit auseinanderstehenden Augen am besten ausglichen. Obwohl sie mit verschiedenen Längen herumexperimentierte, trennte sie sich nie so richtig von ihrem Stufenschnitt, der ihre Gesichtszüge weicher machte. Wenn Sie sich nicht sicher sind, was Ihnen steht, suchen Sie unbedingt einen erstklassigen Profi auf – und holen Sie dann eine zweite Meinung ein.

Haarteile sind ebenfalls sehr hilfreich, wenn man auf der Suche nach der richtigen Frisur ist und verschiedene Looks ausprobieren möchte, ohne sich gleich die Haare abschneiden lassen zu wollen. Jackie setzte Haarteile übrigens auch an jenen Tagen ein, an denen die Frisur partout nicht sitzen wollte, oder um ihrem Haar etwas mehr Volumen zu geben und eine abendtaugliche Hochsteckfrisur zu zaubern.

Qualitativ hochwertige Haarverlängerungen und Haarteile sind zwar nicht gerade billig, aber es lohnt sich, denn sie sehen besser aus, halten länger und tun Ihrem Stil gut. Sorgen Sie allerdings dafür, dass die künstlichen Haare professionell befestigt sind, schließlich ist ein falscher Pferdeschwanz sicher das Letzte, was Sie auf dem Schoß Ihres Liebsten hinterlassen möchten.

Scheuen Sie sich auch nicht, eine Freundin notfalls darauf hinzuweisen, dass ihr Haar mal wieder ein bisschen aufgepeppt werden könnte. Wenn Ihnen danach ist – oder Sie die Situation für ganz schrecklich halten –, könnten Sie ihr vielleicht sogar den einen oder anderen Do-it-yourself-Tipp geben. Jackie nahm ihre Freundin Solange Herter in Camp David einmal beiseite und brachte ihr die Kunst des verführerischen Bürstenstrichs bei. »Das war unglaublich!«, erinnert sich Solange Herter. »Meine Haare saßen wirklich nicht gut, und ich hatte ihre Hilfe dringend nötig.«

Vermeiden Sie Extreme

Außer Sinead O'Connor und Demi Moore gibt es nur wenige Frauen, die sich einen kahl rasierten Schädel optisch leisten können, und Haare bis zum Hintern wirken schnell morbide wie bei Morticia Adams – außer man ist Naomi Campbell. Von radikalen Farbwechseln sollten die meisten Frauen jedoch möglichst auch Abstand nehmen. Ob es Ihnen nun gefällt oder nicht, aber Ihre natürliche Haarfarbe passt in der Regel am besten zu Ihren Augen und Ihrem Teint.

Die Brünette Jackie war auch, was ihre Haare anging, ih-

Die tägliche Plackerei

Als Jackie sich 1951 für den Prix de Paris der Zeitschrift *Vogue* bewarb, bat die Redaktion sie unter anderem, etwas über Körperpflege zu schreiben. Schon damals, mit einundzwanzig Jahren, waren ihre Ansichten belustigend verbindlich (obwohl sie selbst rauchte und Nägel kaute). Sicher, später benutzte sie lieber Wachs als Enthaarungscreme, und die Anzahl der Bürstenstriche verringerte sich im selben Maße, wie der Aufwand ihrer Frisur stieg. Aber ihre folgende ernste Theorie zum Thema weibliche Pflege ist bis heute bemerkenswert aktuell geblieben:

»Wenn Sie qualitativ hochwertige Dinge kaufen, sorgfältig darauf achten (kein schmutziger Puderpinsel, kein haarverklebter Kamm, kein eingetrockneter Nagellack), vernünftig essen und schlafen und immer daran denken, dass eine gepflegte, ordentliche Erscheinung sehr erstrebenswert ist und mit zehn Wasch- und Bürstminuten täglich sowie einmal die Woche ein paar Minuten extra erreicht werden kann, dann werden Sie nie entsetzt aufschreien und sich eine Stunde lang verzweifelt im Badezimmer aufstylen müssen, wenn Sie hören, dass Ihr attraktivster Verehrer überraschend vor der Tür steht und auf Sie wartet.«

rer Zeit weit voraus. Heutzutage fragen immer mehr Frauen ihren Friseur nach dem Farbton Mokkabraun. Dunkle Haare reflektieren das Licht nämlich besser als blonde – ein Vorteil, den Jackie zusätzlich dadurch ausbaute, dass sie diamantenen Haarschmuck trug. Glauben Sie Sarah Jessica Parker und anderen Promis nicht, wenn sie Ihnen Garnier Nutrisse oder irgendeine andere Tönung für zu Hause schmackhaft ma-

chen wollen, denn keine Packung kann einem Profi das Wasser reichen. »Als Jackie wegzog, gab ich ihr das Tönungsmit-
tel mit, um bloß kein Risiko einzugehen«, sagt Thomas Morrissey, Jackies langjähriger Friseur.

Ihre Stylistin zu »betrügen« ist kein Verbrechen

Ja, Stylisten sind neidische, launische Wesen. Für den Fall,
dass Ihr Haus-und-Hof-Friseur mal krank, unerreichbar oder
in einem Wutanfall gefangen ist, sollten Sie Ersatz bei der
Hand haben, der sich um Ihre Haarpracht kümmern kann.
Aber geben Sie bloß nicht zu, dass er/sie nur zweite Wahl
ist – Sie wollen doch keinen Wasserstoffperoxid-Unfall riskieren, oder? Die umsichtige Jackie ließ Provi Paredes von
Kenneth instruieren – für den Fall, dass ihre Assistentin ihr
mal in einer Notsituation die Haare frisieren musste.

Auch wenn Sie nicht den Luxus eines Privatstylisten genießen, können Sie auf Reisen dennoch perfekt aussehen,
wenn Sie sich vorher darüber informieren, welche Salons an
Ihrem Zielort die angesagtesten sind. Und finden Sie vorher
unbedingt heraus, wie man in Dänemark oder Dubai zu
»Pflegespülung«, »Stufenschnitt« oder »Extensions« sagt.

Make-up? Welches Make-up?

Wenn es um das tägliche Make-up geht, strebt die gepflegte
Frau nach Natürlichkeit. Dabei ist es ungleich schwerer zu
erreichen, dass die Haut schimmert, als wäre Sie von der
Sonne geküsst, statt das Gesicht komplett zuzukleistern. Damit meinen wir die Art von Behandlung, die Ihnen sicher
auch schon mal in einem Kaufhaus zuteilgeworden ist. Das

ist doch Grund genug, sich mal hinzusetzen und ein paar Tricks anzueignen, oder?

Nehmen Sie ruhig Unterricht, und studieren Sie die Kunst des Schminkens so ernsthaft, als wären Sie eine Porträtmalerin. Im Jahr 1993 lud Jackie den New Yorker Make-up-Artist Pablo Manzoni zu sich ein – und sah ihm extrem aufmerksam auf die Finger. Manzoni war überrascht, wie vehement Jackie darauf bestand, den Spiegel selbst zu halten, während er an ihr arbeitete, damit ihr ja kein Tupfen und keine Farbschicht entging. Außerdem hatte sie ein Blatt Papier neben sich liegen und schrieb sich seine Techniken Punkt für Punkt auf.

● **Jackies genialer Make-up-Test.** Als Jackie beschloss, sich für die Frühlingsgala des American Ballet Theatre von Manzoni schminken zu lassen, bestand sie darauf, dass er vorher mehrfach übte. Nicht dass sie seinen Fähigkeiten nicht getraut hätte, sie wollte nur die Chance haben, mit verschiedenen Kombinationen an Make-up und Kleidern herumzuexperimentieren. Elf Tage vor dem großen Event empfing Jackie den Make-up-Artist in ihrer Wohnung in einem roten Kleid. Es hatte dieselbe Nuance wie die Robe, die sie am selben Abend tragen wollte. Und am Tag der Gala warf sie sich zum Schminktermin ein weißes Tuch über, da ihr Abendkleid ebenfalls schneeweiß war. Wie Manzoni später erzählte, war er von Jackies genialem Gesichtstest völlig beeindruckt. Er hatte noch nie erlebt, dass jemand so viel Mühe darauf verwandte, das Make-up farblich perfekt auf die Kleidung abzustimmen.

● **Bonbons sind out.** Es ist nur allzu leicht, in riesigen Beauty-Stores wie Sephora oder auf schicken Websites (etwa blissworld.com) in einen regelrechten Kaufrausch zu geraten. Bei der unendlich großen Auswahl und dem Mangel an persönlicher Beratung kann man sich allerdings eine Menge falscher Farbschattierungen ins Haus holen. Gehen Sie daher lieber in kleine Parfümerien, und lassen Sie sich anhand einer Farbpalette individuell beraten, und bleiben Sie anschließend auch dabei. Nur dann wird Ihr Make-up (und damit auch Ihre kleinen Makel) weniger auffallen. Je verzweifelter Sie versuchen, Hautunreinheiten und Falten mit Schminke zu überdecken, desto mehr werden Sie die Aufmerksamkeit darauf lenken. Mit zunehmendem Alter wird das übrigens immer schlimmer.

Dasselbe gilt für grelle Farben. Jackie bevorzugte die Flawless Finish Grundierung von Elizabeth Arden, ein zartes rosafarbenes Rouge von Erno Laszlo und den Perfect Pink Lippenstift von Adrien Arpel. Die neutralen, dem natürlichen Hautton perfekt angepassten Produkte, die heutzutage auf dem Markt sind (etwa Bobbi Brown, Trish McEvoy, Laura Mercier), würde sie sicherlich wunderbar finden.

● **Bestücken Sie Ihren Schminkkoffer nur mit dem Besten vom Besten.** Wenn Sie erst einmal Ihre Lieblingsprodukte gefunden und gelernt haben, wie man sie am besten aufträgt, dann verwahren Sie alles an einem einzigen Ort zusammen – am besten in einem eleganten Schminkköfferchen wie dem roten Krokodillederteil, das Jackie einst von einem Bewunderer geschenkt bekam. Elizabeth Arden vielleicht? Zum Nachschminken oder Ausbessern unterwegs stecken Sie die allerwichtigsten Dinge am besten in eine winzige Handtasche. Es macht sich nicht gut, wenn Sie in einer riesigen Tasche erst nach dem Lippenstift wühlen müssen.

Perle der Weisheit

Licht an! Wenn Sie Make-up auftragen, sollten die Lichtverhältnisse perfekt sein. Jackie war es extrem wichtig, dass das Badezimmer gut ausgeleuchtet war, und sie verlangte in den alten europäischen Palästen, in denen sie unterwegs war, stets nach helleren Glühbirnen. »Die meisten Badezimme«, sagt Letitia Baldrige, »waren so dunkel, dass man selbst eine Fliege auf der eigenen Nase nicht hätte erkennen können.«

Versuchen Sie es im Badezimmer mit dimmbaren Leuchten, die Sie Ihrer Stimmung anpassen können, und legen Sie Wert auf beleuchtete Schminkspiegel in der Sonnenklappe Ihres Autos.

● **Sparen Sie nicht an der falschen Stelle.** Gute Pinsel halten länger, die richtigen Schwämmchen sorgen für die gewünschte kaum sichtbare Grundierung, und ein farblich passender Lippenkonturenstift rundet das Make-up erst richtig ab. Jackie ging auf Nummer Sicher und hatte immer einen großen Vorrat kostspieliger Puderpinsel im Haus – zu 1,13 Dollar das Stück (das sind nach heutigen Maßstäben fast 5 Euro), aber angesichts des perfekten Finishes, den sie Jackie verpassten, waren sie wohl jeden Cent wert.

● **Spieglein, Spieglein in der Hand.** Männer, vor allem solche, die an das heilige Mysterium der geheimnisumwitterten Frau glauben, brauchen nicht zu wissen, was Sie alles tun, um perfekt auszusehen. Schließen Sie sich im Badezimmer ein, wenn Sie Ihr Make-up auftragen, oder ziehen Sie sich wie Jackie in Ihr eigenes Bad zurück. Die einzig akzeptable Ausnahme von dieser Diskretionsregel lautet: ein dezentes Erneuern des Lippenstifts kurz nach dem Essen (oder nach einem Kuss) – das kann, wie Jackie bewies, eine extrem erotische Geste sein.

Jackies Schönheitsjoker

Jede Frau hat sie, ihre ganz persönlichen »Verabredungen«, ob die Liste nun lang oder kurz ist: wöchentliche Maniküren, eine ins Haus bestellte Fußpflegerin, außerdem Wachsbehandlungen vor wichtigen Verabredungen... Hier einige von Jackies »Musts« und dazu jeweils eine Angabe zum preislichen Rahmen.

> $ = Jackie auf Sparkurs
> $$ = Lohnt sich, darauf zu sparen
> $$$ = Onassis-Größenordnung

● **Massagen.** Extrem erholsam und immer leicht vertretbar – sie bekämpfen Stress, mildern den Muskelkater vom Fitnessstudio und sorgen für die gesunde Ausstrahlung, die Jackie so wertschätzte und die Männer an Frauen so gerne mögen. Im Weißen Haus ließ sie sich beinahe täglich durchkneten, und auch auf Reisen standen Massagen ihr Leben lang auf dem Programm (in New York suchte sie zum Beispiel den Red Door Salon von Elizabeth Arden auf). Achtung: Heutzutage beträgt die übliche Dauer einer Massage neunzig Minuten, nicht mehr sechzig. $$

● **Hautbehandlungen.** Na los, Mädels, auf zum Hautarzt. Jackie würde wegen der heutigen Auswahl an Peelingmethoden, Collagenspritzen und anderen Anti-Falten-Behandlungen in Jubelschreie ausbrechen – und all das bekommen Sie bequem in der Arztpraxis Ihres Vertrauens. Jackie nutzte alles, was zu ihrer Zeit möglich war, und buchte bei Janet Sartin in regelmäßigen Abständen Gesichtsbehandlungen und Masken – was wahrscheinlich daran lag, dass sie als Teenager zeitweise extrem schlechte Haut hatte. Außerdem suchte sie regelmäßig einen Hautarzt auf, um die altersbedingten Veränderungen ihrer Haut im Blick zu behalten. $$

● **Saisonunabhängige Bräunung.** Jackie musste sich noch in die Sonne legen, um ihren dunklen Teint zu pflegen. Heutzutage ist es leichter (und sicherer) – man braucht nur zum Spray oder zur Tube zu greifen oder besser noch zum entsprechenden Fachmann zu gehen. Tragen Sie den Selbstbräuner aber nicht zu dick auf, sonst ruinieren Sie Ihre Bettlaken. $$

● **Frühstück im Bett.** Wenn Sie jeden Tag so beginnen, als wäre er ein Feiertag, steigern Sie die Chancen, dass der Rest Ihres Lebens ebenfalls etwas Besonderes wird. Und wenn Sie Ihre Croissants neben Ihren täglichen Pflichten genießen können, umso besser. Jackie nutzte ihr Schlafzimmer gerne als Kommandozentrale, setzte sich mit einem Frühstückstablett ins Bett – Toast mit Honig gehörte zu ihren Lieblingsspeisen am Morgen – und beorderte diverse Helferlein an ihre Seite. $

● **Tägliche Nickerchen.** Betrachten Sie sie als unschuldige Wonnen des Nachmittags. Stellen Sie Ihre Couch so um, dass niemand Sie im Vorbeigehen in einer liegenden Position ertappen kann. Jackie pflegte für ihre Schönheitsschläfchen sogar ein hübsches Nachthemd anzulegen – das würden wir Ihnen für die Arbeit natürlich nicht empfehlen! Jackie, die eine beinahe besessene Schlafanhängerin war, ließ übrigens nach jedem Schlafen die Bettwäsche wechseln. Bei einem Nickerchen pro Tag bedeutete das: täglich zwei Wechsel der hellrosa Seidenlaken, die sie so gern mochte.

So viel Aufwand müssen Sie selbstverständlich nicht betreiben, aber gönnen Sie sich zumindest einen seidenen Kopfkissenbezug, das setzt das Ausmaß der Zerstörung Ihrer Frisur, von geschwollenen Augen und den Liegefalten deutlich herab. $$$ – wenn Sie das volle Programm abspulen. $ – wenn Sie sich nur das Wäschespray mit Lavendelduft leisten, der eine perfekte olfaktorische Erfrischung darstellt.

● **Therapie.** An der Theorie, dass man seinen Geist genauso pflegen sollte wie seinen Körper, ist absolut was dran. Unterschätzen Sie nicht die Vorteile – und den Luxus – eines Menschen, den Sie dafür bezahlen, dass er Sie durch das Labyrinth Ihrer Probleme lotst. Um nach dem Tod von Aristoteles Onassis besser zurechtzukommen, soll Jackie mehrmals wöchentlich einen Therapeuten aufgesucht haben. Noch ein Tipp zum Schluss: Vergessen Sie diejenigen Psychiater, die Zuzahlungen von den gesetzlichen Kassen akzeptieren, sondern nutzen Sie die besten Leute. $$

Ein Duft liegt in der Luft

Wenn Sie einen Duft aussuchen, lassen Sie sich von Ihrer Nase leiten, nicht vom Namen. Jackie rührte das auf den Namen »Jacqueline« getaufte Parfüm, das JFKs Helferteam vor der Wahl im Jahre 1960 herausbrachte und während der Wahlkampagne verteilte, kein einziges Mal an. Ihr war ein zarter französischer Duft deutlich lieber. Sie war sogar dafür bekannt, feine Parfüms in Hinblick auf den berauschenden Effekt mit edlen Weinen zu vergleichen. »Joy« war einer ihrer Lieblingsdüfte – teuer, weiblich, nicht allzu aufdringlich und sehr exklusiv. Chanel No. 5 liebte sie aus ähnlichen Gründen.

Sprühen oder tupfen Sie das Parfüm stets sparsam auf. Wie Jackie nur zu gut wusste, kann man einen Duft auch an sehr viel diskreteren Stellen auftragen als am Handgelenk und am Hals, nämlich im Haar, in den Kniekehlen, in der Ellenbeuge oder tief im Dekolleté. Die heutige Auswahl an duftenden Körpercremes würde ihr sicher gefallen, denn sie machen das Ganze noch subtiler. Bedenken Sie, dass Ihre Haut den Duft erwärmt und verstärkt, und passen Sie auf, dass Ihre Perlen unversehrt bleiben, denn von echten Perlen blättert die oberste Schicht ab, sobald sie mit Parfüm in Berührung kommen.

Wenn Sie Ihren Duft passend ausgewählt haben, werden Sie dafür ganz sicher Komplimente einheimsen. Aber halten Sie Ihr Parfum geheim. Als Jackies Schwägerin Joan fragte, welchen Duft sie benutze, antwortete die First Lady nur augenzwinkernd: »Das verrate ich niemals. Am Ende riecht es an jemand anderem besser als an mir.«

Schick und fit – Sportarten, die Sie gut aussehen lassen

Sie möchten einen grandiosen Body und wissen auch, wie Sie ihn in Form bringen, aber Ihre Zeit ist extrem knapp. Was tun? Suchen Sie sich Sportarten, die Ihnen nicht nur einen sinnlich verschwitzten Look verpassen, sondern Sie auch noch in die Nähe gesunder, reicher Männer versetzen. Chaotische Mannschaftssportarten sind da ganz bestimmt nicht das Richtige, wählen Sie also lieber solche, bei deren Ausübung Sie noch dazu gut aussehen:

Reiten. Denken Sie an maßgeschneiderte Jacketts, die perfekte Körperhaltung und den ultimativen Adrenalinkick bei einer Jagd. Reiten ist so sportlich und konkurrenzbetont, wie Sie es machen. Jackie trieb es bis zum Äußersten, nahm an Spring- und Dressurturnieren teil und ging zeitweilig mit drei Vereinen gleichzeitig auf die Jagd. Solche glamourösen Nebeneffekte heimsen Sie natürlich nur ein, wenn Sie englisch reiten.

Trampolinspringen. Macht Spaß, wirkt auf coole Art retro und bietet zudem die Möglichkeit, den Nachbarn heimlich ins Haus zu schielen. Nach Jackies Angaben ursprünglich für Caroline und

John Jr. gekauft, war das Trampolin, das im Weißen Haus vor JFKs Büro stand, am Ende das Lieblingssportgerät der First Lady. Heutzutage sind zahlreiche Miniausgaben im Handel, die den Kreislauf genauso in Schwung bringen und für die Sie nicht mehr Platz brauchen als für eine Badematte.

Gewichtheben. Von der Steigerung der Knochendichte über einen positiven Effekt für den Stoffwechsel bis hin zum Aufbau gut definierter Muskeln – es gibt tausende von Gründen, Gewichte zu stemmen. Jackie suchte den Trainingsraum des Weißen Hauses häufig auf, nachdem der Secret Service ihn zuvor von Männern befreit hatte. Auch Jahrzehnte später stemmte sie noch Hanteln, diesmal mit einem Personal Trainer, und zwar im Vertical Club in Manhattan.

Yoga. Haben Sie schon mal einen Yoga-Lehrer mit Speckröllchen gesehen? Ganz bestimmt nicht! Weitere Vorteile dieser Sportart: Man ist beweglicher, fitter und ruhiger. Auch was diesen Sport betrifft, war Jackie ihrer Zeit weit voraus. Im Jahr 1962 unternahm sie mit ihrer Schwester Lee eine Reise nach Indien und machte dort zum ersten Mal Yoga. Ihr Lehrmeister war natürlich Nehru höchstpersönlich. Später hatte sie in New York einen Yoga-Lehrer, der zweimal die Woche zu ihr nach Hause kam. Sechzehn Jahre lang arbeiteten die beiden zusammen. »Wenn Sie so sein wollen wie Jackie«, sagt Carly Simon, »legen Sie sich einfach die Beine um den Nacken.«

Joggen/Power Walken. Sie brauchen dazu nur gute Laufschuhe und höchstens noch, wie Jackie, ein »Moynihan-88«-T-Shirt. Am liebsten joggte sie um das Wasserbecken (das heute nach ihr benannt ist) im Central Park herum, denn da war es friedlich. Außerdem genoss sie die seltene Gelegenheit, hinter ihrer Sonnenbrille selbst mal nach Stars Ausschau halten zu können. Denken Sie erst gar nicht daran, an frostigen Tagen zu Hause zu bleiben, denn laut Jackie fördert kühle, frische Luft den Kreislauf und sorgt für eine beneidenswert gesunde Ausstrahlung.

Kajakfahren. Abenteuerlich, besinnlich und zudem ein extrem starkes Training für Kreislauf und Oberkörper. Jackie liebte es, sich während ihrer Aufenthalte auf Martha's Vineyard in ihren Einer zu setzen und loszupaddeln.

Schwimmen. Klar, es ist besonders gut für die Gelenke, aber das Genialste daran ist das schwerelose Beintraining, das man dadurch bekommt. Jackie hatte eine besondere Vorliebe für das Schwimmen in Salzwasser, und zwar mit Flossen, die einen mit super Beinen segnen und mit Warp-Geschwindigkeit durchs Wasser schießen lassen. »Mit den Dingern an den Füßen«, sagte Jackie einmal zu Joan, »ist Schwimmen das perfekte Training für die Oberschenkel.« Nur eine Sorte Wasser mied sie immer: den Pool des Weißen Hauses, in den JFK häufiger mal andere Frauen einlud.

Wasserskifahren. Sorgt für einen tollen Teint, strafft den ganzen Körper und lässt einen gleichzeitig fantastisch aussehen. Wenn sie auf Skorpios war, pflegte Jackie zweimal täglich stundenlang akrobatisch durchs Wasser zu pflügen – oft im Bikini, ihrem bevorzugten Kleidungsstück am Strand. Passen Sie allerdings auf, dass Sie nicht stürzen und dabei die falsche Bikinihälfte verlieren.

Skifahren. Wie beim Reiten liegt auch hier der Vorteil darin, dass sie dadurch an grandiosen Orten mit grandiosen Leuten zusammenkommen. Jackie fuhr am liebsten in Aspen, Sun Valley, Gstaad und am kanadischen Mont Tremblant. Sollten Sie nicht so schneefest sein, dass Sie mit den besten Fahrern nach unten wedeln können, so können Sie sich immer noch, wie Jackie, mit einer klassischen (Kunst)Pelzmütze wie aus *Doktor-Schiwago* auf dem Kopf an den Pistenrand stellen und zusehen.

Schönheitskorrekturen – was Sie tun und was Sie lieber lassen sollten

In einer Zeit, in der die kosmetische Chirurgie absolut etabliert ist, wird es immer schwieriger zu erkennen, wann die Grenze des guten Geschmacks und der realistischen Erwartungen überschritten ist. Jackie ließ sich 1979, also mit fünfzig Jahren, die Augenlider liften und im darauffolgenden Jahrzehnt auch das Gesicht, und zwar mindestens einmal.

Sollten Sie über einen Eingriff nachdenken, hier einige wichtige Anhaltspunkte:

Das sollten Sie tun

● Wählen Sie grundsätzlich den am wenigsten extremen Eingriff. Versuchen Sie es zunächst mit Botox, bevor Sie sich einem Augenlifting unterziehen (Jackie würde diese nichtoperative Maßnahme sicher lieben), und lassen Sie das Augenlifting vornehmen, bevor Sie sich das komplette Gesicht straffen lassen.

- Seien Sie diskret. Gut möglich, dass heute die halbe Welt ihr vom Schönheitschirurgen repariertes Ich offen zur Schau trägt. Der gute Geschmack gebietet es jedoch eher, darüber Stillschweigen zu bewahren. Als Jackie sich die Augenlider straffen ließ, tat sie es unter einem falschen Namen.

- Nehmen Sie sich Zeit, und suchen Sie den besten Arzt für den jeweiligen Eingriff aus. Auch wenn Sie eines Morgens spontan beschließen, dass Sie unbedingt und auf der Stelle eine Lippenaufpolsterung brauchen – die Telefonnummer in der Anzeige hinten auf Ihrer Zeitschrift sollten Sie trotzdem nicht anrufen. Jackies Chirurg hatte eine dreimonatige Warteliste.

Das sollten Sie lassen

- Verändern Sie Ihren Körper nicht auf auffällig unnatürliche Weise. Frauen mit Konfektionsgröße 34 und wenig Oberweite sollten nicht auf einmal Körbchengröße DD benötigen.

- Verändern Sie keinen Körperteil, der für Sie charakteristisch ist. Mag sein, dass Sie Ihre große römische Nase hassen, aber wenn Sie daraus ein winziges Elfennäschen basteln lassen, verlieren Sie womöglich genau den Teil von Ihnen, der Sie ausgemacht hat. Jackie würde zum Beispiel, trotz ihrer großen Füße, sicher vor einer Zehenverkürzung zurückschrecken, auch wenn sie heutzutage noch so in ist.

● Lassen Sie sich nicht operieren, nur weil ein Mann Sie darum bittet. Männer kommen und gehen, die Auswirkungen der plastischen Chirurgie bleiben Ihnen dagegen in der Regel ein Leben lang erhalten. Wenn Sie sich selbst eigentlich ganz wohl fühlen, so wie Sie sind, dann suchen Sie sich lieber einen anderen Mann, und zwar einen, der das genauso sieht.

Ernährungstipps à la Jackie O.

Jackie achtete genau wie wir alle (egal ob wir zu dick oder zu dünn sind oder uns fälschlicherweise für das eine oder das andere halten) peinlich genau darauf, was sie zu sich nahm. Ihre Philosophie zum Schlankbleiben – sie wog bei einer Körpergröße von 1,73 Metern ihr ganzes Erwachsenenleben lang zwischen 54 und 59 Kilogramm – beruhte auf einigen schlichten Prinzipien.

Erstens trieb sie täglich Sport. Zweitens tat sie etwas, was wir definitiv nicht empfehlen: Sie rauchte. Drittens (und allerwichtigstens) war sie in ihrem Essverhalten genauso diszipliniert wie bei Reitturnieren. »Sobald sie ein paar Pfund zugelegt hatte, aß sie die nächsten ein, zwei Tage nichts anderes als ein wenig Brühe und Obst«, erinnert sich Letitia Baldrige.

Allerdings war Jackie, was ihren Körper anging, ziemlich paranoid, denn immer wieder ließ sie Mahlzeiten ausfallen oder griff zu Appetitzüglern, um schlank zu bleiben. Tun Sie sich das bitte nicht an! Heutzutage haben wir zum Glück genug Wissen und Selbstbewusstsein, um übertriebenes Essverhalten (egal ob zu viel oder zu wenig) zu vermeiden.

● **Nicht klotzen, sondern kleckern.** Eine Gabel Risotto oder ein Löffel Crème brûlée wird die Nähte Ihrer edlen Designerkleider schon nicht sprengen. Während ihrer Zeit bei Doubleday pflegte Jackie öfter mit John Loring, dem Chefdesigner von Tiffany, im Le Cirque zu Mittag zu essen. Laut Loring ließ der Restaurantbesitzer nach dem Essen immer »eine Auswahl verschiedener Desserts« an den Tisch bringen. »Jackie rührte sie nie an. Manchmal steckte sie die Gabel hinein, aß ein paar Krümel und sagte: ›Das schmeckt wunderbar.‹ Das war's dann.«

● **Bewaffnen Sie sich mit gesunden Snacks.** Wenn Sie den ganzen Tag Gesundes essen, sinkt die Gefahr, dass Sie am Abend ein komplettes, vierhundert Gramm schweres Filet Mignon verspeisen. Jackies Kolleginnen bei Doubleday erinnern sich daran, dass die ehemalige First Lady immer wieder an Karotten- und Sellerieschnitzen knabberte, die sie sich in einer Dose von zu Hause mitbrachte.

● **Kämpfen Sie nicht an allen Fronten gleichzeitig.** Wenn Sie auf manche Speisen absolut nicht verzichten wollen, dann grenzen Sie zumindest die Gelegenheiten ein, bei denen Sie sich Ihr Lieblingsessen gönnen. Jackie erlaubte sich zum Abendessen zwar oft üppige Mahlzeiten, glich diese aber durch Salat oder andere leichte Speisen zu Mittag aus. Statt eine ganze Tüte Chips zu verschlingen, sparen Sie sich die Kalorien lieber für qualitativ und geschmacklich höherwertige Gerichte auf.

Alternative Medizin – Pro und Contra

Die konventionelle westliche Schulmedizin hatte noch nie so viele alternative Konkurrenten wie heute: Chinesische Kräuter sind hierzulande mittlerweile so geläufig wie Multivitamintabletten, mit Akupunktur werden sogar Katzen und Hunde behandelt, und Pilates-Trainer bieten jedermann die Möglichkeit, so gelenkig zu werden, als wäre man aus Gummi. Jackie, die den östlichen Heilmethoden gegenüber immer sehr aufgeschlossen war, hätte dieses alternative Sammelsurium sicher sehr gemocht.

Power ja, Aua nein

Sind Sie immer darauf aus, die neuesten, angesagtesten Elixiere, Wässerchen, Appetitzügler oder Energielieferanten auszuprobieren? Einige, wie etwa Aura-Reinigung durch Musik oder Gemüsedrinks in Pulverform, sind ja auch ganz harmlos. Andere hingegen, die anfangs hochgelobt wurden, wie zum Beispiel die mittlerweile verbotene Abmagerungspille Fen-Phen, sind längst als ungefähr so harmlos wie Arsen entlarvt worden.

Jackie hatte durchaus eine Ader für Extremes: Sie und Ari haben sich zum Beispiel angeblich lebende Schafszellen spritzen lassen (sie sollen einem ein langes Leben und Potenz bescheren). Jackie ließ sich außerdem Vitamin B spritzen, lange bevor es in Mode kamen, und experimentierte sogar mit den amphetamin- und steroidhaltigen Aufputschspritzen von »Dr. Feelgood« Max Jacobson herum, obwohl sie sich vor Nadeln fürchtete.

Setzen Sie Ihren gesunden Menschenverstand ein, und lassen Sie die Finger davon, sobald etwas illegal ist oder auch nur eklig klingt. Spielen Sie auch nicht das Versuchskaninchen, sondern warten Sie lieber ab, bis ein »Heilmittel« sich einen guten Ruf erworben hat, bevor Sie es probieren.

Reinigen Sie die Seele genau wie den Körper

Welche Form von Spiritualität Sie auch beflügeln mag – es gibt viele gute Gründe, sich ihr zu widmen. Und zwar egal ob es nun darum geht, innere Heilung auf höchstem Niveau zu erreichen, zu einer Gemeinschaft Gleichdenkender zu gehören oder sich schlicht auf sich selbst oder seinen Glauben zu besinnen. Genau wie bei ihren Sportarten zog Jackie auch hier die Einzel-»Disziplinen« vor. Nachdem sie einige Werke des indischen Autors Deepak Chopra gelesen hatte, schrieb sie ihm einen Brief. Die beiden wurden Freunde, und sie bat ihn, zu ihr zu kommen und ihr Meditationsunterricht zu erteilen.

»Wir setzten uns auf den Boden, sie brachte Kerzen und Räucherstäbchen herein«, erzählt Chopra. »Wir mussten beide lachen, weil ich nichts davon gesagt hatte, dass wir die Sachen bräuchten, aber sie meinte: ›Ach, wieso nicht?‹ Von da an meditierte sie jeden Abend von 19.00 bis 19.30 Uhr.«

Praktizieren Sie die Methoden, aber hüten Sie sich vor Merchandising-Produkten

Yoga bringt zweifellos unbezahlbare Vorteile – eine Yoga-Matte von Marc Jacobs für 400 Dollar dagegen bringt eine kapitalistische Komponente ins Spiel, die hier nichts zu suchen hat. Alkalisches Wasser wirkt vielleicht tatsächlich Wunder, aber wollen sie wirklich tausend Dollar für eine Maschine ausgeben, die dieses komisch schmeckende Nass produziert? Jackie, die stets peinlich genau darauf achtete, nicht auf jeden Zug aufzuspringen, hielt sich von solchen Marketing-Hypes fern und widmete sich den Heilmethoden lieber in ihrer ursprünglichen, reinen Form.

Würde *Jackie* …

… sich die Haare künstlich verlängern lassen?

Aber sicher doch. Schon zu Zeiten des Weißen Hauses und erst recht später peppte sie ihre Frisur mit Haarteilen und manchmal sogar auch mit Perücken auf, was in der Presse zu diversen Spekulationen führte. Solche Helfer sind heutzutage völlig akzeptiert. Allerdings sollten Sie sich nichts einflechten lassen, was völlig anders aussieht als Ihr eigenes Haar, denn das erregt nur Argwohn.

… sich einer kohlehydratarmen Diät unterziehen?

Klar – wenn auch mit Einschränkungen. Jackie war wie gesagt immer schon ihrer Zeit voraus und mied bereits damals besonders kohlehydrat- und zuckerhaltige Nahrungsmittel (bis auf den Honigtoast, den sie sich zum Frühstück gönnte). Ihrem feinen Gaumen zuliebe würde sie allerdings sicher sämtliche Atkins- und auch sonstige furchtbar schmeckende Produkte meiden, die heutzutage auf dem Markt sind.

… bei Bikram-Yoga-Stunden in einem heißen Raum so richtig ins Schwitzen kommen?

Unbedingt. Das Zimmer in ihrer Wohnung in der Fifth Avenue, das sie für ihre Yoga-Stunden mit Tillie Weitzner nutzte, verfügte tatsächlich nicht über eine Klimaanlage und heizte sich zuweilen auf fast achtunddreißig Grad auf. Jackie würde das dampfige, entschlackende Bikram-Yoga für seine schnelle Wirkung also definitiv lieben.

… sich die Bikinizone komplett rasieren?

Ganz sicher nicht. Jackie war zwar auch in diesem Bereich penibel auf Hygiene und Sauberkeit bedacht, aber sie hielt überhaupt nichts davon, die Körperpflege irgendwelchen Trends zu unterziehen. Außerdem sieht eine brasilianische Rasur einfach zu extrem und bei allen, die dem Kindesalter entwachsen sind, unnatürlich aus.

… sich die Nägel in grellen Farben lackieren?

Jein. Auf ihren ständig abgeknabberten Fingernägeln ganz bestimmt nicht, auf ihren Zehennägeln dagegen schon. In späteren Jahren bevorzugte sie an den Füßen ein freches Fuchsia, das sie alle drei bis vier Wochen im Rahmen ihrer Farbauffrischungstermine im New Yorker Haarsalon von Thomas Morrissey auftragen ließ. Aber manche Nuancen, zum Beispiel Grün, wie Coco Chanel schon wusste, sehen auf der Haut grässlich aus, also halten Sie sich lieber an die Farben, die mit Ihrer natürlichen Hautfarbe harmonieren.

… zum selben Psychiater gehen wie ihr Mann?

Auf gar keinen Fall. Jackie schrieb das Wort »Privatsphäre« immer mit Großbuchstaben, und sie wusste, dass auch Fachleute mal etwas ausplaudern können. Außerdem gingen zu ihrer Zeit deutlich weniger Männer zur Therapie als heute. Bedenken Sie: Eine Paartherapie kann durchaus sehr erhellend sein, aber wenn Ihrem Psychiater ein Wort darüber entschlüpft, dass Sie heimlich in Ihren Chef verliebt sind, kann dieses Wort nie wieder zurückgenommen werden. Also gehen Sie lieber auf Nummer Sicher, und gönnen Sie sich einen eigenen Seelenklempner.

4. Kapitel

Paar-Probleme?
Die paar Probleme!

Über Sex, Ehe und mächtige Männer

> *»Ich glaube, es gibt nicht viele Männer,*
> *die ihrer Frau dauerhaft treu sind.«*
> JACQUELINE BOUVIER KENNEDY ONASSIS

Als Tochter eines verwegen gutaussehenden Lebemannes und Ehefrau zweier Herren, die jede Möglichkeit hatten, auf allen Kontinenten dieser Erde herumzuflirten, kannte Jackie die Männer nur zu gut. Sie wusste intuitiv, wie man sie umgarnte, sich mit ihnen anfreundete oder sie für die eigenen Zwecke einspannte. Sie hielt die Zügel – wenn auch züchtig – immer fest in der Hand und steuerte ihr Schiff gekonnter als die meisten Herren durch die Gewässer unserer von Männern bestimmten Welt.

Das können Sie auch.

Vielleicht tröstet es Sie zu erfahren, dass Jackie nicht immer vor Selbstbewusstsein strotzte – auch sie war schon früh von einer gesunden Dosis an Selbstzweifeln geplagt. Auf der Highschool jammerte sie darüber, dass niemand sie je heiraten und sie in Mittelmäßigkeit untergehen würde. Im Jahrbuch ihres Abschlussjahrgangs bei Miss Porter's stand als ihr Lebensziel: »nicht als Hausfrau enden«. Ihre aristokratischen Gesichtszüge, die schicke Reiterei und geschliffene Manieren verliehen ihr ein wunderschönes jugendliches Aussehen, dennoch war Miss Bouvier als junge Frau blind für ihre Vorzüge.

Das College, mehrere Reisen um die Welt und ein Arbeitseinsatz als Fotojournalistin (sowie diverse Verabredungen zu Ausfahrten in angesagten Automobilen) verfeinerten Jackies natürliche Gaben im Umgang mit dem anderen Geschlecht. Oberflächlich betrachtet zog sie die Männer durch ihre Flüsterstimme und die an eine Geisha erinnernde Selbstbeherrschung in ihren Bann. Auf einer tieferen Ebene lernte sie dagegen schnell, ihre Macht als intellektuell ebenbürtige Partnerin auszuspielen. Doch auch diese Fähigkeiten konnten sie nicht vor Liebeskummer bewahren.

———

»Ständig hört man, Jackie habe so leise gesprochen, dass Männer sich immer zu ihr hinabbeugen mussten. Also probiere ich das immer mal wieder aus, um zu sehen, ob sie das bei mir auch tun. Aber nein, die Kerle wenden sich einfach ab!«

JOAN RIVERS, Comedian

———

Weibliche Jagdmethoden

Anders als ihre Mitschülerinnen am Vassar College (zu Jackies Zeit das weibliche Pendant zu Harvard und Yale) verlor die spätere First Lady nie den Kopf, wenn es um Männer ging. Als erbitterte Wettkämpferin, die nichts anderes als einen Sieg akzeptierte, betrachtete sie das »Akquirieren« geeigneter Herren gleichermaßen als Kunst und als Geschäft – eine Disziplin, der man sich mit dem größten Ernst nähern musste. So mancher mag ihrem Vater John »Black Jack« Bouvier vorwerfen, er habe Jackie diesen unromantischen Blick auf die männliche Spezies anerzogen.

Dennoch war es genau sein persönlicher Cocktail aus Alkoholgenuss, Schürzenjägertum, Geldsorgen und Eitelkeit, der Jackie ironischerweise auf die weniger attraktiven Seiten des männlichen Geschlechts vorbereitete. Ihr Vater überzeugte sie sogar davon, dass Fremdgehen dem Manne sozusagen im Blut liege – eine Lektion, die ihr dabei half, es nicht persönlich zu nehmen, wenn sie betrogen wurde.

Jackies Arsenal an Lockwaffen war beträchtlich. Hier eine Auswahl einiger ihrer erfolgreichsten weiblichen Jagdmethoden:

● **Setzen Sie Makel zu Ihren Gunsten ein.** Heutzutage streben von lächerlichen Schönheitsidealen besessene Frauen oft danach, möglichst gleichförmig auszusehen. Zu schade, dass diese Nachäfferinnen – ganz anders als Jackie – gar nicht erkennen, wie ihre körperlichen Besonderheiten (etwa eine römische Nase oder ein ausladendes Hinterteil) ihnen die Chance bieten, sich aus der Masse herauszuheben. In einem Artikel, der einen hochdotierten Preis der Zeitschrift *Vogue* gewann, schrieb die junge Jackie einmal: »Ich bin (…) 1,73 Meter groß, habe brünettes Haar (…) und Augen, die leider so weit auseinanderstehen, dass ich drei Wochen warten musste, bis meine Brille passend angefertigt war.« Wie wir alle wissen, wurde Jackie später genau dafür berühmt, dass sie diese seltsam anmutenden (Sonnen-)Brillen trug. Außerdem schaffte sie es, ihre Frisur vom hässlichen Entlein in das international bekannte Phänomen namens »Der Schwan« zu verwandeln.

● **Machen Sie Männern nicht unnötig Angst.** Obwohl sie vielseitig interessiert und sehr belesen war, pflegte Jackie schon in jungen Jahren ihr Licht in Gegenwart von Junggesellen stets unter den Scheffel zu stellen. Zum Beispiel tat sie so, als leide sie unter Prüfungsangst oder habe Schwierigkeiten beim Fertigstellen von Kursarbeiten. Sie wusste schon damals, dass eine unabhängige Frau es sich erst mit der Zeit erlauben kann, einem echten starken Mann ihr wahres Ich zu zeigen. Also überfordern Sie Ihre Verehrer nicht, indem Sie sie mit Ihrem Intellekt schockieren, sondern geben Sie ihnen erst mal Gelegenheit, Ihre weiblichen Fähigkeiten zu bewundern.

● **Spotten Sie nicht über Kuppelversuche.** Jackie war sicher kein großer Fan von Kuppeleien, aber Tatsache ist, dass sie und Jack genau auf diese Weise zusammenkamen. Stehen Sie der Sache daher ruhig offen gegenüber, besonders dann, wenn die Kuppler Sie und den Herrn gleichermaßen gut kennen. Um das Rendezvous entsprechend zu nutzen, sollten Sie auf einem Treffen zum Mittag- oder Abendessen bestehen, statt einem schlichten »Lass uns mal auf einen Kaffee treffen« zuzustimmen. Erstens muss man als Frau ab und zu auch was essen, und zweitens sind Verabredungen auf einen Drink oder Kaffee oft ein Frühwarnzeichen für Bindungsangst oder, schlimmer noch, Geiz.

● **Geben Sie sich distanziert, und vergessen Sie alle Dating Shows.** Jackies Vater hatte einen festen Grundsatz hinsichtlich der Frage, wie eine Frau sich einen Mann angeln könne. »Spiel die Unnahbare!«, bläute er seiner Tochter immer wieder ein. Jackie nahm seinen Rat sehr ernst und blieb Männern gegenüber stets unverbindlich, statt sich Ihnen allzu schnell hinzugeben oder Versprechungen zu machen. Ihre Verehrer mussten damit leben, dass es ihnen kaum gelang, ihr einen keuschen Kuss, geschweige denn mehr zu entlocken. Nachdem JFK ihr einen Heiratsantrag gemacht hatte, verschwand Jackie beispielsweise erst mal für mehrere Wochen nach Europa – angeblich, um über die Vorzüge einer solchen Verbindung nachzudenken. Bei ihrer Rückkehr erwartete der junge Kennedy sie am Flughafen. Erst ihre Weigerung, sich trotz der mehrere Jahre andauernden vorehelichen Beziehung als selbstverständlich betrachten zu lassen, besiegelte die Ehe.

● **Machen Sie ihn zum Epizentrum Ihres Universums** – zumindest bis der Nachtisch kommt. Geben Sie dem Mann, mit dem Sie zusammen sind, jederzeit das Gefühl, dass Sie von ihm fasziniert sind. Wirken Sie niemals gelangweilt, blicken Sie niemals über seine Schulter hinweg, und bringen Sie ihn durch endlose Fragen dazu, immer weiterzuerzählen. Wo ist nun der positive Nebeneffekt (und womöglich die echte Kunst) dieser Taktik? Sie verraten kaum etwas über sich selbst und bleiben daher immer die geheimnisvolle Frau. Nur wenige Männer können einem schmeichelhaften Ausmaß an weiblichem Interesse widerstehen. Wenn alle anderen Stricke rissen, war Jackie zwar jederzeit in der Lage, sich ewig über die verschiedensten Themen (zumeist Tiere oder Kunst) zu unterhalten, aber ihre besondere Fähigkeit war es, wie ein Reporter Fragen aus der Hüfte zu schießen (oder vielmehr zu flüstern). Sie galt sogar als ihre stärkste Offensive.

● **Drei sind einer zu viel** – oder zu wenig. Erinnern Sie einen fremdgehenden Mann ruhig mal daran, dass er nicht der Einzige ist, der Liebesbeziehungen nach draußen unterhält. Anfang 1968, während Ari um sie warb, fuhr Jackie mit Roswell Gilpatric, einem alten Freund aus Washingtoner Tagen, nach Mexiko – obwohl Gilpatric noch verheiratet war. Die unterschwellige Botschaft dieser Reise lautete: Auch in Scheidung lebende Männer kommen in Frage, sofern sie nicht mehr fest gebunden sind. Die beiden gingen sogar so weit, sich in der Öffentlichkeit zu küssen und miteinander zu flirten, was einem Leitartikel in der *Women's Wear Daily* die nötige Nahrung lieferte.

● **Halten Sie sich an den Dreh- und Angelpunkt der Familie.** Viele Frauen versuchen, das Herz der Mutter ihres Angebeteten zu erobern, und übersehen dabei den Elternteil, der womöglich noch viel mehr Einfluss auf ihn hat (ganz zu schweigen von den finanziellen Zügeln, die er in der Hand hält). Jackie verdankte es hauptsächlich ihrem Großvater, dass sie wusste, wie man mit mächtigen älteren Herren umgeht. Besonders von Nutzen war ihr das bei ihrem Schwiegervater Joe Kennedy, der sie wegen ihrer schlauen, couragierten Art allen anderen Schwiegertöchtern vorzog. Jackie verzauberte ihn, wohl wissend, dass er seinen Sohn dahin steuern konnte, ihr einen Heiratsantrag zu machen.

Wenn Sie ebenfalls auf einen Ehering aus sind, dann finden Sie heraus, welche Sportmannschaften Ihr zukünftiger

Schwiegervater mag, ebenso welche Autos, welche Spirituosen und welche Hobbys. Verwahren Sie wenn nötig die entsprechenden Fachzeitschriften und entwertete Tickets in Ihrer Handtasche. Und flirten Sie vor allem ein bisschen. Jackie hat es schließlich auch getan.

● **Erst vor dem Altar ist Endstation.** Die bis ins Mark
pragmatisch veranlagte Jackie hatte keine Skrupel, sich auch
während ihrer ersten – ja, ersten – Verlobung mit John Husted 1952 sämtliche Hintertürchen offen zu halten. Immer
wieder ging sie mit anderen Männern aus, darunter einem
versonnenen Journalisten, der einmal für den *Washington
Times-Herald* gearbeitet hatte. Ob brave Mädchen das dürfen? Vermutlich nicht. Aber Jackie folgte ihrer Intuition, und
am Ende zog sie einen späteren Präsidenten an Land. Sie
verstehen schon, worauf wir hinauswollen: Ein Verlobung ist
eine reizende Idee, sie lässt sich allerdings auch wieder ver-
werfen, wenn man zufällig einem passenderen Partner be-
gegnet. Der große Tanz beginnt erst auf Ihrer Hochzeitsfeier,
Schätzchen.

Küssen oder Kumpel?
Wie man den Unterschied erkennt

Es ist unklug, sich mit Männern einzulassen, die nur äußer-
lich etwas hermachen, das heißt mit der Vielzahl sozial un-
fähiger Banker, Anwälte und Werbemanager, die sich zwar in
maßgeschneiderte italienische Anzüge werfen, aber nicht die
geringste Absicht hegen, Rom zu sehen, oder die sich eine
Jahreskarte für die Oper nur besorgen, um sich jedes Mal

Über das Entjungfern

Die überlieferte (wenngleich unbestätigte) Legende dazu lautet: Jackie hat ihre Unschuld mit zwanzig Jahren verloren, und zwar in Frankreich, an den Sohn eines berühmten Schriftstellers. Die Pariser Angelegenheit soll in einem vergitterten Fahrstuhl (oder *ascenseur calé*, was sich doch gleich viel glamouröser anhört) stattgefunden haben. Jackies Reaktion: »Oh, mehr ist an der ganzen Sache nicht dran?« Egal ob dies nun ein eigener Jackie-Mythos oder eine Erfindung anderer ist – die Moral von der Geschicht bleibt dieselbe: Wenn Sie Ihre Unschuld noch zu vergeben haben, bedenken Sie, dass man dies am besten auf eine denkwürdige Art tun sollte. Alkoholumnebelte Aktionen im Anschluss an den Abschlussball sind indiskutabel. Schließlich geht es hier um eine Sache, bei der vor allem das Drumherum und das Darüberreden zählen. Die Details (Zeitpunkt, Ort, Dauer) sind von größter Wichtigkeit, ebenso wie der potenzielle »Google-Faktor« Ihres Partners. Das bedeutet, dass Sie bei der Auswahl eines Mannes stets die Zukunft im Blick haben sollten. Schließlich möchten Sie, wenn Sie den Namen Ihres Lovers in zwanzig Jahren in eine Suchmaschine eingeben, angesichts dessen, was da an Ergebnissen herauskommt, keinen Herzinfarkt bekommen. Die schlimmste Vorstellung wäre der Hinweis »Ihre Suche hat keine Treffer ergeben«.

nach dem ersten Vorhang zu verdrücken. Viel besser fahren Sie mit einem erfolgreichen, intellektuell offenen Mann, der nicht nur gut aussieht (wenngleich nicht *zu* gut, aber dazu später mehr), sondern Ihnen auch die Plattform bieten kann, die Sie verdienen.

Wirtschaftsbosse, Unternehmer, Politiker, Künstler und andere (fest angestellte) Intellektuelle geben allesamt gute Kandidaten ab. Desgleichen emotional ausgeglichene Herren mit Vermögen, sofern Sie irgendeine Beschäftigung haben, die ihre Zeit und ihre geistige Flexibilität beansprucht.

Jackie wusste all dies nur zu gut. Sie beurteilte Männer sowohl nach ihren Karriereaussichten als auch nach ihrem Aussehen, ihrer Geisteshaltung und ihrem Bankkonto. Sie zog Bewerber vor, die eine große körperliche Präsenz ausstrahlten (auch wenn sie gedrungen waren wie Ari Onassis, der fast einen Kopf kleiner war als sie) und wahre Meister in der Kunst der Schmeichelei waren.

Wo die Kerle zu finden sind

Da Jackie nicht an Kuppelei glaubte, agierte sie vermutlich nach dem Motto: Verkauf dich so gut wie möglich. Dabei empfiehlt es sich, gesellschaftlich möglichst viel herumzukommen. Im Folgenden finden Sie eine Auflistung zahlreicher in Frage kommender Örtlichkeiten mitsamt dem Symbol für die jeweilige finanzielle Beschaffenheit.

> $$$ = Onassis-Größenordnung oder
> beste Beziehungen nötig
> $$ = Lohnt sich, darauf zu sparen
> $ = Jackie auf Sparkurs

● **Tolle Partys.** Was in unserem Fall heißt: Partys, auf denen mit großer Wahrscheinlichkeit mehr interessante als idiotische Menschen erscheinen, die es wert sind, dass Sie sich länger als drei Stunden mit ihnen unterhalten. Abendveranstaltungen mit Tanz – Jackie meisterte diese verführerische

153

Kunst dank langen Tanzunterrichts – sind besonders gute Gelegenheiten, um jemanden kennenzulernen. Männer lieben Frauen, die ihre Hüften im Rap- oder Rumba-Rhythmus (Letztere war Jackies Lieblingstanz) wiegen. $$

● **Konzerte.** Und zwar solche mit Bühnen und gepolsterten Sitzen in geschlossenen Räumlichkeiten, nicht diese Veranstaltungen mit Plastikstühlen in irgendwelchen Sportstadien. Die Logik dahinter ist simpel: Ein besserer Sitzpolsterstoff zieht bessere Männer an. Ballettaufführungen, Opern und Symphonieabende stehen für den gut situierten, kultivierten Typus Mann. Jackie war übrigens Treuhänderin des American Ballet Theatre. Diese Bastionen des alten Geldadels locken übrigens durchaus auch jüngere, alleinstehende Herren an. Um die musikfreien Pausen gewinnbringend zu nutzen, sollten Sie ein Opernglas dabeihaben, mit dem Sie den Zuschauerraum schnell abscannen können, bevor das Licht wieder gedimmt wird. $

● **Schicke Cafés.** (vor allem die in fremden Städten). Es geht nichts über das Röhren eines Ferrari, der vor einem italienischen Café vorfährt – vor allem wenn der Fahrer seine Aufmerksamkeit ausgerechnet auf Sie lenkt. Tragen Sie dunkle Farben, stapeln Sie mehrere Bücher vor sich auf, und kreuzen Sie die Beine ladylike an den Knöcheln. Bestellen Sie sich Törtchen und andere lokale Köstlichkeiten (genau wie Jackie), um Ihren Appetit auf diese nationalen Leckereien zu demonstrieren. Sie sollten dies natürlich vorwiegend in den Stunden vor Arbeitsbeginn und nach Feierabend oder an den Wochenenden tun, wenn sich die »zweibeinigen Leckereien« zeigen. Starbucks gilt übrigens nicht als schickes

Café, da Letzteres unter anderem durch einen Service am Tisch gekennzeichnet sein muss. $

● **Kirchenveranstaltungen.** Die katholische Kirche spielte in Jackies strenger Erziehung eine zentrale Rolle. Wenn die längst ergraute Runde beim Kaffeeklatsch nach dem Gottesdienst Sie deprimiert, dann halten Sie sich lieber an weniger bekannte oder nichtreligiöse Veranstaltungen, die von der Kirche gefördert werden. Sollte Ihre Gemeinde nicht über ein buntes Veranstaltungsangebot mit Töpferkursen und Autorenlesungen verfügen, können Sie gern auch mal streunen gehen, zum Beispiel in Richtung Kirchen in Postleitzahlenbereichen mit eher wohlhabender Klientel. $

● **Schulen, an denen Sie nicht aufgenommen wurden.** Die Suche nach dem perfekten Mann ist wie die Suche nach kostbarem Erz: Sie müssen in den reichhaltigsten Gebieten Ausschau halten. Also lassen Sie sich nicht durch irgendwelche Absagen davon abhalten. Weil das Vassar zu Jackies Zeit ein reines Mädchen-College war, streckten sie und ihre Freundinnen ihre gesellschaftlichen Fühler natürlich auch nach anderen Lehranstalten aus (ihre Lieblingsadressen waren Yale und Harvard).

Verabredungen mit Männern anderer Hochschulen machen es Ihnen möglich, eine Vielzahl von Kandidaten durchzutesten, ohne allzeit verfügbar zu erscheinen (indem Sie zum Beispiel jeden Abend in der Bibliothek anzutreffen sind). Fremde College-Tore zu überwinden bringt Ihnen überdies den Ruf ein, anders zu sein, was Ihre Mitbewerberinnen mit Sicherheit vor Neid erblassen lässt und Ihnen bei den Männern die Aura einer exotischen »Jagdtrophäe« verleiht. $

● **Antiquitätenmärkte/Auktionshäuser.** Diese Orte sind regelrechte Magnete, und zwar nicht nur für schwule Männer, sondern auch für solche, die ein Faible für Kunstgeschichte und edle Dinge haben, etwa für Möbel oder wertvolles Kunsthandwerk. Mit etwas Glück treffen Sie zum Beispiel einen Diamantenhändler wie Maurice Tempelsman, Jackies treu ergebener Begleiter in den Jahren nach Aris Tod. $

● **Büro.** Werfen Sie die firmeninterne Hausordnung ruhig in den Müll. Wenn Jackie ihre berufliche Umgebung dazu nutzte, nach einem Partner Ausschau zu halten, warum sollten Sie das nicht auch tun? Jackie betrachtete ihren ersten richtigen Job (als »Inquiring Camera Girl« beim *Times-Herald*) als hervorragende Gelegenheit, Männer zu sichten. Natürlich hielt sie auch außerhalb der Nachrichtenredaktion Augen und Ohren offen, schließlich hat Jackies bevorzugte Interviewform nicht umsonst den Titel »den Mann von der Straße befragen«. $

● **Tennisplatz/Reitstall.** In einem sportlichen Umfeld sind die Chancen, einen Mann kennenzulernen, auf dem Platz besser als auf den Zuschauerrängen. Dabei ist es völlig egal, wie rudimentär Ihre Fähigkeiten in der jeweiligen Sportart sind. Wie Jackie einmal zu ihrer Schwägerin Joan sagte: »Wieso sollte man sich Sorgen machen, man könnte sich beim Spielen dumm anstellen, wenn die Männer ohnehin nur darauf schauen, ›wie weiblich man sich bewegt‹«?

Doch Vorsicht: Sprechen Sie möglichst keine Männer im Fitnessstudio um die Ecke auf. Der Aufenthalt dort fällt nämlich unter Privatsphäre/Freizeit und sollte daher unbedingt als neutrale Zone aufrechterhalten werden. $$–$$$

Geübt wird mit Jungs, ernst gemacht mit Männern

Wählen Sie Ihre Jimmy-Choo-Schuhe sorgfältiger aus als Ihre Beziehungen? Paralysiert Sie die verwirrende Realität einer Ära, in der Fernsehshows Fremde vor den Traualter zerren und ganz normale Männer auf einmal Zugang zu Supermodels haben?

Bis heute können nur wenige Frauen ein breiteres – und wohlhabenderes – Spektrum an Männern an jedem Finger ihr Eigen nennen als Jackie. Neben einem gutaussehenden Präsidenten und einem »verschnörkelten« (wie sie Ari nannte) Reeder standen auch Männer wie Marlon Brando, der Filmproduzent Mike Nichols und der Journalist Pete Hamill bei Jackie Schlange. Diese Bandbreite war der beste Beweis für Jackies Offenheit und Kreativität (genau wie die kleine Dummheit, die sie immer mal wieder beging, indem sie sich mit verheirateten Männern einließ). Die unerschrockene Jackie sorgte stets für eine interessante Mischung, zog die nutzbringenden und praktischen Aspekte von Beziehungen auf lange Sicht aber vor.

Die Kunst besteht darin, Männer mit derselben Leichtigkeit zu sortieren, als würden Sie Ihre Wintergarderobe von den Sommerkleidchen trennen. Beachten Sie dabei Folgendes:

● **Weisen Sie Männern den gebührenden Platz zu.** In Jackies Fall lassen sich mehrere Männertypen unterscheiden. JFK repräsentierte das, was wir den PT (Präsidenten-Typus) nennen: charismatisch und ehrgeizig bis zum Anschlag. Ari war dagegen der BMT (Bootsbesitzer-Multimillionär-Typus),

Männertypus NEIN vs. Männertypus FEIN

Männertypus NEIN

- Männer, die weniger wiegen als Sie (oder kleinere Füße haben)
- Männer, die nicht tanzen können
- Männer, die sich für was Besseres halten
- Schürzenjäger, die ihr Fremdgehen noch nicht einmal zu verheimlichen versuchen
- Eingebildete Playboys

Männertypus FEIN

- Männer mit regem Verstand (die sich von Ihrem regen Verstand nicht eingeschüchtert fühlen)
- Begeisterte Schmeichler
- Männer, die wissen, wie man die letzten Löffel Suppe würdevoll schöpft (nämlich mit dem Löffel nach außen)
- Männer mit Stammbaum
- Männer, die Ihre Kinder mögen
- Männer, die Qualität (das heißt Sie) erkennen, wenn sie Sie sehen

und Maurice Tempelsman stand für den typischen BLT (Bedingungslose-Liebe-Typus). Ihre Lebensreise wurde zudem von mehreren niedriger angesiedelten PHTs (Playboy/Holzkopf-Typen) gewürzt. Verleihen Sie den Männern, die Sie am attraktivsten finden, das entsprechende Etikett, und denken Sie anschließend darüber nach, wie Sie aus ihnen den besten Nutzen ziehen können.

● **Achten Sie auf das passende Alter.** Eigentlich ist das biologische Alter bei der Partnerwahl nicht übermäßig wichtig. Aber wenn Sie vorhaben, Ihr ganzes Leben mit dem Mann zu verbringen, dann sollte sein Betragen auch zu seinem Alter passen. Hier ein paar Dinge, die Sie stets im Hinterkopf behalten sollten: Männer über dreißig, die Kneipen und Bars für die wichtigsten sozialen Komponenten ihres Lebens halten, fallen definitiv in die Playboy-/Holzkopf-Kategorie, und zwar selbst dann, wenn sie einen Harvard-Abschluss haben. Ebenfalls indiskutabel sind Herren über vierzig, die in Bezug auf ihr Alter lügen, sich die Haare färben oder auftoupieren und noch nie verheiratet waren. Und von Kandidaten in den Fünfzigern, die sich in einen Porsche oder einen ähnlichen Boliden zwängen, den sie sich in ihrer Jugend nicht leisten konnten, halten Sie sich besser ebenfalls fern.

● **Der Ton macht die Musik.** Ihr Mann sollte immer nur Sie im Sinn, im Blick und in den Armen haben. In jüngeren Jahren vergab Jackie Punkte an Männer, die selbst die kleinsten Details an ihr bemerkten, egal ob körperlich oder anderweitig. Auch wusste sie die Gelegenheiten zu schätzen, bei denen JFK ihr ein Kompliment machte, etwa am Tag der Amtseinführung, als er ihr sagte, sie habe noch nie bezaubernder ausgesehen. Mit zunehmendem Alter wurde ihr die Beständigkeit eines Mannes dann immer wichtiger.

Suchen Sie sich einen Bewunderer, der glücklich – oder dürfen wir gar dankbar sagen? – ist, mit Ihnen zusammen sein zu dürfen. Männer, die in Gegenwart anderer Schönheiten völlig aus dem Häuschen geraten oder Ihnen in irgendeiner Weise das Gefühl geben, Sie seien gar eine Auswechselbare Frau, sollten Sie lieber im Laden stehen lassen.

Sortieren Sie unbedingt auch all jene Männer aus, die ihre Mutter respektlos behandeln, schließlich könnte es Ihnen in zwanzig Jahren genauso ergehen. Jackie bemerkte schon in einem frühen Stadium ihrer Beziehung, und zwar bei einem Ausflug nach Hyannis Port, wie sehr JFK an seiner Mutter hing. Als Rose Kennedy ihm zurief, er solle aus dem Meer und zum Essen kommen, gehorchte er wie ein juchzender kleiner Junge. Jackies Test hatte er damit bestanden.

● **Nutzen Sie seine Verbindungen.** Idealerweise sollte Ihre bessere Hälfte Ihnen eine ganz neue Welt voller Möglichkeiten eröffnen. Für einige bedeutet das bessere Kreise, für andere der Kontakt zu Menschen mit erhabenem Geist, vielfältigen kulturellen Erlebnissen oder neuen Orten und Ideen. Entscheiden Sie frühzeitig, was Sie wollen, holen Sie es sich, und schließen Sie auch Neuorientierungen nicht aus. Nach ihrer Rückkehr von der Sorbonne zog Jackie nach Washington D.C., um ihr Studium an der George Washington University abzuschließen und sich danach eine Stelle zu suchen. Sie gab der amerikanischen Hauptstadt den Vorzug vor New York, weil Washington zu jener Zeit das Zentrum der Macht und des gesellschaftlichen Lebens darstellte. Als »Hauptstadt der Konversation« bekannt, beherbergte es eine unfassbare Auswahl in Frage kommender Männer.

● **Achten Sie darauf, wie er wohnt.** Die häusliche Umgebung Ihres Partners liefert Ihnen entscheidende Hinweise auf seine Wertvorstellungen, Leidenschaften und Vorlieben. Stehen in seiner Wohnung viele Bücher (gebundene gelten übrigens mehr als Taschenbücher), dann deutet das auf ein breites Interesse und vielfältiges Wissen hin. Hat er für die

Krawatten in seinem Schrank mehr Geld ausgegeben als für die Bilder an den Wänden? Oder sind irgendwo Fotos von seinen Freunden, Verwandten oder den schönsten Reisen zu entdecken? Eine sterile, anonyme Umgebung bedeutet oft, dass auch der Mann nichts weiter als eine leere Hülle ist.

Jackies Männer waren ästhetisch betrachtet meilenweit voneinander entfernt (auf Aris Boot standen Stühle, die mit Leder aus Walhoden bezogen waren, während Jacks wertvollster Besitz seine Bücher waren), und dennoch verstand es jeder, sich mit Souveränität und Scharfsinn auszudrücken. Sie müssen den Geschmack des Mannes an Ihrer Seite nicht teilen, sondern nur darauf achten, dass die Dinge, die er um sich versammelt, irgendeiner Logik folgen. Und dass er einer eventuellen kleinen Umdekorierung offen gegenübersteht, aber davon später mehr.

Geld oder Liebe?

Wir wollen die Macht wahrer Liebe auf keinen Fall herunterspielen. Aber wir müssen auch so ehrlich sein zuzugeben, dass ein bisschen mehr Taschengeld in den Hosentaschen eines Mannes eine Frau durchaus einen Tick schneller zu einem »Ja« bewegen kann. Sich dies einzugestehen – und zwar sich selbst und Freunden gegenüber, die in der Position sein könnten, Ihnen auf die Sprünge zu helfen – ist übrigens nichts Verwerfliches.

Jackies Streben nach Geld und Sicherheit war nicht zwingend ein Zeichen einer gewissen emotionalen Oberflächlichkeit. Sie hatte miterlebt, wie ihr Vater finanziell zu kämpfen hatte, und dies bereitete ihr große Sorgen, was ihre eigene Zukunft betraf.

Außerdem legte ihre Mutter durch die Heirat mit dem unglaublich wohlhabenden, aus altem Geldadel stammenden Hugh Auchincloss die Messlatte in dieser Hinsicht ziemlich hoch.

Jackie, die sich in solchen Kreisen häufig wie eine Außenseiterin fühlte, hatte dennoch nicht vor, sich auf ein Leben voller Mühsal einzulassen. Viele Menschen, die ihr nahestanden, waren der Meinung, das Geld der Kennedys und später die Sicherheit, die ihr Aris Vermögen verlieh, hätten sie bei der Partnerwahl stark beeinflusst.

Warum sollten Aktienpakete, Schweizer Bankkonten, Offshoreanteile oder sonstige Geldquellen dem Herzen nicht zumindest einen kleinen Stoß in die richtige Richtung geben?

Entscheidend ist, dass man seine Grenzen kennt. Wenn Sie sich mit einem Bierbudget begnügen wollen, bitteschön. Wenn Sie hingegen einen wirklich gehobenen Lifestyle anstreben, dürfen Sie sich auf keinen Fall einer sentimentalen Schwäche für Männer hingeben, die Ihnen niemals eine Yacht oder einen Skiurlaub in einem Schweizer Chalet werden bieten können. Kommen Sie uns bloß nicht in zehn Jahren damit, dass Sie zwar die teuersten Fummel tragen, aber nicht verliebt sind – man kann nun mal nicht alles haben.

Von der Kunst, oberhalb der Linie zu bleiben

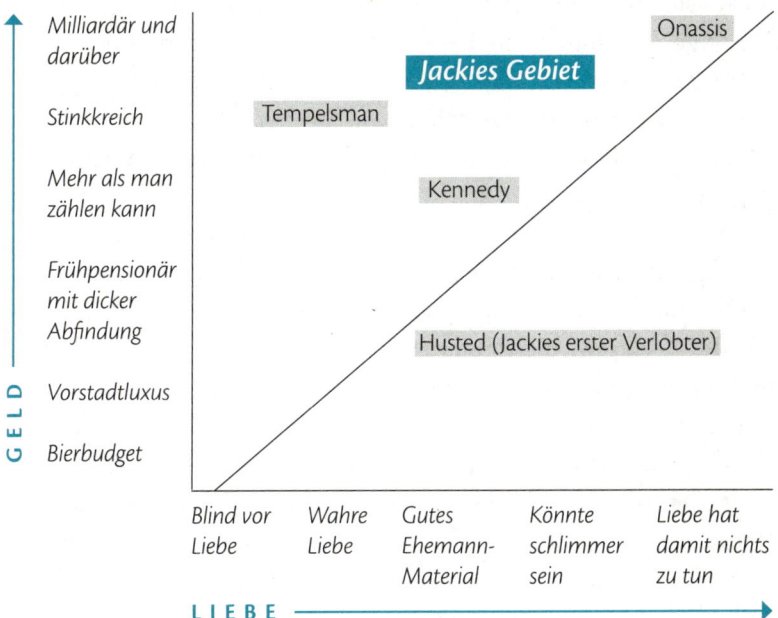

Die Frage nach dem Sex –
vor, während und nach der Ehe

Wenn Sie sich zu mächtigen, reichen und charismatischen Männern unwiderstehlich hingezogen fühlen, stehen Ihnen einige Herausforderungen bevor, die sich den meisten anderen Frauen nicht stellen. Aber wer will schon durchschnittlich sein?

Obwohl mit einem durchtrainierten Körper und einem gelegentlich aufblitzenden Sinn für anzüglichen Humor gesegnet, spielte Jackie (dank ihrer Moralvorstellungen) nicht in

163

Jacks Liga, was sexuelle Erfahrungen betraf. Mit der Zeit lernte sie allerdings, dass auch hier das richtige Timing alles ist (angeblich hatten die beiden gern Sex mitten am Tag, bei heimlichen Rendezvous). Außerdem machten sie sich einen Spaß daraus, über das Sexleben und die Vorlieben anderer zu reden oder bei Dinnerpartys Gespräche über Kamasutra zu beginnen.

Ob Jackie besonders gewagt war? Sie musste es sein, um mit JFK das Bett zu teilen, aber vermutlich musste sie sich auch seiner Ansicht unterwerfen, dass es zwei Sorten Frauen auf der Welt gibt: diejenigen, die ein Mann heiratet, und diejenigen, mit denen ein Mann schläft. Vor allem bestand sie auf absoluter Geheimhaltung, was ihr Schlafzimmer anging – was für jede Frau eine gute Strategie ist. Zärtlichkeiten tauschten die Kennedys in der Öffentlichkeit nur selten aus, mit Ari machte Jackie später dann die Erfahrung, wie effektiv ein paar vertraute Gesten sein können, um positive Medienaufmerksamkeit zu erregen.

———

»Händchenhalten in der Öffentlichkeit ist total bourgeois – Jack und Jackie haben das niemals gemacht.«

OLEG CASSINI,
Modedesigner und Jackies Couturier im Weißen Haus

———

Das Vorspiel vor dem Vorspiel

Obwohl Jackie zum Thema voreheliche Beziehungen stets schwieg, schwirrten jeweils in den Phasen vor ihren festen Bindungen (Vor-Jack, Vor-Ari, Vor-Maurice) unzählige nach

Rasierwasser duftende Herren um sie herum. Mit keuschen Küssen ist sie in jenen Jahren sicher nicht ausgekommen. Und das werden Sie vermutlich auch nicht, sobald Sie einmal beschlossen haben, Ihre Beziehung auf die horizontale Ebene auszudehnen.

● **Wann *es* passiert.** Es wäre kaum Jackie-like, an dieser Stelle irgendwelche Traktate zum Thema Sexualmoral zum Besten zu geben, aber da wäre durchaus noch der eine oder andere Punkt, der zu heikel ist, um ihn unausgesprochen zu lassen.

Beginnen wir mit dem Offensichtlichsten: Wann soll *es* passieren? Bei einem unverbindlichen One-Night-Stand wird diese Frage natürlich rhetorisch. Wenn es jedoch ernster wird, erweisen sich Jackies Fähigkeiten als Inquiring Camera Girl als ziemlich nützlich – und helfen dabei, einen praktischen zeitlichen Ablauf zu erstellen.

Sorgen Sie zum Beispiel dafür, dass Sie das Zuhause des Herrn mehrmals aufsuchen, bevor Sie sich von ihm auf die (hoffentlich edlen) Laken betten lassen. Jackie stattete Aris schwimmendem Palast, der *Christina*, einen Testbesuch ab (und zwar an JFKs Arm), bevor sie den Griechen ins Weiße Haus einluden. Liegt das kleine schwarze Adressbüchlein (oder der BlackBerry) des Herrn womöglich offen in seiner Wohnung herum, sodass jeder Besucher es sehen kann? Stehen gerahmte Fotos seiner Exgespielinnen auf der Kommode? Prangt ein Kondomvorrat neben dem Bett? Die detailversessene Jackie hätte derartige Nachlässigkeiten nicht durchgehen lassen. Ebenfalls bezahlt macht es sich, wenn Sie vorher die Nachbarn oder Mitbewohner Ihres neuen Partners kennenlernen. So zeichnen Sie sich selbst nur mit dünnem Bleistiftstrich in die Landschaft des Mannes und können hinterher im Notfall zu einem raschen Abgang ansetzen.

● **Wann man zusammenziehen sollte.** Heutzutage lassen Paare kaum Zeit vergehen, bevor sie ein Bett, eine Toilette und eine Adresse teilen. Wir votieren hingegen dafür – und Jackie hätte uns vermutlich zugestimmt –, das vorschnelle Zusammenziehen lieber Studienabsolventen und alten Menschen zu überlassen. Jackie hat vor der Heirat mit JFK nie mit einem ihrer Freunde zusammengelebt, denn es war ihr Ziel, sich stets geheimnisvoll zu geben. Als gebildete, moderne Frau können Sie sich durchaus auch in einem gemeinsamen Haus ein eigenes Zimmer reservieren. Warum sollte man sich früher als unbedingt nötig um die Zeitung kabbeln, um die Fernbedienung oder das letzte Stückchen Seife?

Ausnahmen gibt es dann mit zunehmendem Alter. Nach zwei Ehen verspürte Jackie, die zu der Zeit längst mit Kindern, Immobilien und anderen ehelichen Hinterlassenschaften gesegnet war, nicht das geringste Bedürfnis, erneut zu heiraten. Ein Vorteil des Zusammenziehens in fortgeschrittenem Alter besteht darin, dass Sie sich nicht der Ablehnung Ihrer Eltern aussetzen müssen. Die werden längst zu alt (oder tot) sein, um sich noch darum zu scheren.

● **Bettgeflüster.** Der gesunde Menschenverstand gebietet alleinstehenden Frauen, über vergangene Liebschaften zu schweigen. Jackies Beispiel dagegen lehrt uns etwas anderes. Zwar ging sie mit ihren früheren romantischen Geschichten nicht hausieren – mit Eroberungen zu prahlen ist eindeutig eine männliche Domäne –, aber hie und da ließ sie durchaus die eine oder andere amouröse Andeutung fallen. Sie sollten von früheren Liebhabern selbstverständlich nur Gutes erzählen. Sich über unschöne Erlebnisse auszulassen macht nicht nur unattraktiv, sondern lädt auch zu Mitleid ein – ein Gefühl, das Jackie auf keinen Fall erwecken wollte.

Vom Umgang mit Seitensprüngen

Trotz all der Irrungen und Wirrungen ihres Liebeslebens machte der Ehebruch Jackie am allermeisten zu schaffen, und das, obwohl sie sich dagegen so gut wie möglich gewappnet hatte. Sollten Sie ein ähnliches Schicksal erleiden (und laut Statistik stehen die Chancen dafür ziemlich gut), handeln Sie genau wie Jackie: Entscheiden Sie sich, ob Sie bleiben oder gehen wollen, aber zaudern Sie nicht, und schlüpfen Sie vor allem nicht in die Rolle der armen, schwachen, betrogenen Ehefrau. Tun Sie alles, um trotz der schmutzigen Angelegenheit so umwerfend wie möglich auszusehen (Rot ist die am besten passende Farbe, wenn sie ihn am liebsten zur Hölle fahren lassen wollen). Sollten Sie beschließen, bei dem Mistkerl zu bleiben, dann eignen Sie sich einige von Jackies Methoden an, damit umzugehen:

● **Kunstvolle Rache.** Wenn Sie Feuer mit Feuer bekämpfen wollen, sollten Sie einen emotionalen Brandbeschleuniger benutzen. Statt öffentlich herumzuschreien oder das Porzellan im Weißen Haus zu zerschlagen, ging Jackie zu Machiavelli'schen Taktiken über, um ihren ersten untreuen Ehemann zu bestrafen. Als sie es satt hatte, seinen Gespielinnen ständig ausweichen zu müssen, sorgte sie 1962 international für Schlagzeilen, indem sie mit dem Fiat-Chef Gianni Agnelli an der Amalfi-Küste in verführerischer Pose schwimmen ging. Die Aktion entging auch JFK nicht, denn der verärgerte Präsident schickte ein knappes Telegramm nach Italien: »Etwas mehr Caroline und etwas weniger Agnelli, bitte.«

Jackies Antwort: Sie ging mit dem italienischen Magnaten tauchen, und zwar in einem umwerfenden Einteiler von Oleg Cassini. Ätsch!

● **Ehelicher Psychokrieg.** Für ganz Wagemutige kann es ziemlich effektiv – oder zumindest befriedigend – sein, auf Konfrontationskurs zu gehen. Das bedeutet, dass Sie sich gegen die Gefühle des Augenblicks stählen und später wohlüberlegte Aktionen starten müssen, um die Machenschaften Ihres Mannes zu durchkreuzen. Handy- oder Kreditkartenrechnungen legen Spuren, denen man prima folgen kann. In Jackies Fall war es die internationale Presse, die sie stets darüber informiert hielt, was Ari gerade so trieb. Nachdem mehrere ausländische Zeitungen über das Pariser Stelldichein des Reeders mit seiner lebenslangen Liebe Maria Callas berichteten, eilte Jackie nach Paris und ließ sich von Ari schlauerweise in genau dieselbe *Boite* zum Essen ausführen. Sie bestand sogar darauf, am selben Tisch zu sitzen, an dem die beiden gesessen hatte, und hatte eigens einige Fotografen laden lassen. Nicht nur, dass dieser schlaue Zug Ari sofort in die Position des bösen Jungen manövrierte, indem sie ihn wie einen jungen Hund mit der Schnauze in sein Pfützchen stieß, sondern kratzte zudem empfindlich am Ego von Maria Callas.

● **Der Verschwindetrick.** In jeder Ehe ist es wichtig, eine gewisse Zeit des Jahres getrennt voneinander zu verbringen, um sich seine eigenen Gewohnheiten, Freunde und die geistige Gesundheit zu bewahren. In Beziehungen, die von Untreue geprägt sind, kann es einem ganz anderen Zweck dienen, wenn man Distanz zwischen sich und den treulosen Gatten legt. Indem Sie vom Ort des Geschehens fliehen, entgehen Sie womöglich der Versuchung, zu Beruhigungsmitteln zu greifen – und berauben außerdem den Mann des Deckmantels einer angeblich glücklichen Ehe. Plötzlich werden Kollegen, Verwandte und die Putzfrau ihm Fragen zu Ihrem Verschwinden stellen – was ihn in Erklärungsnot bringt und Ihnen Mitgefühl sichert.

Wenn Jackie von den zahlreichen blonden Besucherinnen, die sich am Pool im Weißen Haus räkelten, die Nase voll hatte, zog sie sich nach Glen Ora zurück oder auf die Residenz der Kennedys nach Palm Beach, sodass der allein gelassene Präsident sämtliche Verpflichtungen, darunter auch den Besuch von Würdenträgern, ganz ohne ihre Hilfe stemmen musste.

● **Einkaufsorgien.** Wenn Jackie von JFKs Techtelmechteln genug hatte, tat sie etwas, was wir alle gern tun: Sie ging shoppen. Designerkleider, Schmuck, Einrichtungsgegenstände – sie ließ nichts aus, trotz der wiederholten Vorträge des Präsidenten, das Haushaltsbudget müsse geschont werden. Am besten kaufen Sie alles auf Kredit, damit Ihr Mann auch en detail erfährt, wie viel Sie für die Limited Edition der La-Perla-Höschen ausgegeben haben (die Sie ihm vorerst bestimmt nicht vorführen werden).

● **Vermeiden Sie unschöne Überraschungen.** Nach Hause zu kommen und auf dem Sofa feuchte Flecken vorzufinden ist einfach schrecklich. Jackie, die es um jeden Preis vermeiden wollte, JFK in flagranti zu erwischen, schickte

169

Stellung beziehen und sein blaues Wunder erleben – von Sexspielarten und Hilfsmittelchen

Sagen Sie Yes zu PorNos. Eine Prise Pornografie tut jeder Ehe gut. Machen Sie Ihre Vorliebe für das Genre nur nicht allzu öffentlich. Jackie lernte diese Lektion im Jahre 1969, als sie Onassis in den auf den Index gesetzten schwedischen Film *I Am Curious (Yellow)* begleitete. Als sie das Kino frühzeitig verlassen wollte, wurde sie von Fotografen aufgespürt.

Seien Sie flexibel. Selbst eine First Lady sollte leicht akrobatischen Spielchen gegenüber offen sein, also machen Sie sich fit, und probieren verschiedene Stellungen aus. Jack pflegte zu prahlen, er haben eine Frau erst dann richtig gehabt, wenn er sie »auf drei Arten genommen« habe.

Spitz auf dem Rücksitz. Hauptsache, der Stahlhengst ist ein cooles oder hochmodernes Modell. In den Anfängen ihrer Beziehung sollen Jack und Jackie ein paarmal ernsthaft herumgemacht haben, und zwar in seinem Buick.

Erleben Sie Ihr blaues Wunder. Ari schlug sich gerne auf die Brust und behauptete, er und seine deutlich jüngere Frau erlebten nicht weniger als fünf Kopulationen pro Nacht. Das ist harte Arbeit, selbst für einen Mann, der sich zur Potenzsteigerung wie erwähnt Schafszellen spritzen lässt. Jackie hätte es sicher vorgezogen, wenn er statt dieser Variante, die an *Die Farm der Tiere* erinnert, Viagra genommen hätte.

Über den Wolken… Mr und Mrs Onassis bevorzugten es, sich an ungewöhnlichen Orten zu lieben, besonders an Bord luxuriöser Gefährte, einschließlich eines umgebauten Olympic Airways Jets (dessen Besitzer Ari war) und des Beibootes der *Christina*.

ihm von ihren Reisen immer Telegramme mit genauen Angaben zu ihrer (möglicherweise verfrühten) Ankunft. Also setzen Sie E-Mail, BlackBerry, Handy oder was auch immer gezielt ein, um hässliche Szenen zu vermeiden.

● **Bewahren Sie Fassung, aber holen Sie sich weisen Rat.** Tun Sie alles, um die Dämonen Ihrer Beziehung durch Therapie, Yoga, schwesterliche Solidarität oder sonstige Maßnahmen, die Ihnen guttun, zu exorzieren. Selbst Jackie, die sonst extrem verschlossen war, wusste genau, dass es besser ist, nicht jedes Gefühl zu verbergen. Um innere Balance zu erlangen, suchte sie regelmäßig einen New Yorker Psychiater auf und nahm zudem Kontakt zu Frauen auf, denen es ähnlich erging, einschließlich ihrer Schwägerinnen und Carly Simon, deren Ehe mit James Taylor damals auf Eis lag.

Wie man mächtige Männer um den Finger wickelt

Während ihrer Zeit als Lektorin in New York behauptete Jackie einmal, sie stünde nicht auf Macht. Ob sie das auf ein Buchthema, ihr Privatleben oder beides bezog, bleibt unklar – und etwas fragwürdig. Bekannt ist allerdings, dass Jackie sehr genau wusste, wie man mit Männern in gehobenen Positionen umgeht. Ob es unzuverlässige Menschen waren wie ihr Vater, Selfmade-Männer wie Ari oder in Dynastien hineingeborene Erben wie JFK – Jackie beherrschte es in jedem Fall nahezu perfekt, ihr zartes Gewicht in die Waagschale zu legen und die Herren um den Finger zu wickeln.

Geben Sie ihm einen Kosenamen

In ihrer Freizeit wollen viele mächtige Männer umsorgt und umschmeichelt werden. Man könnte es eine milde Form der Dominanz nennen, dass Jackie den damals mächtigsten Mann der Welt gleichermaßen zähmte wie erregte, indem sie ihm einen typischen Kinderkosenamen verpasste: Bunny. Aber sie war klug genug, diesen nur ein einziges Mal in der Öffentlichkeit zu äußern.

Greifen Sie ihm unter die Arme – ohne dass er es merkt

Jackie wusste, wie sie sich so durchsetzen konnte, dass die Männer gar nichts davon mitbekamen – Ehemänner eingeschlossen. Sie brachte sich stets wie selbstverständlich ein, ohne jemals auf Konfrontationskurs zu gehen. Als Jack an seinem Buch *Profiles in Courage* arbeitete, soll Jackie, die an der Georgetown University immerhin Regierungspolitik stu-

diert hatte, ihm bei der Formulierung der Kernthese geholfen haben. Unmerklich natürlich.

Machen Sie ihn zu Ihrem Burgherrn

In ihren späteren Jahren bat Jackie Maurice Tempelsman
häufig, bei Partys in ihrer Wohnung in der Fifth Avenue den
Gastgeber zu spielen. Sofern keine Hochzeitskapelle in Sicht
ist, gibt das dem Mann das Gefühl, die Zügel in der Hand zu
halten – auch wenn sein Name nicht auf dem Mietvertrag
steht. Bei Jackie und Maurice funktionierte das bestens. Im
Laufe der Jahre übernahm er immer mehr Verantwortung
im Haushalt, und seine Anwesenheit signalisierte den Gästen, wie wichtig er für Jackie war.

Eins, zwei, drei, frei!
Erfolgreiche Fluchtstrategien

Eine kluge Frau weiß, wie sie sich Umständen entwindet, die
nicht mehr ihren Zielen entsprechen. Solche Situationen gibt
es immer wieder, und es ist ratsam, sich darauf – gedanklich
oder auch ganz konkret – vorzubereiten. Jackie würde solch
ein choreografierter Pas de deux sicher gefallen. Bei ihr als
eifrige Organisatorin und Planerin kam es nur selten vor, dass
jemand sie mal auf dem falschen Fuß erwischte.

Angenommen, Sie haben Ihrem Verehrer (mit einem an-
mutigen Tap Tap Tap auf der Cartier Tank Française) genug
Zeit gegeben, Ihre Zuneigung zu gewinnen, aber er versäumt
es, Ihre Gefühle zu erwecken. Oder ist es gar umgekehrt und
der Idiot macht ausgerechnet an Ihrem neunundzwanzigsten
Geburtstag aus unerfindlichen Gründen mit Ihnen Schluss?

Macht nichts. Sie müssen nun nur noch genauso elegant aussteigen, wie Sie die Sache angegangen sind – mit einem Minimum an Schmerz und Peinlichkeit für alle Beteiligten. Jackie soll lautstarke verbale Dramen verabscheut haben. Überlassen Sie das Schreien und andere theatralische Manöver ruhig dem Pöbel (oder Opernstars).

Notausgang Nummer eins

Überlegen Sie sich einen Standardsatz für lässige Abschiede. Haben Sie einen Verehrer, der Sie zwar zum Essen ausführen will, der Ihnen aber einfach nicht schmeckt? Versuchen Sie es mit einer sanften Absage, die immer wieder anwendbar ist, etwa: »Oh, tut mir leid, das wird nicht möglich sein«, oder: »Wirklich liebenswert von Ihnen, aber ich bin derzeit furchtbar beschäftigt.« Männer, die nicht auf den Kopf gefallen sind, begreifen in aller Regel schnell, was Sache ist.

Notausgang Nummer zwei

Wenn Sie Schluss machen, sollten Sie mit Worten sparen, um dem Mann nicht unnötig Schmerz zuzufügen. Debattieren Sie nicht lange und breit darüber, warum es nicht geklappt hat oder wer schuld ist. Jackie folgte der These, dass emotionale Wunden auf diese Weise schneller vernarben und abheilen. Um ihre Verlobung mit dem Wall-Street-Banker John Husted zu lösen, steckte sie ihm einfach ohne einen weiteren Kommentar ihren Verlobungsring in die Tasche.

Notausgang Nummer drei

Heiraten Sie einen (viel) älteren Mann, denn dann stehen die Chancen gut, dass er lange vor Ihnen das Zeitliche segnen wird. Jackie und Ari waren vom Alter her rund ein Vierteljahrhundert auseinander. Nach sechs Jahren Ehe kamen die ersten Gerüchte auf, die beiden wollten sich eventuell scheiden lassen – was sich als überflüssig erwies, da Ari 1975 starb. Die zum zweiten Mal verwitwete Jackie war damals erst Mitte vierzig und hatte demnach noch genügend Lebenszeit, um sich glücklichen Romanzen zu widmen.

Wozu die männliche Hälfte der Menschheit sonst noch so alles taugt

Lange bevor sie Ari in die Liste der in Frage kommenden Kandidaten für das Amt des zweiten Ehemannes aufnahm, packten die First Lady und ihre Schwester Lee Radziwill ihre Capri-Hosen ein und verbrachten einen Inselurlaub an Bord der Yacht des griechischen Tycoons. Während der Mittelmeerkreuzfahrt war zuweilen nicht ganz klar, wer um wen warb (Lee war mit Onassis schon seit Monaten verbandelt). Aber am Ende machte der Grieche Jackie das denkbar kostbarste Abschiedsgeschenk: Rubine natürlich.

Jeder weiß, wohin die damals noch unschuldigen Funken zwischen ihr und Ari schließlich geführt haben. Dennoch sollten Sie die übergeordnete Lektion nicht aus den Augen verlieren: Mit Ausnahme von schwulen Männern und Ihren Vettern ersten Grades ist jeder Mann in Ihrem gesellschaftlichen Umfeld (oder in dem eine Stufe über dem Ihren) ein potenzieller Partner – ob jetzt oder in Zukunft – und sollte daher auch als solcher behandelt werden. Da dies hiermit festgehalten wäre, können wir uns nun endlich der Frage zuwenden, welchen Verwendungszwecken Ihr männlicher Begleiter sonst noch zugeführt werden könnte.

● **Zur Regelung delikater Angelegenheiten.** Jackie trommelte seinerzeit eine ganze Truppe männlicher Berater zusammen, als es darum ging, die unliebsame Erstellung eines Ehevertrages in Angriff zu nehmen. Das Gleiche tat sie, als es nach Aris Tod hieß, sich gegen seine Tochter Christina eine Abfindung zu erfechten. Schieben Sie ruhig männliche Bekannte vor, um unschönen Konfrontationen aus dem Weg zu gehen. Das kann vieles umfassen, von der Auseinandersetzung mit einem unangenehmen Autoverkäufer bis hin zu dem Augenblick, in welchem dem Pfarrer klargemacht werden muss, dass es Ihnen sehr wohl etwas ausmacht, wenn er Ihnen den Po tätschelt.

● **Um Ihren Mann daran zu erinnern, wie begehrenswert Sie sind.** Während ihrer Ehe mit JFK hatte Jackie immer eine ganze Reihe gut aussehender Herren bei der Hand, die jederzeit einspringen konnten. Der bekannteste unter ihnen war Robert McNamara, JFKs Verteidigungsminister. Mit ihm ging Jackie immer mal wieder essen, sie lasen einander Gedichte vor und führten innige freundschaftliche Unterhaltungen. Jackie fühlte sich von seinem Charme, seiner Wärme und seinem wachen Geist angezogen. McNamara dagegen war von ihrer Intelligenz beeindruckt und behauptete, sie habe ihn öfter »angeflirtet«.

● **Als Eintrittskarte zu ansonsten geschlossenen Gesellschaften.** Selbst Jackie brauchte von Zeit zu Zeit jemanden, der ihr irgendwohin Zutritt verschaffte. Als Debütantin des Jahres hätte sie ohnehin eine perfekte Studentin abgegeben, aber als es darum ging, an die Pariser Sorbonne zu gehen, wandte sie sich doch lieber an ihren Onkel »Lefty«

Lewis, den Schwager von Hugh Archincloss, und bat ihn um ein Empfehlungsschreiben.

● **Als Spender von Geschenken für schlechte Zeiten.**
Jackie hatte keinerlei Skrupel, von Männern – ob Verwandte oder Machtinhaber – Geschenke anzunehmen. Während ihrer Jahre im Weißen Haus häufte sie auf diese Weise jede Menge Schmuck, Kunstwerke und sogar einige Vollblutpferde an. In der Anfangszeit ihrer zweiten Ehe machte sie sich dann mit Begeisterung auf die Suche nach den diamantbesetzten Armbändern, die Ari auf ihrem Frühstückstablett versteckt hatte. Das Entscheidende ist hierbei, sich emotional nicht zu sehr an solche Reichtümer zu binden. Schließlich könnte es sein, dass Sie die Sachen eines Tages zu Geld machen und sie verkaufen oder gar verpfänden müssen. Jackies Geschmack wurde mit den Jahren immer exquisiter, und sie veräußerte wie erwähnt immer wieder einige Geschenke, um sich vom Erlös Dinge zu kaufen, die ihr besser gefielen.

● **Als Reise- und sonstige Begleiter.** Es ist kein Geheimnis, dass Jackie mehr männliche als weibliche Freunde hatte. Ob verheiratet, schwul oder beträchtlich älter als sie – alle Männer gaben hervorragende Reisegefährten ab. Auch der frühere stellvertretende Verteidigungsminister Ros Gilpatric gehörte dazu, ebenso wie der Illustrator Charles Addams. Jackie hatte übrigens nichts dagegen, dass ständig darüber spekuliert wurde, ob auch eine sexuelle Komponente mit im Spiel sei. Ein weiterer Vorteil, wenn Sie mit Herren statt mit Damen reisen: Sie müssen sich keine Gedanken darüber machen, wie Sie Ihre Begleitung modisch übertrumpfen können.

177

● **Als Lockvögel.** Als eher schlicht gestrickte Wesen hecheln Männer am ehesten derjenigen Frau hinterher, die am schwersten zu bekommen ist. Statt allein oder mit einer Horde kichernder Freundinnen auszugehen, sollten Sie einen platonischen Freund als Begleiter auf Ihren Jagdzügen anheuern. Nach Aris Tod hatte Jackie mehrere gebildete Herren allein zu diesem Zweck in der Hinterhand. Wenn Sie möchten, dass sich unzählige Augenpaare über den Rand des Martiniglases hinweg auf Sie richten, sollte Ihr Begleiter überzeugend und aufmerksam sein: Er flüstert Ihnen ins Ohr, holt Ihnen Drinks – all das kann Teil Ihres harmlosen Täuschungsmanövers sein. Aber denken Sie daran, dass die besten Accessoires auch am teuersten sind, und zahlen Sie den geforderten Preis, wenn es nicht anders geht.

Würde *Jackie* ...

... sich im Internet nach einem Partner umsehen?

Bis zu einem gewissen Grad, ja. Sie hätte weiß Gott genug Männer zur Auswahl gehabt, aber Online-Dating-Plattformen hätten sie dennoch neugierig gemacht, zumindest auf die weibliche Konkurrenz. Wir können uns auch durchaus vorstellen, dass sie das Reich der sagen wir mal, Softsexseiten erforscht hätte – anonym natürlich. Das Video von Paris Hilton hätte sie sicher fasziniert.

... Viagra für Frauen einnehmen?

Sicher. Denken Sie nur an die lebenden Schafszellen. Die Version der kleinen blauen Pille zum Zwecke erhöhter Lustbarkeit für die Frau zu schlucken wäre im Vergleich dazu bestimmt ein Klacks gewesen.

... sich mit Männern anderer Hautfarben zusammentun?

Klar. Eine Frau von Welt zu sein erfordert es geradezu, dass man multikulturelle Erfahrungen macht. Sehen Sie es doch mal so: Ein Grieche, ein Jude – das war zu Jackies Zeit das Äquivalent zu den heutigen Menschen anderer Hautfarbe. Außerdem ergriff sie schon damals Partei für diejenigen, die »schockierende Verbindungen« eingingen, zum Beispiel Sammy Davis Jr. und seine schwedische Frau Mai Britt.

... ihren Ex davon in Kenntnis setzen, dass sie einen anderen heiraten will?

Ja, denn das tut man so, vor allem wenn man im Guten auseinandergegangen ist, die Affäre noch nicht lange zurückliegt und der Ex immer noch in Singlesdorf herumhängt. Als Jackie sich (vorübergehend) mit John Husted verlobte, schickte sie ihrem damaligen Exfreund einen knappen Brief mit der Nachricht, sie werde bald vor den Altar treten.

... eine Beziehung zerstören?

Da im Krieg und in der Liebe alles erlaubt ist: Ja. Wenngleich sie es bestimmt nicht mit Absicht und niemals auf berechnende, böswillige Art tun würde. Denken Sie nur an Roswell Gilpatric, den seine Frau verlassen hat, nachdem sein leidenschaftlicher Briefwechsel mit Jackie an die Presse durchsickerte, oder Maurice Tempelsman, der auf dem Papier die ganze Zeit verheiratet blieb, während er mit Jackie zusammen war. Um nur zwei Beispiele zu nennen.

5. Kapitel

Zu Hause ist es doch am schönsten

Einrichten in Perfektion

*»Ich finde, jeder Raum sollte einem eige-
nen Zweck dienen.«*

JACQUELINE BOUVIER KENNEDY ONASSIS

O b Weißes Haus, 1040 Fifth Avenue oder Martha's
Vineyard – Jackies Wohnstätten (im Lauf ihres Er-
wachsenenlebens waren es mehr als ein Dutzend)
waren stets das Ergebnis eines unfehlbaren Blickes: Imposante Räume gaben sich dank eines schlichten Kupfereimers
mit Blumen bescheiden, griechische Alabasterskulpturen
mischten sich (unfassbar!) mit Plebejerkörben von Pier 1.
Stets waren Jackies vier Wände extrem persönlich gehalten
und spiegelten ihre beruflichen und privaten Reisen wider:
Beutestücke aus ihrer Präsidentenzeit stellte sie genau wie
ihre Lieblingsbücher und -kunstwerke gut sichtbar aus.

Jackie glaubte, dass übertriebener Pomp – man denke an
Versailles oder den Trump Tower – in den heutigen modernen Wohnstätten nichts zu suchen habe. Wie sie von der superreichen Stilberaterin Bunny Mellon lernte, sollte kein

181

einzelner Gegenstand besonders herausstechen, und das Gesamtbild aus Bildern, Möbeln und Dekorationsobjekten sollte sowohl dem Besitzer als auch dem Besucher die Möglichkeit geben, sich wohl und nicht überfrachtet zu fühlen.

Anders ausgedrückt: Jeder möchte ein Zuhause, das kunstvoll eingerichtet ist, aber gleichzeitig die Pläne von Möchtegerndieben durchkreuzt.

Der Sinn für stilvolle Einrichtungen entwickelt sich natürlich nicht über Nacht. Jackie war, besonders während ihrer frühen Ehejahre, als sie zu JFKs Verdruss diverse Farbkombinationen und Möbel aussortierte, eine eifrige Sammlerin kreativer Deko-Ideen. Ihr Sinn für Inneneinrichtung war so ausgeprägt und wandelbar, dass sie das Wohnzimmer ihrer Wohnung in der N Street in Georgetown innerhalb von drei Monaten mehrfach umgestaltete.

Außerdem betrachtete Jackie mit ihrem Faible fürs Theater ihr Zuhause immer auch als große Bühne, sozusagen als formbare Arbeitsbühne, auf der sie die Szenen des täglichen Lebens in wechselnden Rollen aufführte – von der eingefleischten Gastgeberin (das Tablett mit den Cocktails, bitte) bis hin zur liebenden Mutter und sogar zur gelegentlichen Köchin. Der Prozess des Entwerfens war demnach die Zeit des Probens: Als sie in den späten siebziger Jahren ihr Ferienhaus mit Meerblick auf Martha's Vineyard ausstatten sollte, zeichnete Jackie die Skizzen des Architekten in den Sand, um sich die Größe der einzelnen Zimmer zu vergegenwärtigen.

Werden Sie zu Ihrer eigenen Innenarchitektin

―――

»Es gibt unzählige Kunden, die eine Fassade kreieren wollen – eine Einrichtung, die dem Gesicht desjenigen entsprechen soll, der sie sein möchten. Dabei jonglieren sie nicht selten mit Anspielungen, die sie nicht verstehen. So etwas hätte Jackie niemals getan.«

THOM FILICIA,
Innenarchitekt, alias »Design Doctor« in der Reality-TV-Serie
Queer Eye for the Straight Guy

―――

Das Finanzielle zuerst

Fragen Sie sich nicht: »Wie viel soll ich ausgeben?«, sondern: »Was bringt es mir garantiert ein?« Am besten, Sie stellen die Kosten für den Hauskauf den Dekorationsausgaben gegenüber und entwerfen damit, genau wie Jackie, eine Art Finanzkreislauf.

Das zweite Anwesen der Kennedys in Georgetown, ein dreistöckiges Ziegelsteingebäude im Federal Stil, kostete seinerzeit 82000 Dollar. Weitere 18000 Dollar gab Jackie für die Umgestaltung aus. Demnach beträgt das Verhältnis von Kaufpreis zur Einrichtung etwa 4:1.

Ein Jahrzehnt später stieg der Einsatz dann schon erheblich: Jackies elegante Beletage an der Fifth Avenue in New York, in der sie sich überwiegend aufhielt, kostete rund 200000 Dollar in der Anschaffung. Darüber hinaus soll Jackie das Appartement für weitere 125000 Dollar umdekoriert haben. Was das Verhältnis von Kaufpreis zu Einrichtung für das stolze Domizil im Handumdrehen auf 2:1 hochschnellen ließ.

Bitte bedenken Sie, dass wir hier von den reinen Dekorationskosten sprechen – für Möbel, Anstrich, Wohnaccessoires, Fensterdekoration und dergleichen, Das Einreißen von Zwischenwänden und andere Renovierungsarbeiten fallen in eine andere Budget-Kategorie. Sollten Ihre Pläne auf Widerstand seitens Ihres Partners stoßen, erklären Sie ihm geduldig, dass Sie schließlich Ihr gemeinsames Zuhause restaurieren und verschönern. In dieses Deckmäntelchen verpackte Jackie auch die Arbeiten am Weißen Haus, die in Wirklichkeit ein riesiges Projekt zur kompletten Renovierung der Räumlichkeiten darstellten. Sie wusste, dass die Öffentlichkeit gegen eine solche Erklärung nichts einwenden würde.

Dass Ihr Aufenthalt an einem Ort – sei es nun im Weißen Haus oder in einer Mietwohnung – womöglich nur von kurzer Dauer ist, können wir als Ausrede zur knauserigen Ablehnung der Umgestaltung nicht gelten lassen. Mag sein, dass Sie in eine Mietwohnung nicht so viel investieren wollen wie in ein Eigenheim, aber wenn Sie sich mit einem studentischen und/oder provisorischen Wohnflair zufriedengeben, werden Sie sich in Ihrem eigenen Zuhause mehr als Hotelgast denn als Bewohner fühlen. Vielleicht hat Jackie deswegen nicht gezögert, 10 000 Dollar für den Umbau von Glen Ora auszugeben, einem Anwesen im Jagdparadies Virginia, das die First Family gerade mal für zwei Jahre angemietet hatte.

Falls Sie vorhaben, mehr als nur neue Tapeten oder eine schönere Klospülung anzubringen, sollten Sie vorher Ihren Vermieter um Erlaubnis fragen. Denken Sie außerdem daran, dass Sie die Räume beim Auszug eventuell wieder in den (wenngleich gruseligen) Originalzustand zurückversetzen müssen. Als die Kennedys aus Glen Ora auszogen, ließen sie die Räume brav neu streichen und die Überzüge von den Möbeln entfernen, die Jackie ein ästhetischer Dorn im Auge gewesen wären.

Engagieren Sie einen Innenarchitekten – oder zwei

Warum? Weil Sie sicher nicht möchten, dass Ihr Haus so aussieht, als wäre es von der Belegschaft eines »Großhandels-Möbelhauses« während des Winterschlussverkaufs« eingerichtet worden. So beschrieb Jackie nämlich den traurigen Zustand, in dem sie ihre Wohnung in der Pennsylvania Avenue vorfand, bevor sie die Sache selbst in die Hand und das Fine Arts Committee zu Hilfe nahm, um die Räumlichkeiten angemessen gestalten zu lassen.

Fachleute kennen sich nun mal besser aus als Sie – sei es mit Stilperioden, Farbpaletten oder Symmetrieregeln. Sie können Ihnen die Resopalarbeitsplatten für die Küche ausreden und Ihnen dafür ein paar neue Erkenntnisse und eine Platte aus Carraramarmor zum Sonderpreis bescheren. Jackie, die selbst Innenarchitektur studiert hatte, verfügte über Verbindungen zu den weltweit angesagtesten Einrichtern wie Billy Baldwin, Sister Parish, Stéphane Bourdin oder Keith Irvine, um nur einige zu nennen. Heutzutage hat ja fast jeder Zugang zu Einrichtungsprofis, sei es durch entsprechende Wohnzeitschriften oder die unzähligen Renovierungssendungen, die täglich im Fernsehen laufen. Darüber hinaus kann man Innenarchitekten und Berater auch für eine Stunde oder einen einzelnen Raum anheuern.

Wenn möglich, leisten Sie sich gleich mehrere Fachleute

185

auf einmal. Das steigert deren Wettbewerbsgeist und begrenzt die Honorare zu Ihren Gunsten. Als sie sich daran machte, Aris Häuser in Griechenland umzudekorieren, ließ Jackie die Meute der engagierten Innenarchitekten nach ihrer Pfeife tanzen. »Irgendwann fand ich heraus, dass sie Billy Baldwin und mich gleichzeitig losschickte, um dieselben Dinge zu besorgen. Den Zuschlag bekam dann derjenige, der das Gesuchte billiger anbot oder schneller beschaffen konnte«, erinnert sich Innenarchitekt Keith Irvine.

Um die Arbeitsweise des jeweiligen Beraters besser zu verstehen, sollten Sie ihn vorab auf Herz und Nieren prüfen. Nehmen Sie jeden Wandleuchter, jeden Teppich und jedes Hundekörbchen in Augenschein, und fragen Sie: »Warum haben Sie sich dafür entschieden?« Laut Irvine war das übrigens einer von Jackies Lieblingsrefrains war.

Lassen Sie sich jedoch nicht bei jedem Detail von Ihren eigenen Vorstellungen abbringen. Wenn Sie davon überzeugt sind, dass ein Gegenstand in einer anderen Farbe oder einer anderen Zimmerecke viel besser aussehen würde, dann setzen Sie sich durch.

Jackie trotzte einmal selbst dem Wort des berühmten Kunstkenners und -sammlers Henry du Pont, der damals Vorsitzender des Fine Arts Committees des Weißen Hauses war und ihr mitteilte, dass Stillleben − *ts, ts, ts* − nur im Esszimmer akzeptabel seien. Jackie, die im Red Room des Weißen Hauses Gemälde von Blumen aufgehängt hatte, gab sich zerknirscht: »Oh, das wussten wir nicht, wie schrecklich (…) Wir sind ja so ungebildet. Ein Glück, dass Sie uns aufgeklärt haben. Die Bilder werden umgehend entfernt.« In der Tat verschwanden die Gemälde kurzzeitig, hingen jedoch schon bald wieder an ihrem alten Platz.

Üben Sie sich im Möbelrücken

Ein Haus sollte sich stets weiterentwickeln, was aber nicht zwingend mit neuen Sofas, Wandleuchten oder Tischen zu geschehen braucht. Die beste Methode, um Ihren Einrichtungsstil frisch zu halten? Nehmen Sie von Zeit zu Zeit eine größere (oder kleinere) Neugruppierung vor. »Jackie wusste, dass man nicht einfach in fertig möblierte Räume einzieht und draufloslebt«, sagt Inneneinrichter Irvine. »Erst mal ist Möbelrücken angesagt.« Trommeln Sie deshalb zumindest alle paar Jahre einige Freunde – und eventuell noch einen Fachmann – zusammen, und verteilen Sie alles neu, von den Bildern über die Teppiche bis hin zu den Chaiselongues. Sie werden staunen, wie sich Ihre gewohnte Umgebung plötzlich auf magische Weise verwandelt.

Schätze, Schandflecken und alles dazwischen

Stellen Sie einige Dekorationsgrundregeln auf, indem Sie sämtliche Dinge auflisten, die Sie bedingungslos mögen oder zutiefst verabscheuen. Obwohl Jackies Geschmack sich im Lauf der Zeit immer wieder veränderte, führte sie lebenslang Buch darüber, was für sie »Schätze« und was »Schandflecken« waren. Ihre No-No-Liste beinhaltete unter anderem viktorianische Spiegel; alles Französische hingegen und alles, was auf eine römische Zahl endete, stand von Haus aus unter »unbedingt behalten«.

Schreiben Sie Ihre eigene Liste, die Sie unbedingt auch sämtlichen potenziellen Innenarchitekten, Mitbewohnern und Ehemännern zugänglich machen sollten. Männer haben für den Aufwand, der mit der Verschönerung eines Hauses verbunden ist, leider nichts übrig. Laut einer Umfrage der American Furniture Manufacturers Association ziehen achtundsiebzig Prozent der Frauen häusliches Umgestalten allen anderen Freizeitbeschäftigungen vor, während vierundsiebzig Prozent der Männer kaum etwas mehr verabscheuen.

Vermeiden Sie perfekt durchgestylte Räume

Das mag für ein Hotel passend sein – im privaten Umfeld sieht es dagegen schrecklich aus, wenn alles gleich ist, vor allem die Polstermöbel. Jackie schickte komplette Sets identisch bezogener Stühle ohne mit der Wimper zu zucken zurück, weil sie den Raum »wie eine Suite wirken lassen« würden, »was ich nicht ausstehen kann«. Als sie sich für den Yellow Oval Room im Weißen Haus um zehn neue Stühle kümmern sollte, ließ sie sechs Stühle in goldenem Seidenbrokat beziehen und vier in braunem Stoff. (Sie merken schon, sie hat die Bezüge bewusst nicht halbe, halbe aufgeteilt, denn das hätte wieder zu sehr nach Hilton ausgesehen.) Gardinen und Tapeten können dagegen gern passend ausgesucht werden, um einen einheitlichen, schwungvollen Effekt ohne Brüche zu erzielen.

Retten Sie alte Schmuckstücke

Im Zuge der Renovierung des Weißen Hauses durchstöberte Jackie sämtliche Hinterzimmer und Speicher auf der Suche nach alten Schätzen. Dabei förderte sie unter anderem mehrere Stühle mit herzförmiger Rückenlehne zutage, die mal Rutherford B. Hayes gehört hatten, oder einen üppigen (und lautstark klirrenden) Kronleuchter, den Präsident Grant seinerzeit gekauft hatte. Sie ging sogar so weit, Tapeten mit Schlachtszenen von den Wänden eines abbruchreifen Hauses in Maryland lösen und in ihrem Esszimmer wieder anbringen zu lassen (was damals 12 500 Dollar kostete).

Vielleicht führt Ihre Forschungsreise Sie ja auch nur auf den Dachboden Ihrer Mutter oder zum Trödelladen um die Ecke, wo Sie einen zerschlissenen, dafür aber schön geschwungenen Stuhl entdecken, den Sie sich neu gepolstert wunderschön vorstellen können. Polsterung und Neubezug eines hübschen Sessels mit gesundem Holzunterbau kosten vielleicht um die dreihundert Euro, sozusagen ein Bruchteil des Preises, den Sie im teuren Möbelladen für einen qualitativ hochwertigen Sessel hinlegen müssten.

Keine falsche Scheu vor Ideenklau

Sind Sie von dem Haus oder der Hazienda eines Freundes schwer beeindruckt? Die Nachahmung, oder nennen wir es lieber mal Neuinterpretation, fremder Ideen ist absolut akzeptabel, solange Sie dem Urheber die angemessene Anerkennung zukommen lassen und ein paar Kleinigkeiten am Entwurf verändern. Jackie nahm einmal ein Stoffmuster des Duschvorhangs ihrer Freundin Jayne Wrightsman mit und ließ aus demselben Stoff Vorhänge für den Frühstücksraum des Weißen Hauses nähen.

Mischen Sie verschiedene Stilrichtungen

Ein Haus, das sich strikt an nur eine Designperiode hält – ob Bauhaus, fünfziger Jahre oder Viktorianisches Zeitalter –, kann schnell steril wirken. Lassen Sie sich also nicht von dem Gerede über Purismus einlullen, das so mancher Innenarchitekt und Einrichtungsberater von sich gibt. Legen Sie sich vielmehr auf Ihre bevorzugten Stilepochen und Designrichtungen fest, und weichen Sie ruhig auch immer mal wieder

Jedem das Seine

Versuchen Sie erst gar nicht, alle Scheußlichkeiten aus den Lieb-
lingsräumen Ihres Mannes zu entfernen. Dies nur als guter Rat für
alle über dreißig, die extrem empfindlich reagieren können, wenn
ihr Sinn für Ästhetik – oder der Mangel an selbigem – herausge-
fordert wird. Handeln Sie vielmehr einen Familien-Deal aus: Sie
versprechen, seinen La-Z-Boy-Liegestuhl unbehelligt zu lassen,
wenn er nichts gegen Ihre Wahl eines maßgefertigten, extrabrei-
ten schwedischen Bettes einwendet.

Lernen Sie, Kompromisse zu schließen und auch mal kleinere
Niederlagen einzustecken. Im Weißen Haus schmiedete Jackie
lange Zeit Pläne, JFKs rückenschonenden Schaukelstuhl verschwinden zu lassen, verlor am Ende jedoch die Schlacht und
gab sich stattdessen mit einer Neupolsterung des Sessels zufrieden. Jacks Entscheidung für eine blau-weiße, mit Engeln be-
druckte Schlafzimmertapete versuchte sie erst gar nicht in Frage
zu stellen.

Die zweite Lektion folgte auf Skorpios, mit ihrem zweiten Ehemann. Jackie tolerierte Aris heißgeliebte und überkandidelte
Yacht *Christina* – samt den Barhockern aus Walhodenleder und
allem Drum und Dran – und bekam dafür freie Hand, um an anderer Stelle in Sachen Dekoration zu schalten und zu walten, wie
sie wollte. Als sie 1968 Aris »Pink House« mithilfe von Billy Baldwin auseinandernahm, war sie allerdings klug genug, die einzige
Forderung ihres Mannes – nach einem langen Sofa vor dem Kamin – ohne Einwände zu erfüllen.

Es spricht auch einiges dafür, Kindern ihren Willen zu lassen,
sofern sie alt genug sind, ihre Meinung zu artikulieren und/oder

190

einige der Einrichtungsgegenstände selbst zu bezahlen. Jackie nahm in ihrer Wohnung in der Fifth Avenue Carolines Vorliebe für moderne Möbel hin, obwohl sie für das Zimmer ihrer Tochter längst einige elegante französische Möbelstücke ausgesucht hatte.

ein Stückchen davon ab, um das Ambiente aufzulockern. Sie werden überrascht sein, wie umwerfend ein Stuhl von Lucite vor einem Schreibtisch im Stile Ludwigs XVI. aussieht. Oder in welch zauberhaftes Licht eine Baumharz-Wunderlampe von Jonathan Adler ein Art-déco-Bett tauchen kann.

Wenn Sie die Gratwanderung zwischen Kreativität und Katastrophe scheuen, holen Sie sich einen Fachmann ins Haus oder bitten Sie zumindest einen Ihrer perfekt gekleideten und mit einem wunderbaren Sinn für Ästhetik ausgestatteten männlichen Freunde, Ihre Behausung in Augenschein zu nehmen.

In Sachen Stilmix leckte Jackie zum ersten Mal Blut, als es darum ging, das Weiße Haus umzugestalten. Sie agierte innerhalb der Grenzen amerikanischer und französischer Möbelkunst, und am Ende kam ein harmonischer Mix aus Stücken verschiedenster Stilrichtungen heraus, von Federal über klassisch bis hin zu Empire. Natürlich standen ihr dabei einige der berühmtesten Innenarchitekten und Kuratoren zur Seite – von reichen Mäzenen ganz zu schweigen. Aber für die endgültige Positionierung von Stühlen, Bildern und Teppichen verließ sie sich selbstbewusst auf ihr eigenes Auge.

In späteren Jahren und Wohnstätten, die vom typischen Countrylook Neuenglands bis zum subtil französischen Stil reichten, kombinierte Jackie bemalte schwedische Möbelstücke und verwitterte Holzbänke mit ihren kostbaren Louis-Beutestücken.

Sie dürfen den praktischen Aspekt nicht überbewerten

Egal ob weiße Möbel oder Vitrinen aus rostfreiem Stahl – opfern Sie Ihren Wohntraum nicht auf dem Altar des öden praktischen Aspekts. Solange Sie sich langlebige Gegenstände zulegen – selbst weißes Veloursleder hält sabbernden Krabbelkindern stand – und sie ordentlich pflegen, spricht nichts dagegen, sich zumindest ab und zu eine Marotte zu gönnen. Das gilt vor allem für all die kleinen Details, etwa die Wandfliesen aus Murano-Glas, die vielleicht etwas mehr als nur einen Spritzer Meister Proper brauchen, um perfekt ansehnlich zu bleiben.

Als die Ausstatter des Weißen Hauses in Jackies Schlafzimmer rundum dunkle Holzpaneele oberhalb der Fußbodenleisten befestigten, hatten sie praktische Überlegungen im Sinn: Die Wände sollten vor Schuhstreifen und Staubsaugerkratzern bewahrt werden. Das mag durchaus ein vernünftiger Gedanke gewesen sein – der First Lady gefiel es jedenfalls nicht. Sie ließ die Paneele im Handumdrehen gedeckt weiß streichen, damit sie zu den cremefarbenen Wänden passten. In ihrem New Yorker Appartement ließ Jackie die Wände ihres Hauptbadezimmers mit edler elfenbeinfarbener Seide verkleiden.

Das brauchen Sie unbedingt!

Sofern Sie dem Studentenalter entwachsen sind, sollten Sie die Designleiter mehrere Stufen hochgeklettert sein und sämtliche Einrichtungsgegenstände auf Wohnheimniveau aussortiert haben. Das umfasst auch (aber nicht nur) billige gerahmte Monet-Plakate, Teppichböden aus Kunststofffasern, Schwanenhalslampen und so ziemlich alle Möbelstücke aus dem Kaufhaus. Bei deren Anblick schauderte es Jackie nämlich – da würde sie wahrscheinlich selbst die schnittigen Sachen von Ikea bevorzugen.

Sie müssen nicht gleich bei Sotheby's lernen, aber Sie sollten sich im Selbststudium zumindest den Unterschied zwischen Tchibo und Chippendale aneignen. Außerdem sollten Sie wissen, dass ein Siebdruck etwas ist, was man an die Wand hängt und nicht in der Küche benutzt, und maschinell gefertigtes von mundgeblasenem Glas unterscheiden können. (Nur zu Ihrer Information: Letzteres hat ein Abrissgrübchen am Boden.) Das Wissen um solche Einzelheiten wird Ihren Ehrgeiz wecken und Sie in jemanden verwandeln, der das Beste vom Besten auf Anhieb erkennt – oder intuitiv zum Zweitbesten vom Besten greift (dazu gleich mehr).

Werden Sie zur Jägerin und Sammlerin

Setzen Sie in Ihren Räumlichkeiten mit interessanten Gegenständen Akzente, und mischen Sie dabei sowohl Preisklassen als auch Stilepochen. Es muss nicht immer alles teuer sein, auch wenn Jackies Besitztümer es meist waren. Ein hellenistisches Terracottapferd mag interessant sein – eine schöne, kunstvoll hergestellte Weltkarte (wie Jackie sie im Esszimmer ihres Appartements in der Fifth Avenue aufgehängt

hatte, um ihre Kinder in Erdkunde zu unterrichten) ist es
auch. Auch eine schwedische Wolldecke, die Sie auf einer
Reise (vielleicht ins Ice Hotel) erworben haben, sorgt sicher
für guten Gesprächsstoff.

»Interessant« heißt eindeutig: keine Massenware. Stöbern
Sie lieber auf Flohmärkten oder Sammlerbörsen, wo es viele
schöne Dinge zu entdecken gibt – etwa Porzellanservices –,
die Sie in Trance versetzen können. Eine von Jackies frühen
Sammlerleidenschaften war Glas aus dem neunzehnten Jahrhundert.) Sollten Sie sich in der Secondhandwelt unsicher
fühlen, bitten Sie einfach Ihre verrückte Tante (die hat jeder), Ihnen auf die Sprünge zu helfen. Und vergessen Sie
nicht, hinterher deren Dachboden zu plündern.

… oder erkennen Sie das Zweitbeste vom Besten

Wenn Originale außerhalb Ihrer finanziellen Reichweite liegen, verlegen Sie sich kurzerhand auf gute Kopien einzelner
Möbelstücke oder Kunstobjekte, und passen Sie auf, dass Sie
immer die möglichst beste Reproduktion erstehen. Das könnte
zum Beispiel ein Kunstdruck aus einer limitierten Edition
sein oder eine Kopie eines berühmten Ausstellungsstückes,
das Sie im Museumsladen des Museum of Modern Art gefunden haben. Wenn Sie moderne Möbel aus der Mitte des letzten Jahrhunderts bevorzugen, wählen Sie lieber Designs, die
von aktuellen Lizenznehmern hergestellt werden (etwa Saari-
nen für Knoll Studio oder Eames für Herman Miller), statt
irgendein altes, unechtes Teil bei eBay zu ersteigern.

Lassen Sie Ihre Möbel, Wände und Böden altern

Außer bei ultramoderner zeitgenössischer Kunst sollten Einrichtungsgegenstände nie nagelneu wirken. Ein Sofa, das so

aussieht, als hätte noch nie jemand darauf gesessen, wirkt eher seltsam und alles andere als einladend. Gleichermaßen ist eine Art-déco-Kommode, die auf Hochglanz restauriert wurde, eindeutig zu viel des Guten. Selbst ein glänzender neuer Steinway-Flügel wirkt billig, sofern Sie nicht fehlerfrei Chopins Gesamtwerk darauf spielen können.

Jackie ließ fabrikneue Sachen gerne behandeln, damit sie so wirkten, »als würden sie benutzt, Sie wissen schon, als wäre bereits darin gelebt worden«, erinnert sich Karitas, einer der Innenausstatter des Weißen Hauses. Eine weitere Methode, um Möbel altern zu lassen, ist die folgende: Setzen Sie verschiedene Verschmutzungs- und Kratztechniken ein, um den Anschein des allzu Neuen loszuwerden. Wenn Wände so aussehen sollen, als hätten sie Geschichte, tragen Sie möglichst dick Farbe auf, wie eine Lasur. So hat es zumindest Jackie im Weißen Haus gemacht. Außerdem gab sie den Handwerkern die Anweisung, Holzpaneele mit Buntstiften (!) zu bekritzeln – als allerletzten Kniff.

Damit Erbstücke immer picobello aussehen, lassen Sie sie nie richtig reinigen, jedenfalls nicht die wirklich wertvollen Sachen. Stauben Sie lediglich die Oberflächen ab, ohne sie auf Hochglanz zu polieren, sonst verlieren die Schmuckstücke schnell ihre schöne Patina und sinken im Wert.

Rücken Sie einiges in den Hinter- und dafür anderes in den Vordergrund

Viele Leute verspüren den Drang, Dinge des täglichen Lebens zu verstecken – vom Fernseher über Bücher bis hin zu persönlichen Erinnerungen. Na los, packen Sie die Glotze und andere unansehnlichen Elektroniksachen ruhig weg. Bei Büchern gibt es dagegen keinerlei Anlass, sie zu verstecken.

195

Perle der Weisheit

Benutzen Sie nur solche Bücher zur Dekoration, die Sie bereits gelesen haben. Dicke Hochglanzbildbände sehen auf dem Beistelltisch vielleicht großartig aus, aber Sie machen sich lächerlich, wenn einer Ihrer Gäste das Mammutwerk über *Griechische Kunst und Architektur* aufschlägt und Sie nicht in der Lage sind, ihm etwas über attische schwarze Keramik oder Vasen aus Lekythos zu erzählen.

Als Hillary Clinton 1993 Jackie in deren Beletage in der Fifth Avenue besuchte, war sie überrascht, im Arbeitszimmer mehrere derart hohe Bücherstapel vorzufinden, »dass sie ihren Teller darauf abstellen konnte«, wie Hillary später in *Gelebte Geschichte* schrieb. Wieder zu Hause, versuchte sie, diese an Wirbelsäulen erinnernde Bücherstapel nachzuahmen, aber »bei uns sehen die nie so elegant aus«.

Für die Bibliothek im Esszimmer bevorzugte Jackie offene Regale, und ihre Bücher waren, mit Ausnahme weniger besonderer Bildbände, nie mit akribischer Präzision eingeräumt. Am besten sehen Bücher aus, wenn sie leicht derangiert wirken, als habe jemand im Vorübergehen nach Byrons Briefen gegriffen und dabei ein paar andere Titel umgekippt.

In prestigeträchtigeren Räumen können Sie einige Ihrer imposantesten Hardcoverausgaben nach Farben zusammenstellen, die zur Einrichtung passen. Als Jackie sich einmal langweilte, stellte sie im Arbeitszimmer in der Fifth Avenue nur rote Bücher und Fotoalben ins Regal — was die kirschroten Chintzbezüge der Möbel besonders gut zur Geltung brachte.

Durch die Blume gesagt

Blumen sollten im Haus nie übertrieben förmlich und steril aussehen oder an eine Beerdigung erinnern. Arrangieren Sie stattdessen fröhliche, locker gebundene Sträuße. Jackies florale Vorlieben reichten von delikaten blauen Kornblumen bis hin zu üppigen Pfingstrosen. Sehen Sie von allzu perfekt arrangierten, eng gebundenen Bouquets ab, und verzichten Sie auf grellrote Valentinstagssträuße – Gott bewahre! –, die Jackie als »Floristenlieblinge« verspottete. Auch Löwenmäulchen und Gladiolen konnte sie übrigens nicht leiden.

● **Wählen Sie wenn möglich Saisonware.** Kleine Nelken, Fresien, Tulpen, Pfingstrosen und riesige Margeriten machen sich zum Beispiel sehr gut, denn sie wirken, als wären sie soeben im Garten gepflückt worden, was Jackie so sehr mochte. Auch eine schlichte, perfekt geformte Einzelblüte kann in der passenden Vase einen großen Auftritt haben.

● **Verwenden Sie ungewöhnliche Gefäße.** Jackie mochte zum Beispiel Kupferkannen und Strohkörbe besonders gern. Im Weißen Haus gab es unter anderem einen Lowestoft-Krug mit Henkel, in dem immer ein hübsches Blumenarrangement steckte.

● **Betreiben Sie Blumen-Recycling.** Was am Abend zuvor wunderschön war, kann auch eine Nacht später noch sehr ansehnlich sein. Jackie verfolgte die folgende Taktik im Weißen Haus: Sie packte Blumen, die sie auf einem Event bekommen hatte, abends in den Kühlschrank, holte sie am nächsten Tag wieder hervor und pickte sich einzelne Blüten heraus, die sie zu kleineren Sträußen arrangierte und zum Beispiel ins Gästebadezimmer stellte.

● **Holen Sie sich den Garten ins Haus.** Knospende Zweige (von Quittenbäumen etwa) wirken im Wohnzimmer einfach umwerfend – vor allem wenn Sie sie zur allgemeinen Überraschung auf einem Kinderklavier platziert haben. Besonders im Frühling ließ Jackie sich immer wieder zu solchen außergewöhnlichen Arrangements inspirieren.

Dinge, von denen man sich schwerer trennt als von einem Mann

Jackie würde Ihnen dringend raten, mindestens je ein Objekt aus den folgenden Kategorien Ihr Eigen zu nennen:

Edles Geschirr: Zauberhaftes Porzellan oder Glasschüsseln, die zum täglichen Gebrauch bestimmt sind. Jackie besaß ein wunderbares, mit Pfingstrosen gemustertes Service von Spode aus dem Jahr 1820.

Liebes-Überbleibsel: Warum sollten Sie nicht Geschenke als Erinnerung an vergangene Romanzen behalten? Einige von Jackies bombastischeren Schmuckstücken, etwa die Armreifen aus griechischem, zweiundzwanzigkarätigem Gold, die sie von Aristoteles Onassis bekommen hatte, eigneten sich perfekt als Ausstellungsstücke.

Kleinere Antiquitäten: Jackie liebte ihre Kerzenleuchter von Creamware aus dem neunzehnten Jahrhundert so sehr, dass die viel länger in ihrem Besitz verblieben als die meisten anderen Gegenstände. Sie hatte die guten Stücke als frisch Vermählte entdeckt und sofort ins Herz geschlossen.

Luxuriöse Helferlein: Selbst die banalsten Haushaltsgegenstände können ordentlich was hermachen – wie etwa Jackies schickes Metermaß aus Sterlingsilber von Tiffany. Oder wie wär's mit ein paar edlen Kaschmirkissen? Jackies dreilagige Überzüge machten jedes Lesestündchen zum kuscheligen Genuss.

Echte Kunstwerke: Jackie adelte ihre Wohnungen und Häuser gerne mit großen Namen wie Rodin oder Sargent. Darüber hinaus mochte sie hochwertige Fotografien und Tierdrucke sehr gern, die deutlich erschwinglicher sind.

Echte Zeitmesser: Jackie mochte vor allem Stücke mit mechanischem Uhrwerk, keine Quarzuhren – wegen der Authentizität und des altmodischen Tickens. Jackie besaß mehrere Tischuhren, darunter ein goldglänzendes Prachtexemplar von Van Cleef & Arpels.

Möbel mit Geschichte: Alles, was ein »Ludwig« im Namen trug oder von den ersten Siedlern stammte, war es wert, in Jackies schwarzes Büchlein aufgenommen zu werden.

Thematische Erinnerungen: Jackie besaß zum Beispiel einige Aquarelle von Peter Tillemans, welche Reitszenen zeigten, die sie an ihre eigenen glor- und siegreichen Zeiten im Sattel erinnerten.

Auktionsware: Wo könnte man ein einmaliges Schnäppchen am ehesten ergattern? Als Jackies Besitztümer versteigert wurden, wechselte ihr schwarzes Emaillefeuerzeug mit dem eingravierten J für 85 000 Dollar den Besitzer. Das hätte Jackie sicher gefallen, denn im Jahr 1961 hatte sie selbst einen Spiegel gekauft, der einst Lord Byron gehört hatte.

Gegenstände mit persönlicher Note: Jackie hing an einem bunt bemalten Plastikmodell der Air Force One, das ihr die Crew bei einer besonderen Gelegenheit geschenkt hatte.

Musikinstrumente oder Waffen: Freude und Schmerz gehen oft ineinander über. In New York konnten sich Jackies Gäste aussuchen, ob sie lieber auf ihrem kleinen Flügel musizieren oder mit einem grandiosen antiken Schwert hantieren wollten.

Von Landeiern und Großstadtpflanzen – Country oder City Style?

Das vermutlich Beste am Leben auf dem Lande ist die Tatsache, dass man sich nach Belieben gehen lassen kann. Auf Ihrem privaten Grund und Boden oder an Ihrem Privatstrand – Jackie besaß auf Martha's Vineyard rund anderthalb Kilometer Küstenlinie – können Sie sich so leger kleiden, so oft nackt herumlaufen, wie Sie wollen, oder sich an unansehnlichen Ritualen ergötzen Jackie verteilte zum Beispiel eine dicke Schicht Pond's Kälteschutzcreme auf ihrem Körper, bevor sie sich mutig in die kalten Ozeanfluten stürzte. Ländliche Anwesen geben Ihnen aber auch die Möglichkeit, neue Abenteuer zu erleben (Gartenarbeit! Baumärkte!), die mit einem Leben in der Stadt nicht vereinbar sind. Außerdem können Sie auf dem Land von allem etwas mehr haben: mehr Platz, mehr Haustiere, mehr Chintzvorhänge, mehr Schornsteine.

● **Laben Sie sich an Sachen,** die fürs Stadtleben zu unpraktisch oder zu dekadent sind, etwa ein Whirlpool, eine Garage mit drei Stellplätzen oder ein begehbarer Kleiderschrank mit elektrisch ausfahrbaren Borden. Jackie ließ sich in ihr Haus mit neunzehn Zimmern auf Martha's Vineyard einige Extras einbauen, zum Beispiel einen Küchenherd mit sechzehn Platten und insgesamt acht Kamine, die selbst im Sommer immer angefacht wurden.

● **Halten Sie sich von den Nachbarn fern.** In der Stadt muss man mit seinen Nachbarn irgendwie auskommen, auf dem Lande dagegen sollte man sie ausblenden – mit Zäunen, Bäumen oder was auch immer Ihnen einfällt. Jackie war zwar immer sehr freundlich zu den Menschen, die auf Martha's Vineyard lebten, hatte auf ihrem Anwesen aber eine lange, dicht bewachsene Zufahrt, die neugierige Nachbarn und ungebetene Gäste davon abhielt, allzu nahe an ihr Haus heranzugehen.

● **Spielen Sie Pensionsbesitzerin.** Auf dem Land erscheint einem die Idee, Gäste zu beherbergen, plötzlich ganz zauberhaft. Lassen Sie sich ruhig ein paar kleine Nettigkeiten einfallen – während des Besuchs und danach –, um Ihre Gäste zum Wiederkommen zu verlocken. Als der Modedesigner Valentino Jackie einmal für mehrere Ferientage am Strand besuchte, vergaß er seine Sonnenbrille bei ihr. Die aufmerksame Gastgeberin ließ sie ihm umgehend nachschicken – in einem Umschlag, der auch eine Handvoll Sand und einige Muscheln enthielt.

● **Seien Sie ein perfektes Gemeindemitglied.** Schlechtes Benehmen macht sich auf dem Land, wo man als Zugezogener sowieso eher kritisch beäugt wird, nicht besonders gut. Auch Jackie musste sich mit den ortsüblichen Regelungen und Bebauungsplänen arrangieren und konnte ihre Wünsche nicht immer durchsetzen. Um die ortsansässigen Behörden zufriedenzustellen, versteckte sie einen fünf Meter hohen Schornstein höflicherweise hinter einigen Bäumen.

● **Gehen Sie auf »Bauernfang«.** Stöbern Sie in abgelegenen Geschäften nach Einrichtungsschnäppchen. Jetzt mal ehrlich – natürlich sind interessierte Käufer in großen Städten wie New York eher bereit, für Möbel und Zubehör höhere Summen hinzublättern. Auf dem Land dagegen können Sie ein paar Ausfahrten weiter oder in kleinen Läden und auf Hinterhofflohmärkten jede Menge Geld sparen. Jackie liebte es, sich mit Innenarchitekten wie Richard Keith Langham in solche »ländlichen« Abenteuer zu stürzen. Als sie einmal in Paris, Virginia, einem solchen »Junk-tique«-Laden, wie Langham sie nennt, einen Besuch abstatteten, entdeckte Jackie einen Bäckertisch, den sie für knapp dreihundert Dollar kaufte. Jahre später kam er bei Sotheby's für den Preis eines BMW unter den Hammer.

Tun Sie's! Lassen Sie's! Jackies Tipps

Recyceln Sie gutes Material. Es gibt keinen Grund, perfekt erhaltene Stoffe, Bilderrahmen und andere Dinge wegzuwerfen, die eine Chance auf einen zweiten Frühling haben. Jackie erstand in einem Londoner Atelier einmal teure Gardinen, beschloss dann aber, sie doch nicht in New York aufzuhängen. Statt sie sinnlos im Schrank verstauben zu lassen, ließ sie aus dem korallenroten Stoff umwerfende Möbelüberwürfe schneidern.

Machen Sie Kaminholz zum Dekorationsobjekt. Ist Ihnen schon einmal der Gedanke gekommen, dass Kaminholz ein schickes Wohnaccessoire sein könnte? Jackie schon, denn sie stapelte in großen kupferroten Schalen perfekt gehackte Scheite auf, die sie dann in ihrer Beletage in New York wie riesige Streichhölzer links und rechts neben dem Kamin aufstellte.

Pflegen Sie Ihre Erinnerungsdatenbank. Sammeln Sie alte Fotos in dekorativen Schachteln oder Stehordnern und beschriften Sie diese mit Ort und Datum. Dann müssen Sie nicht erst jede Menge Bilder von Ihren Verflossenen durchforsten, wenn Ihr aktueller Verehrer Fotos von Ihnen als bezauberndem Teenager sehen möchte. In New York bewahrte Jackie Bilder in wunderschönen Alben aus rotem Marokko-Leder auf.

Bloß nicht zu viel Reflexion. Ein paar gut platzierte Spiegel können dabei helfen, kleine Räume größer erscheinen zu lassen und Licht in dunkle Ecken zu lenken. Aber zu viele Spiegel verpassen Ihrem Haus schnell ein eher schmuddeliges Bordellambiente. Jackie bevorzugte Spiegel im Stil Ludwigs XV. und hängte sie in ihrem New Yorker Appartement zum Beispiel über den Kamin.

Nehmen Sie von »kreativen« Verwandten, die meinen, sie hätten ein Auge für gelungenes Einrichten, keine Hilfe an. Diese Lektion musste Jackie schmerzhaft lernen. Nachdem sie ihrer jüngeren Schwester Lee erlaubt hatte, für ihre Wohnung in Georgetown einen – hauptsächlich in Beige gehaltenen – Entwurf zu skizzieren, musste sie am Ende mithilfe von Sister Parish so ziemlich jedes Detail wieder ändern.

Denken Sie in Sachen Farben »natürlich«. Jackies Lieblingsgrünton war »Citron«, ein leicht verblichenes Rot nannte sie »Himbeere«. Klingt das nicht viel besser, als wenn Sie sagen würden, Sie haben Ihre Wände grün und rot gestrichen?

Legen Sie selbst Hand an. Wenn Jackson Pollock einen Eimer Farbe an eine Leinwand klatschen kann, warum sollten Sie nicht auch dazu in der Lage sein? Jackie malte gern, und sie und ihre Familie schätzten ihre eigenen Skizzen und griechisch angehauchten Aquarelle genauso sehr wie die Gemälde der Alten Meister.

Gehen Sie mit Accessoires opportunistisch um. Ihr Zuhause soll doch sicher schön bleiben. Was spricht also dagegen, zwei verschiedene Sets an Dekorationsobjekten zu verwenden? Das eine für Ihre genussvollen, achtsamen Gäste und das andere für Verwandte und Freunde mit Kindern im Krabbelalter, die Sie pflichtschuldig unterhalten sollen. Das mag jetzt vielleicht versnobt klingen, ist aber sehr praktisch. Jackie wechselte die Gegenstände im Weißen Haus ebenfalls manchmal aus, je nachdem, wen sie gerade erwartete. Zum Beispiel versteckte sie die guten Aschenbecher, nur um sie wieder hervorzuholen, sobald die Gäste sich verabschiedet hatten.

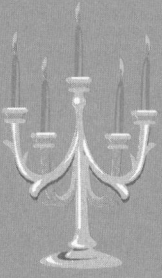

Wohnst du noch, oder lebst du schon?

Mal abgesehen von der Einrichtung, welche Grundnote hat Ihr Zuhause? Selbst mit nackten Wänden und Böden strahlt jedes Haus einen bestimmten Ton aus, sozusagen einen unsichtbaren Strauß an Botschaften, der Ihren Gästen mitteilt, wie Sie verschiedene Dinge handhaben.

Seien Sie nicht spießig

Sie werden sich in Ihrem Haus nur dann wirklich entspannen können, wenn Sie auch Ihrer Familie erlauben, sich darin zu entspannen (in einem vernünftigen Rahmen natürlich). Jackie war diese Regel so wichtig, dass sie sich angeblich von der Inneneinrichterin Sister Parish getrennt haben soll, nachdem diese vorgeschlagen hatte, Caroline möge die Füße nicht auf die Polstermöbel legen. »Ich möchte nie in einem Ambiente leben, in dem ich zu meinen Kindern sagen muss: ›Bitte nicht anfassen!‹«, lautet Jackies berühmter Ausspruch dazu.

Überlegen Sie es sich daher gut, ob Sie Ihre Gäste darum bitten, die Schuhe auszuziehen, bevor sie hereinkommen (außer, Sie bieten ihnen schicke türkische Hauspantöffelchen an), oder den Rotwein wegen des hellen Sofas aus dem Wohnzimmer verbannen. Wenn Sie sich zu sehr anstellen, werden Sie sich bald keine Sorgen mehr um die Hausordnung machen müssen, weil Sie dann nämlich gar keinen Besuch mehr bekommen.

Suchen Sie sich ein Haus mit Namen (am besten taufen Sie es selbst)

Statt Ihr Haus einfach »Zuhause« zu nennen, könnten Sie es doch auch mit einem passenden Namen versehen. Das ist nicht nur nett, sondern hilft außerdem, Verwechslungen zu vermeiden, falls Sie mehrere Anwesen besitzen.

Jackie hatte eine große Schwäche für Häuser mit Namen. Kurz bevor sie aus dem Weißen Haus auszog, taufte sie ihr zweites Landhaus in Virginia »Wexford«, zu Ehren von JFKs Familie, die aus dem irischen County Wexford nach Amerika ausgewandert war. Einige ihrer anderen Wohnsitze trugen gleichermaßen wohlklingende Namen: Glen Ora (das gemietete Haus in Virginia, das bereits von seinen Besitzern so getauft worden war), Hickory Hill (in McLean, Virginia), Red Gate Farm (das sie höchstpersönlich mit diesem Namen bedachte) und Brambletyde, das Haus der Kennedys auf Squaw Island in Massachusetts.

Bedenken Sie allerdings, dass es indiskutabel ist, ein Haus zu bewohnen, das den Namen eines anderen Menschen trägt (etwa Zeckendorf oder Bloomberg) – außer der- oder diejenige ist schon lange tot.

Achten Sie darauf, wie andere wohnen

Wie können Sie sicher sein, dass Ihr Haus großartig ist, wenn Sie die Behausungen anderer noch gar nicht unter die Lupe genommen haben? Und wie wollen Sie überhaupt wissen, welche Ideen Sie für Ihr Zuhause abkupfern sollen, wenn Sie noch nie über die Eingangshalle fremder Häuser hinausgekommen sind?

Bilden Sie sich niemals ein, Sie könnten sich von Menschen mit einem kleineren finanziellen Budget nichts abgucken. Jackie war scharfsinnig genug zu wissen, dass oft eben nicht die Superreichen über den gesündesten Menschenverstand und den besten Geschmack verfügen.

Als sie in den siebziger Jahren die in Manhattan gelegene

Wohnung der Familie Fales besuchte, prägte Jackie sich alles, was sie dort sah, genauestens ein.

»Unsere Wohnung (in der West End Avenue gelegen) war zwar sehr nett, aber nach den Standards der Park Avenue nicht wirklich beeindruckend«, erinnert sich Susan Fales-Hill. Doch als Jackie zu Besuch kam, bat sie höflich darum, überall herumgeführt zu werden. »Diese Frau, die doch schon alles gesehen hatte, war so neugierig auf unsere Wohnung, als wohnten wir in Versailles«, erzählt die stolze Gastgeberin.

Hüten Sie sich vor Hausgeistern

Ob schlechtes Feng-Shui oder das dauernde Tapp-Tapp-Tapp der Nachbarn über Ihnen – wenn Sie bei der Besichtigung einer Wohnung, aus welchen erklärlichen oder unerklärlichen Gründen auch immer, ein ungutes Gefühl haben, dann lassen Sie die Finger davon. In einer solchen Behausung könnten Sie sich niemals wohlfühlen. Jackie fand Camp David anfangs ziemlich gruselig, die extrem missionarischen Eisenhowers hatten es hingegen sehr gemocht. Irgendwann gab sie dann doch nach und fuhr hin, allerdings erst, nachdem der Präsident genug Geld für den Kauf von Glen Ora herausgerückt hatte, einem Landsitz, der eine um Längen angenehmere Aura besaß.

In diesem Zusammenhang sei auch erwähnt, dass Sie jedes Recht haben, einen Mann darum zu bitten, aus einem Haus auszuziehen, das von den Geistern seiner Verflossenen heimgesucht wird. Jackie weigerte sich beispielsweise, in einem von Onassis' Häusern auf Skorpios zu wohnen, weil dieser dort mit diversen anderen Frauen in wilder Ehe zusammengelebt hatte.

Ein Zimmer nur für Sie selbst?

Jackie war derselben Meinung wie Virginia Woolf: Es tut gut, einen Raum ganz für sich allein zu haben. Sprich ein eigenes Schlafzimmer, komplett mit Leopardenmusterüberwurf, Himmelbett und einem schicken Kleiderschrank mit Trompe-l'oeil-Bemalung. All dies gab es nämlich in Jackies Boudoir im Weißen Haus.

Ob Sie wirklich so weit gehen sollten? Nun ja, die Zeiten haben sich natürlich geändert, aber Jackie würde Sie anflehen, sich zumindest ein Ankleidezimmer oder ein »Büro« für sich selbst zu reservieren. Getrennte Badezimmer sind ohnehin ein Muss. So ersparen Sie es Ihrem Mann und Ihren Gästen, Dinge mit anzuhören, die sie nicht mit anhören sollten. Rose Kennedy soll beispielsweise darüber belustigt gewesen sein, dass Jackie auf der Toilette stets den Wasserhahn aufdrehte, um weniger ladylike Geräusche zu übertönen.

Ein weiterer Vorteil des Privatzimmers liegt auf der Hand: Hier finden Sie die nötige Ruhe, um Ihr Make-up aufzulegen, Ihre Locken zu pflegen und stundenlang verschiedene Outfits durchzuprobieren – also genau das zu tun, was ein Mann nicht mitbekommen sollte. Auf diese Weise erhalten Sie dann auch den Mythos der geheimnisvollen Frau am Leben.

Hier werden Sie geholfen – ein paar Worte zum Thema Hauspersonal

Wie managen Sie die Personen, die Ihren Haushalt managen? Wenn es stimmt, dass man das Wesen eines Menschen unter anderem daran ablesen kann, wie er mit anderen umgeht, dann muss es erst recht stimmen, dass man einen Menschen bis ins Mark durchschauen kann, wenn man beobachtet, wie er sein Personal behandelt.

Jackie war in der glücklichen Lage, ihr ganzes Leben in Gegenwart von Hausangestellten verbracht zu haben, ehe sie ins Weiße Haus einzog. Ihre Helferlein waren allwissende Beobachter ihres mannigfaltigen Lebens, bügelten ihr die rosarote Bettwäsche, hoben ihre Socken vom Boden auf – und plauderten der Presse gegenüber kaum jemals aus dem Nähkästchen.

Denken Sie an Ihre Nachfolger

Hinterlassen Sie denjenigen, die nach Ihnen in ein Haus einziehen, sämtliche nützliche Informationen. Als sie das Haus in der N Street in Georgetown räumte, war Jackie so großmütig, für die Nachmieter eine Liste mit den Namen des Elektrikers, des Gärtners, der Gemüseläden und Floristen sowie anderer wichtiger Adressen in der Umgebung zu erstellen.

Was ist mit Übernachtungsgästen?

Egal wie großzügig Sie residieren, fühlen Sie sich nicht verpflichtet, Gäste für längere Zeit einzuladen, vor allem wenn es sich nicht um Mitglieder Ihrer Familie handelt. Falls nötig, flunkern Sie, und sorgen Sie dafür, dass die Gefühle der

Besucher nicht verletzt werden, also dass Ihre Notlügen nicht entlarvt werden.

Jackie war die perfekte Gastgeberin – wenn sie es sein wollte. J. B. West, seinerzeit Majordomus des Weißen Hauses, berichtet in seinen Memoiren darüber, wie die schlagfertige First Lady einmal einen Übernachtungsgast erfolgreich abwimmelte. Sie habe ihm erklärt, die Räume würden gerade renoviert, und gleich den Beweis präsentiert. Sie hatte ein Zimmer, und zwar komplett mit Leitern, Farbeimer und allem Drum und Dran, so hergerichtet, dass es tatsächlich unbewohnbar schien.

Eine ähnliche, wenngleich weniger komplizierte Finte, ist die folgende: Erzählen Sie ungebetenen Gästen, dass aus Ihren Wasserhähnen seltsamerweise kein Wasser komme. Oder richten Sie Ihre Gästezimmer von vornherein so grässlich ein, dass Gäste erst gar keine Lust haben, Sie zu besuchen. Vielleicht hat Jackie in Wexford genau diese Taktik angewandt – in der Annahme, Gäste würden die mit grellrot-grün-orangefarbenem Paisleymuster verzierte Tapete schrecklich finden.

● **Achten Sie auf die Details.** Jackie achtete stets darauf, nicht nur die Namen ihrer Angestellten zu kennen, sondern auch die von deren Ehegatten, Kindern und Haustieren. Manchmal überraschte sie die Menschen um sie herum mit ihrer Vorliebe für Details. Als die frisch gekürte First Lady erstmals ins Weiße Haus kam, begrüßte sie einen Angestellten mit einem fröhlichen »Guten Morgen, Mr Pierce!« Wie Sie merken, sprach sie ihn mit Nachnamen an, um nicht übereilt eine zu große Nähe herzustellen. »Das überraschte mich sehr«, erinnert sich Pierce, »denn ich war ihr noch nie vorgestellt worden. Ich hätte nie damit gerechnet, dass sie wusste, wer ich bin.«

● **Kein gebrüllten Befehle, bitte.** Helfer reagieren in der Regel dann am hilfreichsten, wenn sie das Gefühl haben, wie Berater behandelt zu werden und nicht wie Diener. Statt Befehle zu erteilen, sagte Jackie immer: »Meinen Sie, Sie könnten vielleicht ...«, oder: »Würde es Ihnen sehr viel Mühe machen ...« Diese vorsichtig vorgebrachten Bitten wirkten genauso gut wie Befehle, denn ihre Angestellten sprangen sofort, wenn sie etwas wünschte.

Alles in allem ist es unerlässlich, dass Sie Ihren Mitarbeitern gegenüber den gleichen Ton anschlagen wie gegenüber Freunden und Familie (bei Jackie war es der berühmte Flüsterton). Jede hochherrschaftliche Anwandlung in der Stimme könnte Ihnen sonst schnell übel genommen werden.

● **Verteilen Sie Geschenke, Andenken und Anerkennung.** Finden Sie Mittel und Wege, um Ihren treu ergebenen Mitarbeitern Ihre Wertschätzung zu zeigen. Sorgen Sie dafür, dass Angestellte gelegentlich, besonders wenn Sie sie mal wie Ben Hur rannehmen mussten, zu Hause abgeholt oder nach Dienstschluss nach Hause gefahren werden, und bieten Sie ihnen mehr als Bargeld an, wenn sie weit über ihre Pflichterfüllung hinaus für Sie gearbeitet haben.

Nachdem Karitas einmal eine zusätzliche Nachtschicht einlegen musste, schickte Jackie seiner Frau als Dankeschön ein Orchideensträußchen. Ihrem loyalen Zimmermädchen Provi Paredes gewährte sie monatelang freien Zugang zu ihrem Haus in Hyannis Port, und deren Sohn Hector bekam immer wieder JFKs abgelegte Sachen weitergereicht, unter anderem einen maßgeschneiderten grauen Tweed-Anzug.

Auch Kontakte herzustellen kann eine gute Art sein, sich zu bedanken – nennen Sie Ihren Angestellten einen guten Arzt, Ihren Immobilienmakler oder andere nützliche Adressen. Werden Sie dabei allerdings nicht allzu gönnerhaft. Jackie ging sogar so weit, persönliche Treffen zwischen einigen ihrer Mitarbeiter und wichtigen Würdenträgern zu organisieren. So sorgte sie beispielsweise dafür, dass die gläubige Katholikin Paredes eine eigene Audienz beim Papst bekam, und das englische Kindermädchen Maud Shaw durfte die britische Königin kennenlernen.

● **Suchen Sie sich multitaskingfähige Menschen.** Warum nicht eine Haushälterin und einen Gärtner einstellen, die mehr als nur eine Funktion erfüllen? Jackie umgab sich gern mit Helfern, die in mehrere Rollen schlüpfen konnten. Paredes war neben vielen anderen Dingen auch für Jackies üppige Garderobe verantwortlich, bewältigte selbst Hochsteckfrisuren und konnte ihr auch schon mal Lockenwickler in die Haare drehen. Außerdem nahm sie hin und wieder kleinere Flickarbeiten in letzter Sekunde vor. Das Kindermädchen Marta Sgubin stieg dagegen von der Babysitterin zur begnadeten Köchin auf. Was Sie heutzutage auf jeden Fall brauchen: einen Computerspezialisten, der jederzeit einspringen kann für den Fall, dass Ihre Internetverbindung mal wieder nicht funktioniert.

● **Beschäftigen Sie nur Menschen, die Ihre Kinder und Haustiere mögen.** Dass Ihre Angestellten mit Ihren Kindern klarkommen sollten, versteht sich von selbst, aber warum auch mit Ihren vierbeinigen Hausbewohnern? Ganz einfach: weil Angestellte, die ihr Herz an Ihre Tiere hängen, diese eventuell bei sich aufnehmen können, falls Sie Ihren vierbeinigen Liebling doch mal weggeben müssen. Nachdem JFK auf Tom Kitten allergisch wurde, siedelte Jackie Carolines heißgeliebte Katze kurzerhand in das Haus ihrer persönlichen Sekretärin Mary Gallagher um. Beim Auszug aus dem Weißen Haus übergab sie Pushinka, einen russischen Hund, den sie von Kruschtschow bekommen hatte, an Irvin Williams, den Chefgärtner des Weißen Hauses und besten Freund des kleinen Hundes.

● **Bedenken Sie alle in Ihrem Testament.** Es wäre extrem liebenswürdig von Ihnen, Ihren treuesten Wegbegleitern ein kleines Abschiedsgeschenk zu hinterlassen. Nichts fördert beim Verlesen eines Testamentes mehr Tränen zutage als ein Paragraf über eine Zuwendung an eine loyale Angestellte. Jackie bedachte Provi Paredes mit 50 000 Dollar.

● **Trennen Sie sich von ungeeigneten Helfern.** Nicht nur Inkompetenz, sondern auch schlechtes Betragen reicht durchaus für eine Entlassung aus. Das gilt übrigens für alle Verhaltensweisen, die Sie unangebracht und/oder unhaltbar finden. Jackie kündigte beispielsweise einem von Onassis' Angestellten, nachdem sie gehört hatte, wie er den Text von *Jesus Christ Superstar* auf Griechisch sang. Ein griechisches Dienstmädchen musste gehen, als sie dabei erwischt wurde, wie sie in einem von Jackies Givenchy-Kleidern herumwirbelte.

Ein Wort zum Thema Haustiere

Diese treuen Seelen, die häufig als Gefährten und Fußwärmer dienen, können auch dazu beitragen, den Grundton eines Hauses zu verbessern.

Als Jackie in jungen Jahren einen Sommer auf der Hammersmith Farm in Newport, Rhode Island, verbrachte, schlug sie frech vor, dunkle Hunde würden sich vor dem Hintergrund der weißen Mauern und purpurroten Teppiche am besten machen. Offenbar fiel ihr Rat auf fruchtbaren Boden, denn ab sofort gab es hier nur noch Hunde in den Farben Schwarz und Braun.

Natürlich sollte die Zuneigung die wichtigste Rolle spielen, wenn es darum geht, ein Haustier auszusuchen. Im Laufe der Jahre beherbergte Jackie für ihre Kinder einen halben Zoo, von Ponys und Hamstern über Hunde und Fische bis hin zu Ziegen und Vögeln.

Damit die Tiere sich möglichst schnell zu Hause fühlen, sollten sie bald an eine bestimmte Routine gewöhnt werden. Clipper, der Schäferhund im Weißen Haus, war einem streng geregelten Tagesablauf unterworfen. Er bekam nur bestimmtes Futter zu fressen und besuchte jeden Donnerstag die Hundeschule.

Sobald Haustiere Ihnen aber die Freude an Ihrem Zuhause vermiesen, müssen sie gehen. Jackie bat Carolines Lehrer auf der »Convent of the Sacred Heart«-Schule einmal, eine Maus zurückzunehmen, die er Caroline gegeben hatte – obwohl sie für das Tier bei Bloomingdale's sogar einen schicken chinesischen Käfig gekauft hatte. »Die Maus bringt mich um mein Sozialleben«, sagte Jackie zur Begründung und bezog sich dabei darauf, dass das Tier die Räume mit seinem wenig erbaulichen Duft erfüllte.

Liebe geht durch den Magen –
die Kunst des Kochens

Kein angestellter Koch und kein Catering-Service kann den femininen Zauber ersetzen, den Sie erzeugen, wenn Sie vor einem glänzenden, dampfenden Kochtopf herumtänzeln (denken Sie bloß an den Film *Chocolat*). Außerdem entgehen Sie damit den ewigen Kommentaren Ihrer Verwandten und sorgen dafür, dass Bauch und Herz Ihres Mannes erwärmt werden. Wenn Ihre Mutter Sie in der Beziehung nicht bereits angelernt hat, dann buchen Sie einen Kurs in einer Kochschule.

Nehmen Sie zum Beispiel Unterricht, wie Jackie es einmal getan hat, um Aris Lieblingsessen (gefüllte Weinblätter) kochen zu können. Selbstverständlich geht es in Ordnung, wenn Sie beim Kochen ein paar Abkürzungen einschlagen und zum Beispiel Tiefkühlteig oder bereits fertig gehackten Knoblauch verwenden.

Wenn ein bestimmtes Restaurantgericht Sie zu Begeisterungsstürmen hinreißt, fragen Sie den Lokalbesitzer oder den Koch ruhig nach dem Rezept, damit Sie es zu Hause nachkochen können. Wagen Sie sich nur nicht an etwas allzu Kompliziertes heran.

In den achtziger Jahren ging Jackie gern zu Elaine's, einer in der Medienbranche besonders beliebten Lokalität auf der Upper East Side in Manhattan. Eines Abends, als sie gerade an ihrem Lieblingstisch speiste – ganz hinten neben der Ausgangstür, von wo sie alles im Blick hatte, während sie selbst den Blicken nicht ausgesetzt war –, fragte Jackie die Besitzerin Elaine Kaufman nach dem Rezept für ihre köstlichen Fettuccine. »Ich wusste gar nicht, dass sie selbst kocht!«, erin-

Jackies Lieblingsfettuccine

Zutaten:

1 Pfund Eiernudeln
85 g Butter
¼ TL klein gehackter Knoblauch
1 große Tasse Sahne
4 Eigelb
120 g (oder mehr) Parmesan (hauptsächlich für den Geschmack)
Salz und Pfeffer nach Belieben.

Zubereitung:

Die Pasta in einem Liter gesalzenem Wasser kochen. In der Zwischenzeit die Butter bei mittlerer Hitze in einer großen Bratpfanne erhitzen und den Knoblauch darin anschwitzen (nicht braun werden lassen). Die Sahne bis auf sechs Esslöffel hinzufügen und zum Kochen bringen. Die Eigelbe mit der übrigen Sahne verrühren. Wenn die Pasta al dente ist, in einem Sieb abgießen, die heiße Sahnesoße hinzufügen und alles gut durchschwenken. Die Eier-Sahne-Mischung weiterhin unter Rühren unterheben und schließlich den Parmesan, Salz und Pfeffer hinzufügen. Alles gut durchrühren, bis die Soße cremig ist (ungefähr eine Minute). Sofort servieren.
Reicht ungefähr für vier Nachschläge.

nert sich Kaufman, die ihr das Rezept gerne aushändigte. Später schickte die perfekt organisierte Jackie ihr einen handgeschriebenen Brief, in dem sie erzählte, wie viel Spaß es ihr bereitet habe, das Gericht nachzukochen.

Würde *Jackie* ...

... ein Haus kaufen, das unter Denkmalschutz steht?

Um Himmels willen, nein. Trotz ihrer Vorliebe für Dinge mit Stammbaum und ihres Zugangs zu entsprechenden Websites würde Jackie aus einem ganz einfachen Grund die Finger davon lassen: Bei denkmalgeschützten Häusern gibt der Gesetzgeber zu viele Regeln vor, die verhindern, dass man seine vier Wände so umgestalten kann, wie man es gerne möchte.

... ein grelles Porträt von sich selbst aufhängen?

Ja, solange das Bild gut gemacht ist. Auch dann würde sie es allerdings nur in einem entsprechenden Umfeld präsentieren. Grundsätzlich gilt: Ein Bild von sich selbst aufzuhängen wirkt selbstgefällig, außer, es ist museumswürdig. Einmal hängte Jackie eine hübsche abstrakte Tuschezeichnung von sich in ihrem Wohnzimmer in Hyannis Port auf – sie stammte von dem befreundeten Künstler Franz Bueb.

... sich von Do-it-yourself-Fernsehsendungen inspirieren lassen?

Ja (auch wenn sie kein großer Fernsehfan war). Die Bonbonfarben und schludrigen Einbaumöbel, die in den aktuellen Sendungen über Wohndesign angepriesen werden, würde sie sich jedoch sicherlich nicht abgucken. Auch die Idee, fremde Menschen in ihr Reich zu lassen, damit die ihre Wohnung umgestalten, würde ihr auf keinen Fall zusagen. Aber Jackie war immer darauf bedacht, keinen Deko-Trend zu verpassen. Sie sammelte zum Beispiel Stoffmuster und besuchte häufig Möbelausstellungen, um sich inspirieren zu lassen. Deswegen würde sie bestimmt sehen wollen, was andere sich so einfallen lassen. Außerdem fände sie Gefallen an kreativen Schnellreparaturen. Aber denken Sie immer daran: Die besten Designlösungen kosten vielleicht ein bisschen mehr, machen sich durch ihre lange Lebensdauer am Ende aber bezahlt.

6. Kapitel

Wie man seinen inneren Tempel baut

Die Kunst der Selbstfindung und Erfüllung

>*Wir streben ständig danach, unsere Visionen zu verwirklichen, dabei sollten wir aus jedem Augenblick des Lebens das Beste herausholen.«*
>
> JACQUELINE BOUVIER KENNEDY ONASSIS

Ein abgeschlossenes Studium und ein Reisepass voller Stempel sind vollkommen bedeutungslos, wenn man sich nicht ständig auf neue Abenteuer und Forschungsreisen begibt. Jackie wusste das, als sie ihre Schwester Lee vor einer Europareise im Jahr 1951 fragte: »Willst du nicht endlich mal ein paar interessante Menschen kennenlernen, statt immer nur mit deinen langweiligen amerikanischen Freunden Zeit zu verbringen?«

Jackie war zeit ihres Lebens bekannt dafür, dass sie immer ein Stück über den Dingen stand, die sie umgaben. Im Jahr 1975 trat sie aus dem Schatten ihrer berühmten Sonnenbrille heraus und setzte sich öffentlich gegen den geplanten Abriss des New Yorker Grand-Central-Bahnhofs ein. Ihr Kampf für die Erhaltung des Museums der Schönen Künste führte sie sogar bis vor das oberste Bundesgericht und brachte ihr einen Ruf als Kämpfernatur ein.

Jackie verlor vieles in ihrem Leben, aber das Wichtigste, den Schatz ihres inneren Tempels, konnte ihr niemand nehmen. Sie hütete ihn wie einen Augapfel und bezog daraus ihre Kraft und ihre Ruhe. Ihre mal extravaganten, mal stillen Reisen, ihr unermüdlicher Einsatz für wohltätige Zwecke und nicht zuletzt ihre eigene Zuflucht, die sie in Büchern und Universitäten fand, ließen Jackie von innen heraus strahlen.

Sie sind die Geschäftsführerin des Unternehmens, das Leben heißt

Jackies Credo, niemals »eine einfache Hausfrau« zu sein, nahm mit einundzwanzig Jahren konkrete Formen an, als sie beschloss, »Generaldirektorin aller Künste des zwanzigsten Jahrhunderts« zu werden und von einem Sitz im Weltall über sie zu wachen.

In jeder Ära machte sie sich auf zu neuen Ufern, um immer mehr zu lernen. In den Fünfzigern war sie als Autorin und Fotografin tätig, in den Sechzigern sammelte sie Erfahrungen in der Couture-Welt und im Denkmalschutz, und in den Achtzigern vermittelte sie Buchprojekte an Autoren. Was auch immer sie gerade tat, sie tat es niemals halbherzig. Das war ihr Lebensmotto, das Jackies Freund Claude du Granrut folgendermaßen zusammenfasste: »Alles, was sie anfasste, brachte sie auch zu Ende.«

Seien Sie immer eine Nasenlänge voraus

Was haben Sie in letzter Zeit Originelles und Faszinierendes erschaffen? Die Menschen, die uns begeistern, sind im Grunde soziokulturelle Archäologen, denn sie graben in ihrem Umfeld stets nach neuen Schätzen, die ihren Ruf als treibende Kraft in der Gesellschaft bestätigen. Dass sie dabei regelmäßig als Stil-Ikonen in der Zeitung landen, schadet sicherlich auch nicht.

Nicht nur in der Mode war Jackie eine Trendsetterin. Als JFK 1960 den Abschluss seiner Präsidentschaftkampagne mit einer großen Parade durch Manhattan feierte, hängte Jackie ihre Sonntagsbluse an den Haken und schlenderte mit einem befreundeten Künstler leger durch eine Avantgarde-Galerie. Zwei Jahre später lud sie die farbige Mezzosopranistin Grace Bumbry ein, ihr Debüt in Amerika im Weißen Haus abzuhalten, um die Sängerin dabei zu unterstützen, sich neben ihren beachtlichen Erfolgen in Europa auch in den USA einen Namen machen zu können. Und während die amerikanischen Weinkenner noch an ihrem Chablis nippten, brachte Jackie bereits Riesling auf den Tisch und damit ins Gespräch.

Ein weiteres Beispiel für Jackies sicheres Gespür war ihre Wahl des Architekten I. M. Pei. Zum damaligen Zeitpunkt war Pei eher als Erbauer von Billigwohnungen bekannt. Jackie beauftragte ihn mit dem Entwurf der John-F.-Kennedy-Bibliothek und verhalf ihm damit »zum Durchbruch«, wie Pei selbst bestätigt: »Davor war ich ein Niemand.«

Jackie wäre auch mit Sicherheit Feuer und Flamme für den provisorischen Unterschlupf des New Yorker Museum of Modern Art gewesen – ein schmuckloses Gebäude am Stadtrand, in dem die Exponate bis Ende 2004 vorübergehend ausgestellt waren. Mit ebensolchem Feuereifer und Interesse wäre sie sicherlich zu Robert de Niros alternativem TriBeCa-Filmfest im gleichnamigen New Yorker Künstlerviertel gegangen. Ihr Hang zum Programmkino war überall bekannt, schließlich hatte sie schon im Weißen Haus Truffauts *Jules et Jim* vorführen lassen. De Niro wurde übrigens 1997 mit der Jacqueline-Kennedy-Onassis-Medaille ausgezeichnet, die für Verdienste um die Verbesserung der Lebensqualität in New York vergeben wird, und zwar von der Municipal Art Society of New York, einer von Jackies Lieblingsstiftungen.

Striegeln Sie Ihr Steckenpferd auf Hochglanz

Stricken Sie Ihre eigenen Tangas! Lernen Sie Cembalo spielen! Treten Sie im Cirque du Soleil auf!

Egal was Sie tun, Hauptsache, Sie tun es mit Inbrunst und vollem Einsatz. So kann auch aus Ihnen eine EFP werden, eine Enorm Faszinierende Person.

Jackies Beispiel zu folgen heißt, die eigenen Interessen zum Vollzeithobby auszubauen und sich von allen Seiten, insbesondere der Schokoladenseite, mit seinen Leidenschaften zu umgeben. Sie mögen Filme von Stanley Kubrick? Lesen Sie seine Biografie, und besuchen Sie seine Heimatstadt! Sie spielen Geige? Geben Sie Nachhilfestunden, sammeln Sie jede noch so obskure Abhandlung über die Fingerhaltung beim Bogenstrich, und unterstützen Sie junge Talente!

Jackies Liebe zum Ballett erschöpfte sich nicht in den Ballettstunden, die sie in ihrer Jugend nahm. Sie las jedes Buch über das Thema, war fünfundzwanzig Jahre lang Mitglied des Kuratoriums des American Ballet Theatre, das schließlich im Jahr 2004 eine Ballettschule nach ihr benannte, und sie redigierte Bücher von immerhin drei herausragenden Tänzerinnen: Judith Jamison vom Alvin-Ailey-Tanztheater, Martha Graham und Gelsey Kirkland.

Für Halbherzigkeit ist in Ihrem Leben kein Platz. Genau wie bei einem Liebhaber müssen Sie sich auch bei Ihren Hobbys über den Grad der Hingabe genauestens im Klaren sein. Fragen Sie sich regelmäßig: Wie viel von mir will ich investieren?

Hüten Sie die Zeit, die Sie für Ihre Leidenschaften aufwenden, wie eine Kostbarkeit, und lassen Sie sich keine einzige Minute von Langweilern stehlen. Jackie ließ sich von nichts und niemandem beim Malen stören, nicht einmal von Judy Garland, die eines Tages im Hafen von Hyannis Port auf sie zukam, wo die First Lady gerade mit Malen beschäftigt war. Jackie sah kurz von ihren Aquarellfarben auf und sagte: »Du kannst gerne zusehen, aber niemand darf mich ansprechen, wenn ich male.«

Lernen Sie von weisen Personen

Ältere Menschen nehmen oft kein Blatt vor den Mund. Das kann für Sie sehr hilfreich sein, um Ihre Sinne zu schärfen und Ihren Horizont zu erweitern. Viele ältere Personen haben die Gabe, falsche Freunde und Möchtegern-Lover als das zu entlarven, was sie wirklich sind: Blender und Zeitverschwender. Rüstige Senioren haben immer interessante Geschichten zu erzählen, faszinierende Gegenstände auf dem Sideboard und schicke Retrokleider im Schrank. Letztere werden Sie Ihnen bestimmt gerne ausleihen (oder vererben).

Jackie und ihre Schwester Lee schätzten sich überglücklich, während einer Italienreise im Jahr 1951 die Bekanntschaft des großen Kunsthistorikers Bernard Berenson machen zu dürfen. Sie waren von den Strapazen der Reise, dem Essen, dem Shopping und den Sehenswürdigkeiten schon mehr als erschöpft, aber die Worte des alten Mannes machten sie wieder munter. »Verschwendet eure kostbare Zeit nicht mit Lebensverminderern«, sagte er. »Sondern sucht immer die Gesellschaft von Menschen, die euer Leben bereichern.« Hört, hört.

Zeigen Sie also Interesse an Ihren Schwiegereltern, an Hochschulprofessoren und an »echten Originalen«, die Ihnen über den Weg laufen. Jackie hat diesen Rat ihr Leben lang beherzigt. Neben ihrem berühmtesten damaligen Schwarm Joe Kennedy war einer ihrer Lieblingssenioren Prinz Serge Obolensky, ein ehemaliger Offizier des Zaren und nunmehr Pressereferent, der ihr mit seinen Geschichten aus dem prä-bolschewistischen Russland die Zeit besser vertreiben konnte als die Jungs vom Land mit ihrem banalen Geschwafel.

Geben Sie der Monotonie keine Chance

Trostlos. Das wäre wahrscheinlich das Wort, mit dem Jackie den Trott beschreiben würde, dem wir uns täglich aussetzen. Ändern Sie doch mal Ihre Sichtweise, und betrachten Sie die einzelnen Termine in Ihrem Kalender als atomare Teilchen, die explosionsartig und voller Energie auseinanderstreben. Sie werden sehen: Schon kommt Bewegung in Ihren Tagesablauf. Leben Sie in der Gegenwart, genau wie Jackie, die immer alles im Fluss sah. »Die einzige Konstante in meinem Leben ist, dass es keine Konstanten gibt«, sagte sie einmal.

Wenn Sie zum Beispiel gerne joggen, dann laufen Sie gleich morgen mal eine andere Strecke. Genießen Sie die neue Landschaft, die neuen Häuser am Wegesrand, die neuen potenziellen Lebenspartner auf der anderen Straßenseite, und lassen Sie Ihren iPod die Musik auch mal per Zufallsgenerator aussuchen.

———

»Ich überlege, ob ich nicht wieder Klavierunterricht nehmen und vielleicht ein paar neue Lieder lernen sollte. Wenn Jackie noch leben würde, würde sie mir sicher raten, mich an eine ganz neue Richtung heranzuwagen, statt immer dieselben alten Klassiker zu spielen.«

JOAN B. KENNEDY

———

Lernen Sie Fremdsprachen

Die oft langwierige Quälerei mit der Grammatik und der korrekten Aussprache einer Fremdsprache zahlt sich spätestens dann aus, wenn Sie in einen italienischen Alimentari rauschen und ganz selbst- (und fremd-)verständlich wie ein Muttersprachler seinen Parmaschinken bestellen. Oder wenn Sie Ihren schwedischen Nachbarn mit dem Satz »Jag tala din sprak« (ich spreche deine Sprache) anbaggern, während seine amerikanische (Noch-)Freundin sprachlos daneben steht.

Jackie konnte Französisch, Italienisch, Spanisch und sogar ein bisschen Griechisch, und sie setzte ihre Sprachkenntnisse oft und gerne ein, auch auf dem politischen Parkett. Jeder kennt die Geschichte, als Jackie die französischen Übersetzer des amerikanischen Präsidenten wegschickte und das Gespräch zwischen Kennedy und Charles de Gaulle selbst dolmetschte. In Liebesangelegenheiten verließ sie sich ebenfalls gerne auf ihre Fremdsprachenkenntnisse und wusste sie geschickt zum Schutz ihrer Privatsphäre einzusetzen: Unliebsame und aufdringliche Anrufer wiegelte sie einfach mit verstellter Stimme ab, oft mit spanischem Akzent.

Jackie war fest davon überzeugt, dass Sprachen ein essenzieller Teil unserer kreativen Ausdrucksmöglichkeiten sind. Daher bestand sie auch darauf, dass die Nannys ihrer Kinder Französisch beherrschten. Zum Erlernen einer neuen Fremdsprache ist man übrigens nie zu alt. Jackie lernte extra für ihren zweiten Ehemann noch Griechisch und bestand darauf, dass ihre Kinder es ihr gleichtaten.

Werden Sie zur Kulturkonsumentin

»(Jackie) liebte Kunst. Aber sie wusste auch, dass man Kunstwerke nicht mit Worten sezieren darf. Wenn man vor einem Picasso steht und irgendwas Interessantes von sich geben will, hört man sich sofort wie ein Aufschneider an.«

CARLY SIMON

Wann waren Sie das letzte Mal im Theater? Etwa als Sie selbst in der Grundschule beim Krippenspiel auf der Bühne standen? Wann im Museum? Gab es auf Ihre Karte etwa noch eine Kinderermäßigung? Wenn ja, wird es höchste Zeit, ein bisschen Bewegung in Ihr kulturelles Leben zu bringen.

Stures Auswendiglernen des Feuilletonteils Ihrer Zeitung ist dabei allerdings nicht sonderlich hilfreich. EFPs kennen jederzeit die aktuell angesagten Stücke, Opern und Ausstellungen in ihrer Stadt. EFPs lesen moderne Belletristik und lieb gewonnene Klassiker. EFPs besuchen gerne mal ihre Freunde auf der Arbeit – Freunde, die rein zufällig Inhaber kleiner angesagter Galerien sind. EFPs lernen ausländische Volkstänze (Jackie war eine wahre Meisterin des Sirtaki). Auch, wenn das jetzt viel zu viel erscheint, bleibt doch immer der Hunger nach mehr. Irgendwo ist sicher noch Platz für ein paar Vorlesungen als Gasthörer an der Uni, einen Auffrischungskurs in Latein oder eine Reise nach Hawaii, um dort die chinesische Malerei zu studieren (so wie Jackie 1966).

Seien Sie jederzeit im Bilde

Immer schön eins nach dem andern. Sollte Ihr Kunstvokabular (oder das eines Bekannten) nicht ganz up to date sein, füllen Sie Ihre Wissenslücken unbedingt im Laufe der nächsten sechs – jawohl, sechs! – Monate. Besuchen Sie ein Cellokonzert (oder die Klassikabteilung eines Elektronikfachmarkts, da können Sie sich durch die komplette Bandbreite hören), und lauschen Sie beispielsweise einer Interpretation von Pablo Casals. Oder gehen Sie in ein Museum, und beschäftigen Sie sich mit dem anderen berühmten Pablo (Picasso).

First Lady Jackie erfüllte ihren selbst auferlegten kulturellen Auftrag und lud Casals und den Geiger Isaac Stern ins Weiße Haus ein, um dort ein wunschkonzertgeschädigtes Publikum zu Begeisterungsstürmen hinzureißen. Eine ähnliche Meisterleistung vollbrachte sie, als sie den französischen Kultusminister André Malraux davon überzeugen konnte, die Mona Lisa für eine kurze Stippvisite ins Weiße Haus zu bringen – eine der wenigen Gelegenheiten, bei denen die Gioconda einmal außerhalb des Louvre lächeln durfte.

Selbst wenn Sie das Geschrammel auf klassischen Konzerten und den nervösen Strich auf der Leinwand hassen – setzen Sie sich der Kunst aus, denn nur so können Sie sich eine eigene Meinung bilden. Wenn Sie eher Country Music oder Jazz mögen, müssen Sie ja nicht den Klassikkenner mimen, nur um jemanden zu beeindrucken. Jackie ließ sich in ihren Geschmack nicht dreinreden. Bei einer Führung durchs Weiße Haus bat sie einmal die Fremdenführer, die Besucher von einer Gruppe Studenten aus Kentucky wegzulotsen, die auf dem Rasen vor dem Weißen Haus musizierten und deren hinterwäldlerische »Hillbilly-Musik« Jackie ganz und gar nicht zusagte.

Halten Sie durch

Auch wenn Sie Wagner oder Strawinski nicht mögen – sehen Sie davon ab, sich während der Vorstellung davonzustehlen. Für den wahren Connaisseur ist ein gelungener Verriss (ein ins Programmheft gekritzeltes »Tenor ist ein Fettwanst und trifft nur jeden zweiten Ton«) ein ebensolcher Genuss wie eine Zugabe.

Sollte es Ihnen wirklich gar nicht gefallen, dann bleiben Sie trotzdem bis zum Schluss, und stimmen Sie genussvoll in das Pfeifkonzert ein. Jackie, die solchen Institutionen wie dem American Ballet Theatre tausende von Stunden widmete und unzählige Schecks ausstellte, hätte niemals während einer laufenden Aufführung das Theater verlassen. Zumindest nicht, solange noch Licht im Saal war.

Stellen Sie sich einen eigenen Beraterstab zusammen

Obwohl sie in Kunst und Geschichte gut unterrichtet war, versammelte Jackie immer eine Schar von Beratern um sich,

die sie bei der Verfeinerung ihrer kulturellen Ambitionen unterstützten. Malraux, die *Vogue*-Herausgeberin und Museums-
kuratorin Diana Vreeland und die Kunst- und Antiquitäten-
koryphäe Bunny Mellon waren einige ihrer wichtigsten Ein-
flüsterer – sozusagen die Dreifaltigkeit der schönen Künste.

Natürlich bekam Jackie die Expertise ihrer Berater kosten-
los, und im Idealfall sollten auch Sie kein Vermögen für eine
Reise durch das Land der Kunst ausgeben. Eine gute Möglichkeit ist, sich mit Ihren eigenen Kulturbotschaftern zu
umgeben: dem Arbeitskollegen mit großem Interesse an abs-
trakter Kunst, der Tante eines Freundes, die bei den örtlichen
Symphonikern spielt, oder dem Nachbarn, der ein kleines
Hinterhoftheater leitet.

Sie werden feststellen, dass diese Experten ihr Wissen liebend gern mit Ihnen teilen, denn Leidenschaft für die Kunst
ist hochgradig ansteckend. Außerdem ist ein selbst zusammen-
gestellter und persönlich bekannter Expertenzirkel der beste
Weg, an Freikarten oder ermäßigte Tickets zu kommen.

Lernen Sie, sich im Labyrinth der Regale zurechtzufinden

Ja genau, damit sind Bibliotheken gemeint. Denn erstens
weiß Google auch nicht alles, und zweitens schlagen all jene
etwas in Büchern nach, die etwas auf sich halten. Davon abgesehen hat es etwas sehr Romantisches an sich, sich in einer
Sammlung angestaubter Bücher zu verlieren. Und wer weiß,
vielleicht hat ja ein besonders strenger oder hilfsbereiter Bi-
bliothekar auf Sie eine ungeahnt anziehende Wirkung ...

Jackie mochte es sehr, Autoren in das Hinterzimmer der
New York Public Library mit ihren kostbaren alten Büchern
zu lotsen. Sie selbst durchstöberte jede noch so abgeschiedene

Bibliothek bei der Recherche ihrer diversen Buchprojekte, so zum Beispiel das Diaarchiv der Kostümabteilung des Metropolitan Museum of Art.

Lesen Sie, statt nur zu blättern

In der heutigen Zeit ist in der Regel alles einfach, schnell und ohne großen Aufwand zu haben. Die Lieblingssendung wird für später auf DVD aufgezeichnet, die alten Kleider von Pucci gibt es als Sofortkauf bei eBay, und die *Komplette Geschichte der Modernen Kunst* steht zum Download im Internet bereit. Aber all das ersetzt nicht das Lesen und Durchforsten eines Buches.

Jeder hat so seine literarischen Wissenslücken, das ist kein Verbrechen. Eine permanente Lesepause einzulegen ist dagegen genauso schlimm, wie *gar nicht* zu lesen. Bei Menschen, die kein einziges Buch zu Hause stehen haben oder ins Stottern geraten, sobald man sie fragt, was sie zuletzt gelesen haben, ist Vorsicht angesagt.

Jackie las spannende Schmöker genauso gerne wie anrührende Gedichtzeilen. Diese Begeisterung hatte sie von »Grampy Jack« geerbt, ihrem Großvater väterlicherseits, der ihr Shakespeare näherbrachte. Jackies Bibliothek bestand aus tausenden von Büchern. Natürlich werden zwei Menschen niemals den gleichen Literaturgeschmack haben, aber sollte Ihr Innenausstatter es tatsächlich gewagt haben, Ihre Wohnung mit Leerbuchhüllen aus dem Möbelhaus auszustatten, tauschen Sie sie schleunigst gegen echtes Lesefutter aus.

Für die gute – und gleichzeitig in eigener – Sache kämpfen

»Jackie suchte sich Organisationen aus, die ihr wichtig waren, und blieb dann dabei. Auch wenn man es noch so sehr möchte, man kann nicht überall mitmischen. Jackie wusste das. Ich glaube, sie würde jedem raten, sich zwei, drei Dinge auszusuchen, die einem wirklich am Herzen liegen, und sich dort mit aller Kraft zu engagieren.«

BLAINE TRUMP, Mäzenin und Society-Lady

Viele Menschen verstehen den Sinn wohltätiger Zwecke falsch. Sie gehen davon aus, dass sie selbst von ihrem sozialen Engagement profitieren (weil es ihren Terminkalender sowie ihren Kleiderschrank füllt und ihren Bekanntheitsgrad steigert), dabei sollte es genau umgekehrt sein. Das erklärt, warum einige aufstrebende Gönner jedes wohltätige Projekt unterstützen und von einer Benefizgala zur nächsten eilen.

Jackie war in diesem Bereich ebenso großzügig wie bescheiden. Die Vorstellung eines »Benefiz-Karussells«, in dem sich mehr Blender als ehrliche Menschen tummeln, war ihr stets zuwider. Natürlich besuchte auch sie Premierenfeiern und war Mitglied diverser Stiftungen, aber sie tat es nie aus reinem Selbstzweck. So richtig wohl fühlte sie sich übrigens auch nicht, wenn die gute Sache zur Gala ausartete.

Sollten auch Sie ein Herz für Bedürftige entwickeln? Eindeutig ja, würde Jackie sagen. Ein paar Punkte müssten Sie dabei aber dringend beachten:

● **Unterstützen Sie nur die Projekte, die Ihnen am Herzen liegen.** Wichtiger als die Höhe der Spende ist ein großes Engagement für die gute Sache Ihrer Wahl. Jackie war immer gerne bereit, viel Zeit und Geld in Projekte zu investieren, von denen Sie überzeugt war. Sie war eine langjährige Mäzenin der New York Municipal Art Society, der Metropolitan Opera und des American Ballet Theatre.

● **Lassen Sie sich nicht aufreiben oder in die falsche Ecke drängen.** Wenn das örtliche Symphonieorchester unverblümtes Interesse an Ihrem herrschaftlichen Anwesen (etwa wegen der ungeahnten Galamöglichkeiten) oder ihrem prominenten Lebensgefährten (zum Beispiel wegen des potenziellen Presserummels) zeigt, sollten Sie nicht nur um die Geigen einen großen Bogen machen. Jackie war sich bewusst, dass ihr Name für jede Organisation eine Auszeichnung war, und sie ließ auch durchaus zu, dass man sie benutzte – allerdings nur bis zu einem gewissen Punkt. Als die Damen und Herren Aufsichtsräte des Cedars-Sinai-Krankenhauses in Los Angeles für einen spontanen Fototermin bei ihr in New York vor der Tür standen, wies sie ihnen dieselbe und lehnte jeglichen weiteren Kontakt zu der Einrichtung ab.

● **Nutzen Sie Ihr Engagement mit Bedacht.** Sich für ein Ballett oder ein kleines Theater ins Zeug zu legen ist bewundernswert und könnte, als kleiner Nebeneffekt, Ihren Beziehungen zu diversen ansonsten unzugänglichen Stellen nutzen. Darf man sein soziales Engagement anderen gegenüber erwähnen? Sicher. Passen Sie dabei nur auf, dass Sie die Werbetrommel möglichst unaufdringlich rühren, und bringen Sie sich nie irgendwo nur deswegen ein, weil Sie hoffen, damit vorwärtszukommen. Jackie brachte durchaus mal den einen oder anderen für sie nützlichen Namen ins Spiel (zum Beispiel um sich eine begehrte Wohnung in Manhattan zu sichern), und sie würde Ihnen ganz bestimmt raten, all jene Organisationen zu erwähnen, für die Sie sich mit echter Leidenschaft engagieren.

Rund um den Globus – wie jede Reise unvergesslich wird

Reisen in ferne Länder sind der Schlüssel zu unseren Phantasien und unseren Wünschen. Jackie würde Sie daher gewiss inständig bitten, sie nach Kräften auszuleben. »Wer nach Sevilla reist und dort nicht reiten geht, der war nicht in Sevilla«, sagte sie einmal.

Ihre Reiseziele sollten mehr sein als eine Ansammlung von Stempeln in ihrem Reisepass. Machen Sie ferne Orte zu Bezugspunkten eines aufregenden und abenteuerlichen Lebens – Ihres Lebens. Städte wie Paris und Jaipur waren für Jackie wie alte Freunde, die sie immer wieder gern besuchte.

Viele Reisende verbringen ihren Urlaub heute leider in konstanter Hetze, zwängen sich in überfüllte Reisebusse für Tagestouren, buchen ausschließlich Billigflüge und lassen sich von Pauschalanbietern im Schweinsgalopp in fünf Tagen durch sieben Städte treiben. Dabei rennen sie nicht selten schnurstracks an den schönsten (und erotischsten) Momenten einer Reise vorbei. Sorgen Sie also dafür, dass Sie auf eine Art reisen, die Ihrem offenen, unternehmungslustigen Naturell entspricht.

Tauchen Sie möglichst tief in fremde Welten ein

Es wäre sicherlich töricht, mit Ihrem nagelneuen Samsonite-Koffer in der einen Hand und der Reißleine Ihres Fallschirms in der anderen einfach über Ihrem Traumziel abzuspringen, ohne zuvor wenigstens einen Crashkurs über die Sprache, die Geschichte sowie Land und Leute Ihres Reiselandes zu absolvieren. Ein kurzes Studium vorab ist nicht nur praktisch, sondern inspiriert auch zum Träumen – stellen Sie sich vor, wie Sie (Fellini lässt grüßen!) am Trevi-Brunnen in Rom für Filmaufnahmen entdeckt werden oder in den Pariser Tuilerien als Model für Chanel!

Jackies Stiefbruder Hugh »Yusha« Auchincloss III. beschrieb die ehemalige First Lady einmal als »eine faszinierende Historikerin, mit der es eine Freude ist zu reisen« und fügte hinzu: »Jackies Erzählungen haben mich mehr gelehrt als meine Professoren in Yale.«

Jackies Studien begannen schon früh. Sie besuchte Französischkurse für Fortgeschrittene, bevor sie als junge Studentin an die Pariser Sorbonne ging. Dort wohnte sie nicht etwa in einer einfachen Studentenunterkunft, sondern suchte sich etwas Interessanteres: Sie logierte zur Untermiete bei einer »Gräfin« und deren Sprösslingen in der Avenue Mozart. Der Herr Graf war im Zweiten Weltkrieg gefallen, und der Service im Haus beschränkte sich auf kaltes Badewasser und lauwarmen Eintopf, kurzum: ein Szenario wie in einem Roman von Charles Dickens.

Die spartanische Umgebung bot Jackie allerdings sehr viel mehr als ein Leben auf dem Campus. Diese Erfahrung können Sie bei Ihrer nächsten Reise ebenfalls machen: Buchen Sie statt eines Hotels doch einfach mal ein möbliertes Fremdenzimmer, oder mieten Sie sich bei älteren Bekannten (oder

Bekannten von Bekannten) ein. Die Betonung liegt dabei auf »älteren«, da diese meist größere Häuser haben als jüngere Menschen und sich auch eher über Gesellschaft freuen.

Auf jeden Fall sollte Ihre Reise ein Sprung ins kalte Wasser sein – denn das erfrischt und hält munter. Der ehemalige stellvertretende Verteidigungsminister Roswell Gilpatric, der Jackie 1968 auf einer Reise auf die Halbinsel Yukatan begleitete, beschrieb seine Eindrücke wie folgt: »Für Jackie war es nicht genug, die Maya-Ruinen wie alle anderen Touristen tagsüber vom Auto aus zu betrachten. Sie bestand darauf, noch einmal nachts bei Mondschein zu den Ruinen hinzureiten und sich dem Gefühl hinzugeben, wie es hier wohl in der Vergangenheit ausgesehen haben mag. Einmal sprang sie sogar in voller Montur in einen Pool hinter den Ruinen.«

Suchen Sie sich Ihren »Kurschatten« sorgfältig aus

Jede Gondelfahrt, jede Bergwanderung und jedes Dinner unter dem Sternenzelt wird für immer in Ihr Gedächtnis (oder auf den Datenchip Ihrer Digitalkamera) eingebrannt sein. Da ist es wichtig, den passenden männlichen Begleiter an seiner Seite zu haben. Mit einer Freundin zu reisen, die ihren mehr oder weniger gerechten Anteil an Blicken auf sich zieht, ist ja noch einigermaßen erträglich. Aber hoch oben auf dem Eiffelturm einen falschen Mann zu küssen, womöglich noch einen Langweiler, ist ein nicht wiedergutzumachender Fauxpas.

Jackie ging auch dieses Problem wie üblich sehr pragmatisch an. Auf ihren Reisen rund um den Globus hatte sie oft einen Kavalier an ihrer Seite, und wenn nicht, dann besorgte sie sich einen vor Ort. Jeder der Herren war ein vollkommener Gentleman, geschmackvoll, gebildet und gut betucht – und in einem Fall neben einem makellosen Äußeren auch noch mit einem eigenen Helikopter gesegnet, mit dem er Jackie gerne mal einfliegen ließ.

Im November 1967 begleitete sie der britische Botschafter Lord Harlech auf eine halb politische, halb private Reise nach Kambodscha. Jackie hatte kein ausgesprochenes Interesse an ihrem Begleiter, was die Presse jedoch nicht davon abhielt, über die vermeintlichen Heiratspläne der beiden zu berichten. Die auf der Reise geschossenen Fotos zeigen eine zufriedene Jackie bei einer Ruinenbesichtigung, die ihr und ihrem gleichgesinnten Reisebegleiter offensichtlich viel Freude bereitete. Es versteht sich von selbst, dass sie auch dabei nicht auf eine vorteilhafte Garderobe verzichtete: Khaki-Shorts, frisch gebügelte weiße Bluse und Lederstiefeletten.

Vier Monate später besuchte sie die mexikanischen Ruinen erneut, diesmal mit dem verheirateten, deutlich älteren Roswell Gilpatric, den sie sehr anziehend fand.

Überhaupt waren Jackies Reisebegleiter nicht immer Singles. Sie waren auch nicht immer sexy. Aber sie passten immer perfekt ins Bild, denn sie waren zuvorkommend, fotogen und allesamt so neugierig und aufgeschlossen wie Jackie selbst. Oder anders ausgedrückt: Jackie wählte stets angenehme und freundliche Reisebegleiter, die keinen Schandfleck auf ihren Reiseerinnerungen hinterlassen würden.

Rühren Sie die Werbetrommel in eigener Sache

Die Flugtickets sind bestellt? Die Unterkunft ist gebucht? Gut, dann wird es jetzt Zeit, für den nötigen Wirbel um Ihre Ankunft am Zielort zu sorgen. Das ist ganz besonders wichtig, wenn Sie ein Land zum ersten Mal bereisen und dort womöglich noch entfernte Bekannte haben.

Informieren Sie Freunde und Kollegen vor Ort rechtzeitig per E-Mail über Ihre bevorstehende Ankunft. Weisen Sie gleich darauf hin, dass Sie extrem beschäftigt sein werden, aber natürlich alle unheimlich gerne treffen würden, sofern es sich zeitlich einrichten lässt. Melden Sie sich auf jeden Fall auch bei entfernten Verwandten, um sie so zu nötigen, Ihnen interessante Menschen vorzustellen und Veranstaltungstipps zu unterbreiten.

Am Zielort angekommen, sollten Sie dafür sorgen, dass weiterhin alle Blicke auf Sie gerichtet sind. Neues Land, neue Fans. Während ihrer Europatour im Jahr 1950 schickte Jackie ihrem glühenden Verehrer Demi Gates, dem Bruder einer Freundin vom Vassar College, immer wieder kleine, neckische Botschaften und forderte ihn heraus, ihr nachzureisen – während sie mit ihrem Stiefbruder Yusha Auchincloss gemütlich durch England und Schottland flanierte.

Lassen Sie keine Chance auf ein Abenteuer ungenutzt verstreichen

Die schönsten Reisen sind immer noch die spontanen – so spontan, dass man kaum Zeit zum Kofferpacken hat und noch schnell das für nachmittags versprochene Gassigehen mit dem Nachbarshund absagen muss. Eine solche Last-Minute-Entscheidung traf auch Jackie, als sie 1953 aus einer Laune heraus zur Krönung von Königin Elizabeth fuhr.

Das wahre Abenteuer beginnt allerdings erst mit der Ankunft, weshalb es von entscheidender Bedeutung ist, alle Einladungen zum Dinner, zu Drinks oder zu Kammerkonzerten erst einmal wohlwollend entgegenzunehmen. Die zu einer Spritztour im schnittigen Cabrio natürlich sowieso.

Egal ob verheiratet oder nicht – jede Frau sollte die Chance nutzen, in einem schicken Sportwagen mit ordentlich PS unter der Haube eine europäische Küstenstraße hinabzuflitzen oder an einem weitläufigen Spargelfeld in der österreichischen Provinz entlangzubrausen. Ein gutaussehender Mann am Steuer und Kleider, die sich als modisches Statement vom Wagen abheben, runden den Glamourtraum erst richtig ab.

Im Juni 1961 unternahm Jackie mit dem Kronprinzen Constantin eine Spritztour durch Griechenland, und als sie in sein blaues Mercedes-Cabrio einstieg, trug sie selbstverständlich ein tief orangefarbenes Kleid mit einem strahlend weißen Seidenschal. Denken Sie also bei Ihrer nächsten Cabrio-Tour daran, den Kopf in den Nacken zu werfen, aus vollem Herzen zu lachen – und Ihre Kopfbedeckung festzuhalten.

Reisen – auch hier gibt es solche und solche

Paläste mit neunhundert Zimmern und Villen an der Rhône zählten zu den üblichen Reisezielen für die Jetsetterin Jackie. Aber diese Art von »Protztouren«, wie sie den Elitetourismus nannte, sind lediglich dann cool, wenn sie sich mit bodenständigeren oder exotischeren Reisen die Waage halten.

Nur mit einer Bankbürgschaft von American Express (dem Pendant zur heutigen Platinkarte) bewaffnet, mieteten sich Jackie und ihre Schwester Lee in drittklassigen europäischen Hotels ein und versuchten, sich unbemerkt unters Volk zu mischen, wenn ihnen danach war. Dabei ließen sie sich klugerweise von Ortskundigen zeigen, wie man das meiste aus einem Urlaub jenseits der Protztouren herausholt.

»Die meisten Tage haben wir mit Fazzini verbracht«, schrieb Jackie in ihr später veröffentlichtes Tagebuch über den jungen Mann, mit dem sich die beiden Schwestern zu

Jackie-tastisch oder nicht?

- Hotels mit mehr als vierhundert Zimmern, Zimmerservice nur bis 22.00 Uhr und Geldautomat in der Lobby – nicht Jackie-tastisch.

- Hotels, die noch nie einen Diplomaten beherbergt haben – nicht Jackie-tastisch.

- Bettlaken, die nicht mindestens dreihundert DEN haben – nicht Jackie-tastisch.

- Kreuzfahrtschiffe, die von innen wie ein Einkaufszentrum aussehen und ein Kasino mit einarmigen Banditen an Bord haben – nicht Jackie-tastisch.

- Reiseziele, die zwölf Flugstunden entfernt sind und keinen Flohmarkt, Basar oder andere Quellen für einheimisches Kunsthandwerk bieten – nicht Jackie-tastisch.

- Parfüm- und Shampooproben im Bad, die den Namen des Hotels (Hilton) und keinen Markennamen (Bulgari) tragen – nicht Jackie-tastisch.

- Hotelpersonal, das Sie nicht spätestens beim dritten Betreten des Hotels mit Namen anspricht – nicht Jackie-tastisch.

unkonventionellen Abenteuern trafen, wenn sie nicht gerade die Boutiquen und Museen Roms durchstöberten oder durch die Stadt bummelten. Sie mochte Shoppingtouren genauso sehr wie die Zeit mit ihrem ortskundigen Freund und Fremdenführer, der die beiden zum Beispiel in ein »Café mit Bambusvorhängen« führte, oder in ein Atelier, »in dem er Lee in der einen Ecke zeigte, wie man Keramikschmuck herstellt, und in der anderen Bilder von mir malte«.

Auch mit einem kleinen Budget können Sie Jackies Protztouren für sich selbst ausrichten. In Paris ließ die Frau von JFK sich zum Beispiel gerne komplett zurechtmachen (Haare, Make-up und Kleidung), setzte sich dann rechts der Seine in die Bar des Ritz und mischte sich dort unter die Wohlhabenden, Exilanten und Adeligen.

Luxus pur kann auf Dauer allerdings auch ermüden. Als Jackie einmal die kleine griechische Insel Hydra besuchen wollte, bestand sie darauf, mit der Touristenfähre überzusetzen statt mit einem eigens gemieteten Boot zu fahren. Onassis' Sekretärin Kiki Feroudi Moutsatsos erinnerte sich später an die anderthalbstündige Schiffstour: »Jackie saß zum Meer gewandt in einem Liegestuhl und war glücklich in ihr Buch vertieft.«

Jackies Ge- und Verbote in Sachen Reisen

● **Tragen Sie auf Ihrem Passfoto ein auffallendes Schmuckstück,** das Ihrem Gesicht adelige Züge verleiht. Schon eine einfache Preziose wie eine auf tiefem Dekolleté getragene Perlenkette oder eine gut platzierte Anstecknadel im Retro-Chic wird jeden Zollbeamten dahinschmelzen lassen. Gleichzeitig drücken Sie dadurch unmissverständlich aus: »Das Upgrade auf die Erste Klasse können Sie ruhig *mir* geben und nicht der Dame da drüben!« Jackie trug auf einem ihrer frühen Passfotos eine Brosche in Form eines goldenen vierblättrigen Kleeblatts.

● **Planen Sie Ihr Outfit für den Flug im Voraus.** Wenn Sie während des Fluges die Erste Klasse betreten wollen, kleiden Sie sich am besten auch erstklassig. Tragen Sie knitterfreie Stoffe (zum Beispiel eine Kaschmir-Stretch-Mischung), um sich wohltuend von der Fraktion mit den T-Shirts mit lustigen Sprüchen darauf abzuheben. Gehen Sie immer davon aus, dass Ihnen zufällig ein Exfreund oder ein Chef in spe über den Weg laufen könnte. Jackie war sogar so gewissenhaft, sich nach dem Flug noch einmal umzuziehen, bevor sie die Maschine verließ.

● **Keine Angst vor Übergepäck.** Wenn eine Reise eine Armada von Gepäckstücken erfordert (so wie die zehn Koffer, die Jackie einmal bei einem viertägigen Shoppinganfall durch Manhattan schleppte), dann nehmen sie das Zeug eben mit, auch wenn es sich dabei um zehn Prada-Taschen und zwanzig Paar hochhackige Schuhe von Jimmy Choo handelt. Aufgrund der hohen Sicherheitsvorkehrungen am Flughafen sollten Sie allerdings ein paar Sachen besser per Overnight-Kurier vorab an Ihr Reiseziel schicken (und bei der Rückkehr entsprechend nach Hause). Denken Sie nicht an den Preis für das Übergepäck. Als Jackie von der Krönung der Queen mit Büchern und anderen Funden vollbeladen zurückkam, musste sie über einhundert Dollar für das Übergepäck zahlen, was nach heutigem Standard in etwa 300 Euro entspricht.

● **Unterstützen Sie die ortsansässigen Händler.** Durchstöbern Sie alle Boutiquen in ihrem Reiseland, und zwar speziell nach Kleidungsstücken (am besten maßgeschneiderten), nach denen sich Ihre Freundinnen zu Hause vergebens die Finger wundsuchen werden. Jackie ließ sich von der Boutiquen-Inhaberin Roula Strathis in Athen stets Röcke und Blusen nach Maß schneidern.

● **Bringen Sie als Souvenir immer auch ein paar neue Tanzschritte mit.** So wie Jackie von ihrem Trip nach Marrakesch: Kaum ins Weiße Haus zurückgekehrt, versammelte sie ihre Freunde um sich und präsentierte ihnen ihre neuen Fähigkeiten im Bauchtanz.

● **Schmeicheln Sie sich ruhig bei Menschen mit eigenem Fuhrpark ein.** Jackie war immer ein gern gesehener Gast bei Menschen mit privaten Yachten, Jets oder Hubschraubern. Sie kommen übrigens am ehesten zu Ihrem Freifahrtschein, wenn Sie Flugstunden nehmen. Dabei treffen Sie nämlich a) auf Fluglehrer, die die großen Vögel hauptberuflich fliegen, und b) auf junge Piloten, die vermutlich schon auf ihre erste Piper sparen. Wenn Sie Boote bevorzugen, dann geben Sie sich eben als Journalistin für ein nautisches Fachblatt aus, und schmuggeln Sie sich so an Bord einer vor Anker liegenden Yacht.

Privat, privater, privatissime

Jackie war ihre Privatsphäre so wichtig wie vermutlich nur wenigen anderen Menschen. Tagtäglich musste sie gleichzeitig Houdini, die Garbo und ein CIA-Agent sein, um ihre Anonymität zu wahren. Insbesondere nach ihrer Zeit im Weißen Haus war der Rückzug ins Privatleben unabdingbar für ihr Seelenheil und die Sicherheit ihrer Familie. Blicken Sie doch einmal kurz aus dem Fenster. Wenn sich davor kein Schwarm von Paparazzi tummelt, können Sie sich glücklich schätzen. Doch selbst für Otto Normalverbraucher wird es heute zunehmend schwieriger, anonym zu bleiben – Spam-Mails, Instant Messengers und Internet-Chatrooms kratzen auch an unserer Privatsphäre. Achten Sie deshalb darauf, dass Sie immer genug Luft zum Atmen haben.

● **Andere durch Niederstarren zum Erstarren bringen.** Nichts sagt so deutlich »Lass mich in Ruhe!« wie eine versteinerte Miene. Kein ärgerliches Augenfunkeln, kein böser Blick – Jackies Fahr-zur-Hölle-Gesichtsausdruck war vollkommen frei von Emotionen. Durch das bloße Nichtbeachten Ihres Gegenübers machen Sie diesem mehr als deutlich, dass er Ihnen doch bitte aus der Sonne gehen möge.

Doch was, wenn selbst das nicht wirkt?

● **Runter mit den Rollos!** Jackies bevorzugte Barriere war ihre überdimensionale Sonnenbrille, die sie in den Sechzigern populär machte. Stellen Sie bei der Wahl Ihres Modells unbedingt sicher, dass es mindestens ein Drittel des Gesichts verdeckt. Weitere effektive Schutzmechanismen waren die meterhohen Gebüsche um ihr Haus, Bodyguards und einstweilige Verfügungen. Sollten Sie auf der Suche nach zivilisiert(er)en Methoden sein: Kopfhörer (die großen, keine

Walkmanstöpsel) halten Passanten auf der Straße effektiv davon ab, Sie anzusprechen, ein paar gut platzierte Schlaglöcher in Ihrer Auffahrt machen einen Vorstoß zu Ihrem Haus zur Geduldsprobe, und ein sehr großer Hund mit extrem scharfen Zähnen sagt mehr als tausend Worte.

● **Seien Sie ver-kleidet und ver-stimmt.** Die moderne Rufnummernanzeige hält uns die meisten unerwünschten Anrufer vom Leib. Sollten Sie trotzdem reflexartig abnehmen oder Ihr Exfreund eine neue Nummer haben, macht sich eine verstellte Stimme bezahlt. Üben Sie für Notfälle also schon mal Ihren falschen Namen und den dazu passenden Dialekt ein.

Außerdem sollten Sie sich unbedingt eine Verkleidung für den Notfall bereitlegen. Als Jackie in New York auf Wohnungssuche war, schob sie ihre Freundin Nancy Tuckerman als wohlhabende Kaufinteressentin vor und begleitete sie inkognito als ihre britische Nanny.

● **Lassen Sie Ihre Familie einen »Nicht-Offenbarungseid« leisten.** Wenn Sie es mit Ihrer Privatsphäre ganz genau nehmen wollen, müssen Sie auch Freunde und Familienmitglieder darauf einschwören, dass sie möglichst nichts von Ihnen preisgeben. Jackie war in dieser Beziehung sehr strikt und brach mit allen, die in ihren Augen gegen dieses eherne Gesetz verstießen. Selbst in ihrem Testament ermahnte sie ihre Kinder zur Verschwiegenheit über ihr Privatleben. Die Risiken und Nebenwirkungen dabei: Einen Angehörigen zur absoluten Diskretion zu verpflichten kann genau den gegenteiligen Effekt erzielen. Tja, der Mensch ist nun mal schwach ...

● **Computer sind auch nur Menschen.** Vorsicht vor Familiencomputern mit mehreren Nutzern. Vielleicht macht sich Ihr Gatte ja gelegentlich einen Spaß daraus, sich in Ihr Profil einzuloggen. Aber hat er da wirklich etwas zu suchen? Jackie war so vorsichtig mit den Einzelheiten ihres Lebens, dass sie bekanntermaßen keine Memoiren hinterlassen hat. Dennoch musste sie auf schmerzliche Weise erfahren, dass auch private Briefe ihren Weg in die Öffentlichkeit finden können (einige ihrer Briefe wurden sogar versteigert). E-Mails und Word-Dateien sind für uns längst Alltag. Sorgen Sie also dafür, dass Privates privat bleibt und nicht in die Hände Ihres Gatten, Chefs oder wessen auch immer gelangt, weil er gerade die Maus Ihres PCs in der Hand hat. Außerdem sollten Sie besonders delikate Dokumente mit einem Passwort schützen.

● **Der mit dem Reißwolf tanzt.** Ein Aktenvernichter ist hervorragend dazu geeignet, alle sensiblen Dokumente unlesbar zu machen. Liebesbriefe und höchst private Schriftstücke sollten Sie dennoch besser ins Feuer werfen, bevor Unbefugte neugierige Blicke darauf werfen können. Schließlich ist ein loderndes Feuer eine angemessene Ruhestätte für heiße Liebesschwüre. Jackie machte von dieser romantischen Technik in späteren Jahren gerne und häufig Gebrauch.

● **Gönnen Sie sich genügend Zeit für sich.** Die sicherste und gleichzeitig Jackie am ähnlichste Methode, sich Zeit für sich selbst zu nehmen, ist, sich ein möglichst zeitaufwändiges Hobby zu suchen. Teilen Sie allen Freunden, Kollegen und Verwandten mit, dass Ihr Seelenheil und der Erhalt Ihrer geistigen Gesundheit vom Stricken, Reiten oder wovon

247

auch immer abhängt. Probieren Sie es ruhig einmal aus. Sätze wie »Ich muss noch meinen Wallach bewegen« oder »Ich wollte noch diesen Überwurf fertig klöppeln« stoßen gleich auf viel mehr Verständnis als »Ich gehe dann mal shoppen!«. Wer sollte es Ihnen verdenken, dass Sie zwischen zwei Klöppeleinheiten auch mal kurz Garn nachkaufen müssen? Sollte Ihnen tatsächlich mal alles über den Kopf wachsen, dann scheuen Sie sich nicht vor kleinen Notlügen. Jackie war alles recht, um einer langweiligen Sitzung im Weißen Haus zu entkommen, und für eine kleine simulierte Unpässlichkeit war sie sich nie zu schade.

● **Jackie allein zu Haus.** Manchmal kommt man auch unverhofft und ohne Notlügen zu genügend Freizeit. Lassen Sie sich nicht davon aus der Bahn werfen, wenn Sie einmal ohne eigenes Zutun *tout seul* sind – vielleicht, weil Sie zwischen Lover Nr. X und Lover Nr. Y eine kleine Singlepause einlegen oder der Tisch nur für eine Person gedeckt ist. Genießen Sie die geschenkten Stunden alleine. Jackie lebte schon als Kind eher zurückgezogen und hatte kein Problem damit, allein zu essen, zu malen oder zu reisen. Sie sagte von sich selbst: »Am glücklichsten bin ich, wenn ich allein bin.« Eine Frau, die allein eine Ausstellung besucht oder in die Oper geht, hat etwas Reizvolles und Verführerisches an sich.

Die himmlische Jackie und ihre Sterne

Was verraten uns die Sterne über die schillernde Persönlichkeit der Jackie O.? Wir haben die Starastrologin Margret Fitzgerald aus Los Angeles gebeten, Jackies Sternenkonstellation einmal für uns zu analysieren.

Jaqueline Kennedy Onassis wurde am 28. Juli 1929 um 14.30 Uhr in Southampton, New York, geboren. Zu diesem Zeitpunkt befand sich die Sonne im Sternzeichen des Löwen im neunten Haus (dem Haus der Wahrheit) mit Aszendent Skorpion. Löwen lieben es, im Rampenlicht zu stehen. So verlangte auch der Löwe in Jackie stets nach Aufmerksamkeit und drängte sie ins Licht der Öffentlichkeit.

Ihr Aszendent Skorpion hingegen stattete sie mit einem geheimnisvollen, sinnlichen und leidenschaftlichen Kern unter all dem Glamour aus. Ihr wahres Ich zeigte sie nur den wenigen Menschen, denen sie vertraute. Der Skorpion in ihr (ein Wasserzeichen) unterstützte ihre sensible Seite und weckte ihre Beschützerinstinkte. Der Skorpion wird auch immer mit der Anhäufung von Geld (hauptsächlich das anderer Menschen) und Reichtum in Verbindung gebracht. Die Wahl ihrer wohlhabenden Partner spricht Bände: Kennedy, Onassis und Tempelsman waren allesamt außerordentlich gut betucht.

Jackies Mond (der für die Herzensangelegenheiten zuständig ist) stand bei ihrer Geburt im Sternbild des Widder im fünften Haus, das auch über die Kinder wacht. Ihr Schicksal war es demnach, das Rampenlicht mit ihren Kindern zu teilen. Wie üblich machte Jackie einen gelungenen Spagat zwischen ihrem öffentlichen und ihrem privaten Leben und lehrte dabei ihre Kinder, es ihr gleichzutun. Der Einfluss des Mondes im fünften Haus (zuständig für Kreativität) und gleichzeitig im sechsten Haus (zuständig für das tägliche Leben) sollte sie zu einer starken Mutter werden lassen.

✳ *Persönlichkeit.* Der für Glamour und Geheimnisse stehende Neptun befindet sich in Jackies Sternenkonstellation in der Himmelsmitte – ein Zeichen für ihren starken Drang, in der Öffentlichkeit stehen und der Welt ihren Stempel aufdrücken zu wollen. Dies ist einer der zentralen astrologischen Aspekte, die für Jackies mystische Aura verantwortlich waren. Wenn man sich vor Augen führt, dass der Schütze im Zenit im zweiten Haus (dem Haus der Werte) mit Stier als Deszendenten stand (was ihre Suche nach Bodenständigkeit und Verlässlichkeit in ihren Partnern repräsentiert), mag es verwundern, dass ihre Ehe mit JFK sie solche Mühe kostete. Diese erklärt sich aber dadurch, dass sich ihr Sonnen- und Mondknoten (denen in Beziehungsfragen karmische Bedeutung zukommt) mit ihrem Aszendenten und Deszendenten im Einklang befanden. Kein Wunder also, dass sie in die vermeintliche Stabilität und Geborgenheit ihrer zweiten Ehe flüchtete.

✳ *Liebe.* Venus im Sternzeichen Zwillinge würde normalerweise dafür sprechen, dass Jackie sich leicht um den Finger wickeln ließ, wenn man sie nur mit den richtigen Worten umgarnte. Gleichzeitig war sie aber eine wahre Meisterin der Verführungskunst und beherrschte auch die Macht der Worte. Wenn man bedenkt, dass Pluto (zuständig für Autorität) in Jackies Sternenkonstellation im achten Haus steht, überrascht Jackies Hang zu prominenten Ehemännern nicht. Außerdem stehen Venus und Jupiter im kokett verspielten Sternbild der Zwillinge im siebten Haus der Beziehungen, gepaart mit dem starken Einfluss des im Sechzig-Grad-Winkel dazu im fünften Haus der Liebe residierenden Uranus, was ihr die Untreue als relativ feste Konstante in ihrem Liebesleben bescherte.

✳ *Reichtum.* Saturn im zweiten Haus des Besitzes kann für einen lang anhaltenden Geldsegen stehen. In Jackies konkretem Fall deutet er außerdem auf die enorme Last und die Herausforderungen hin, die damit verbunden sind. Saturn retrograd im Schützen zeigt, dass sie in einigen Aspekten sehr praktisch, in anderen wiederum sehr verschwenderisch veranlagt war. Vermutlich hatte sie aber klare Grenzen, wann welche Ausgaben noch im Bereich des Vertretbaren lagen. Ihre Saturnstellung spricht auch für ihre Wertschätzung von Moral, Wahrheit und Wissen.

✳ *Gesundheit.* Chiron (in der Astrologie ein Aspekt, der unsere wunden Punkte beschreibt) steht im Stier im sechsten Haus (körperlicher Zustand). Jackies Sternenkonstellation würde normalerweise für einen eher schwachen Allgemeinzustand und eine nicht sehr ausgeprägte Stressresistenz bei großen körperlichen Anstrengungen (gerade in ihrem öffentlichen Leben) sprechen. Ihr Widdermond im sechsten Haus der täglichen Verrichtungen zeigt jedoch, dass sie jeden Tag aufs Neue die Energie entwickelte, sich den täglichen Herausforderungen zu stellen – zumindest solange sie an ihnen auch nur einigermaßen Gefallen finden konnte.

✳ *Berufliche Karriere.* Mars (zuständig für Arbeit und Beruf) steht in der Jungfrau (dem Zeichen der Details) im zehnten Haus des Berufslebens, was Jackie für eine Karriere im Verlagswesen prädestinierte. Mars stand im Trigonalaspekt zur Stierenergie ihres sechsten Hauses der täglichen Verrichtungen. Oder einfacher ausgedrückt: Arbeit war für Jackie stets die beste Medizin. Löwe und Jungfrau standen kurz vor dem Zenith ihres zehnten Hauses. Dadurch konnte sie sowohl auf die starke kreative Energie des Löwen zurückgreifen als auch auf die Motivation zur Umsetzung dieser kreativen Energie durch die Konstellation von Mars im Sternbild der detailverliebten Jungfrau. Nur so lässt sich ihre beeindruckende Schaffensperiode bei Doubleday erklären.

Würde *Jackie* …

… sich heimlich in die Erste Klasse schleichen?

Aber klar doch, die entsprach ihr ja auch viel eher – und das wird bei Ihnen ähnlich sein. Das werden Sie spätestens dann erkennen, wenn Sie den Vorhang oder die Tür öffnen, der oder die Sie von der Kaste mit den Gepäckstücken samt graviertem Monogramm trennt. Hier ist ein wagemutiger Vorstoß gefragt, also verhalten Sie sich einfach so, als würden Sie hierhergehören. Die besten Chancen zum Klassenwechsel haben Sie übrigens auf internationalen Flügen, wo die größere Kabine mehr Verstecke bietet und eine weltgewandte Crew Ihren Mumm eventuell eher bewundert und Sie gewähren lässt.

Auf der *Queen Elizabeth* schlüpften die junge Jackie und Lee regelmäßig von der dritten in die erste Klasse. Bestimmt taten sie es in erster Linie aus Spaß, aber das Manöver verschaffte ihnen auch Zugang zu besserem Essen und einer größeren Getränkeauswahl – von den begehrteren Tanzpartnern mal ganz zu schweigen.

… sich Hörbücher anhören?

Zwar würde sie es sicher vorziehen, Literatur auf die althergebrachte Weise zu genießen, aber bei bestimmten Titeln und unter besonderen Umständen würde sie sicher eine Ausnahme machen. Zum Beispiel würde es ihr zweifellos gefallen, der verträumten Stimme ihres Freundes Bill Clinton beim Vorlesen seiner Autobiografie zu lauschen, während sie mit ihrem BMW über den Highway braust. Wenn ihr ein Buch gefiele, würde sie ohnehin ihre Bibliothek um eine Hardcoverausgabe bereichern.

… ins Kino heimlich Essen einschleusen?

Natürlich – schließlich besteht beim Filmegucken der halbe Spaß darin, von einer Scheibe selbstgebackenem Brot zu naschen. Jackie machte sich einen Spaß daraus, auch mal mehr als nur einen Snack ins Kino zu schmuggeln und brachte schon mal ganze Picknickkörbe mit. Wieso sollte man in einer Zeit, in der Kinokarten kostspielig sind und dem Zuschauer endlose Werbeblöcke und Vorschauen aufgezwungen werden, auch noch die überteuerte Nachos und Popcorn in Kauf nehmen? Solange Ihre Snacks also nicht extrem geruchsintensiv sind und Sie nach dem Abspann brav aufräumen   tun Sie sich keinen Zwang an.

7. Kapitel

Karrierekick

Kostbare Tipps zum Aufsteigen

*»Nur Menschen, die selbst arbeiten, wissen
die Arbeit von anderen zu schätzen.«*
JACQUELINE BOUVIER KENNEDY ONASSIS

Sind Sie in Ihrem Job noch eine blutige Anfängerin
und klettern gerade erst die ersten Stufen der schier
endlos erscheinenden Karriereleiter hinauf? So war es
auch bei Jackie mal. Oder sind Sie schon am oberen Ende der
Leiter angekommen und haben daneben noch eine aufregen-
de Freizeitgestaltung (z. B. Ausritte auf Elefanten)? Auch das
kannte Jackie. Oder planen Sie den Einstieg ins Berufsleben
gar erst für später? Auch da war Jackie schon vor Ihnen da.

Aus Jackies reichhaltigem Erfahrungsschatz als Naturta-
lent im Berufsleben (allein und in der Gruppe) können Sie
viel lernen. Auch bevor sie im Alter von sechsundvierzig Jahren nach einer Reihe von Umwegen ihre Karriere als Redakteurin begann, war sie nicht faul. Sie verband kurzfristige
Planungen mit langfristigen Visionen und motivierte nebenbei auch noch ihr Umfeld. Außerdem akquirierte sie bei jeder günstigen Gelegenheit Mentoren und sammelte Kontakte wie andere Leute Briefmarken.

Wie Sie Ihre Pumps in jede Tür bekommen

Regel Nr. 1:
Leidenschaft, die kein Leiden schafft

Bleiben Sie bei dem, was Sie interessiert, und scheuen Sie sich nicht, eine Passion zur Profession zu machen. Jackie war immer eine Büchernärrin und hatte schon vor ihrem zwölften Geburtstag sämtliche Kurzgeschichten von Anton Tschechow verschlungen. Später unterstützte sie JFK beim Verfassen seines Buches *Profiles in Courage* und redigierte zwei ihrer eigenen Biografien, nämlich diejenigen von Mary (»Molly«) Van Rensselaer Thayer, höchstpersönlich. Molly gab ihr damals das Manuskript zur Begutachtung, und Jackie kümmerte sich eigenhändig um einen Verlag. Im Jahr 1974 veröffentlichte Lee das Reisetagebuch, das sie und Jackie während ihrer Europareise 1951 geführt hatten.

Als Jackie sich schließlich 1975 mit dem damaligen Verleger von Viking Thomas Guinzburg zusammensetzte, um ihre Zukunft als Lektorin zu besprechen, hatte dieser Bereich also schon einen Großteil ihres Lebens bestimmt. Alles in allem wollte Jackie jedoch niemals auf der Stelle treten und erfand sich immer wieder neu. Probieren Sie es ruhig auch einmal! Das schwindende öffentliche Interesse an Jackie während ihrer Beziehung mit Onassis entfachte sie durch ihre Redakteurinnenkarriere neu, und schon liebte die Öffentlichkeit sie wieder. Sie selbst beschrieb das im März 1979 in der Zeitschrift *Ms.* so: »Man muss in einem Bereich arbeiten, der einem Spaß macht. Das ist eine der Definitionen von Glück. ›Der kompromisslose Einsatz der eigenen Fähigkeiten, die das Leben dergestalt bereichern, dass sie sich voll darin entfalten können.‹«

Glauben Sie, Sie wären eine gute Antiquitätenhändlerin? Versteigern Sie doch ein paar alte Stücke bei eBay, oder mieten Sie einen Stand beim nächsten Flohmarkt, um zu sehen, ob es Ihnen liegt. Verspüren Sie vielleicht den Drang, in der Produktentwicklung zu arbeiten, während Sie seit Jahren unglücklich im Verkauf angesiedelt sind? Freunden Sie sich mit den kreativen Köpfen in Ihrer Firma an, oder aktivieren Sie alte Studienkontakte, um auch mal mit Führungskräften außerhalb Ihres Büros in Kontakt zu treten. Wenn Sie sich dabei geschickt anstellen (und die goldenen Regeln aus dem Kapitel »Anmut im Alltag« beherzigen), kann Ihnen das spannende neue Wege eröffnen oder sogar einen Mentor bescheren.

Jackie schätzte ihre Fähigkeiten immer sehr realistisch ein. Sie liebte das Ballett, aber es wäre ihr nicht im Traum eingefallen, beim American Ballet Theatre an die Tür zu klopfen und zu fragen, ob noch eine Stelle als Primaballerina frei sei.

Regel Nr. 2:
Ich sehe was, was du nicht siehst

Seien Sie mal ganz unbescheiden, und bitten Sie Ihre Freunde und Familienangehörigen, Ihre – ja, Ihre! – Stärken aufzuschreiben. Das ist absolut keine Selbstbeweihräucherung (oder Selbstzerstörung), sondern eine praktikable Analysehilfe. Wenn drei Befragte Ihren gekonnten Umgang mit Menschen als Ihre große Stärke ansehen, Sie aber in einem Einzelbüro Ihr Dasein fristen, wird es Zeit, etwas an Ihrer Situation zu ändern. Als Letitia Baldrige Jackie bei einem gemeinsamen Mittagessen riet, doch mal in der Verlagsbranche auf Jobsuche zu gehen, war sie zunächst überrascht, schließlich hatte sie damit hatte keine Erfahrung. Aber Letitia schätzte sie ganz richtig ein: als überzeugte Büchernärrin mit großem Organisationstalent.

Regel Nr. 3:
Unerfahren heißt nicht ungeeignet

Natürlich sollten Sie auf die Frage, ob Sie für Ihren Traumjob qualifiziert sind, keine Märchen erzählen. Aber wenn Sie einen Job wirklich wollen, für den Sie nicht alle notwendigen Fähigkeiten besitzen, und Sie sich diese Fähigkeiten in kurzer Zeit aneignen können, dann schlagen Sie trotzdem zu! Dass Sie alle Voraussetzungen für den Job erfüllen, ist dann kein Märchen mehr, sondern eine Zukunftsprognose. Diese logische Schlussfolgerung wird auch Jackie bei ihrem Vorstellungsgespräch als Fotojournalistin beim *Washington Herald* gezogen haben. Als ihr zukünftiger Chef sie fragte, ob sie mit einer sogenannten Speed-Graphic-Kamera, der damals am meisten benutzten Pressekamera, umgehen könne, nickte sie, kramte schnell all ihr Wissen über Fotografie hervor und machte später einen Crashkurs bei einem der *Herald*-Journalisten. Auch ihre Tätigkeit bei Viking begann sie ohne offizielle Vorkenntnisse und eignete sich ihre Fähigkeiten erst vor Ort an. Sie selbst schlug vor, ihr Tätigkeitsfeld als »Auszubildende im Einsatz« zu bezeichnen.

Regel Nr. 4:
Verbinde die Punkte

Halten Sie im Familien- und Freundeskreis nach Kontakten in Ihrem Wunschberuf Ausschau, und zögern Sie nicht, diese Kontakte zu nutzen. Haben Sie keine Angst: Vetternwirtschaft und Vitamin B sind seit den achtziger Jahren längst keine Schimpfwörter mehr. Sie werden die Vorteile gleich zu Beginn Ihrer neuen Tätigkeit kennen- und schätzen lernen. Nutzen Sie jede Gelegenheit, die sich Ihnen bietet.

Jackie hatte die Kunst perfektioniert, mit ihren abgekauten Fingernägeln in Windeseile ihre Karteikarten nach wichtigen Kontakten um drei Ecken (schlimmstenfalls auch vier oder fünf) zu durchstöbern. So überredete sie beispielsweise ihren Stiefvater Hugh Auchincloss, seinen Freund Arthur Krock (seines Zeichens Chefredakteur des Regionalbüros Washington der *New York Times*) anzurufen und ihn zu bitten, sich mit Frank Waldrop (Redakteur beim *Washington Times-Herald*) in Verbindung zu setzen, damit dieser ihr eine Stelle verschaffen könnte. Klugerweise nahm sie den ihr angebotenen Job als Inquiring Camera Girl an, auch wenn die Arbeit zunächst nur aus winzig kleinen Kolumnen für die Zeitung bestand. Aber sie hatte den Fuß in der Tür und war sich sicher, von dieser Position aus bald interessantere journalistische Herausforderungen annehmen zu können.

Ähnlich verlief es im Anschluss an das Mittagessen mit Letitia, nachdem Jackie überzeugt war, dass ein Job im Verlag genau das Richtige für sie war. Sie bat Letitia, Kontakt zu Guinzburg aufzunehmen, um ihn für die Idee zu begeistern. Der Verleger und Jackie kannten sich schon aus der Zeit vor JFK, beste Voraussetzungen waren also schon vorhanden.

Regel Nr. 5:
Besser spät als nie

Heutzutage ist es für eine Fünfzigjährige nicht viel schwerer, sich beruflich noch einmal neu zu orientieren, als für eine Dreißigjährige. Das war zu Jackies Zeit noch entschieden anders. »Jackie leistete Pionierarbeit für die Unabhängigkeit der Frau und ihr Recht auf freie Entfaltung, statt sich wie zuvor immer nur den gesellschaftlichen Zwängen unterzuordnen«, sagt Faye Wattleton, die Leiterin des Center for Advancement of Women. »Durch ihre Entscheidung, in nicht mehr ganz jungen Jahren den Schritt in die Verlagsbranche zu wagen, löste sie sich von den Fesseln, die wir alle ihr angelegt hatten.«

Wahrscheinlich ist es sogar so, dass die paar Extrakilometer auf dem Lebenstachometer einer Frau zu mehr Glaubwürdigkeit verhelfen, um sich auf einem neuen Gebiet beweisen zu können – auch wenn die neuen Kollegen vielleicht anfangs skeptisch oder sogar ablehnend reagieren. Halten Sie durch, und entwickeln Sie mehrere Abwehrstrategien. Jackie war sich bewusst, dass sie aufgrund ihres Namens ebenso wie aufgrund ihres Alters Aufsehen erregte, aber dem konnte sie erfolgreich die Stirn bieten. »Es ist ja nicht so, dass ich in meinem Leben noch nichts Aufregendes getan hätte«, vertraute sie einer Freundin an. »Ich habe schon als Reporterin gearbeitet und wichtige Epochen der amerikanischen Geschichte selbst erlebt. Ich bin nicht gerade die schlechteste Kandidatin für diesen Job!« Um ihre Aussage zu unterstreichen, besuchte sie jede einzelne Redaktionssitzung – egal ob es um ein Brainstorming oder die Finanzen ging – und brachte sich stets in die Diskussion ein.

Regel Nr. 6:
Für Geld und gute Worte

Egal ob Sie das Geld brauchen oder nicht: Ein ordentliches Gehalt bedeutet auch immer eine Auszeichnung vom Chef. Bis zu einem gewissen Grad sind alle Gehälter verhandelbar, üben Sie daher rechtzeitig vorher Ihr Verhandlungsgeschick.

Vernachlässigen Sie dabei allerdings nicht den Wert einer wohlklingenden Berufsbezeichnung, schließlich steht und fällt mit Ihrer Jobbeschreibung der Eindruck, den andere von Ihnen bekommen – und »andere« schließt durchaus auch zukünftige Vorgesetzte ein.

Jackies Einstiegsgehalt bei Viking waren gerade mal 10 000 Dollar jährlich, aber ihre Berufsbezeichnung als »Beratende Redakteurin« klang nach deutlich mehr. »Ich erklärte ihr, dass man sich darunter alles vorstellen könne, was man wollte«, berichtet Guinzburg. »Die Bezeichnung passt auf jemanden, der keine festen Arbeitsabläufe oder Projekte hier im Haus und auch keine vorgeschriebenen Bürozeiten hat. Perfekt für jemanden, der in der Akquise tätig ist.«

Selbst bei ihrem nächsten Verlagsjob bei Doubleday, wo sie über sechzehn Jahre lang Dutzende von Buchprojekten begleitete, begann Jackie mit einem Gehalt von lediglich 20 000 Dollar jährlich und kam nie in den sechsstelligen Bereich. Aber ihre letzte Stellenbeschreibung war die einer »Chefredakteurin« – und das klang schon eher nach einem aktiven, aufregenden Job.

―――

»Eine schöne und kluge Frau wie Jackie hat in der heutigen Businesswelt viele Vorteile. Was allerdings an ihrer Karriere im Verlagswesen fasziniert, ist die Tatsache, dass sie nie die Chefin war. Sie arbeitete, weil sie Bücher und ihre Entstehung liebte. Anderswo hätte sie Königin sein können, aber das wollte sie nicht.«

STANLEY BING,
Mediendirektor, Autor und Kolumnist für »Fortune«

―――

Ladies first: die First Lady

Im täglichen Leben wenden wir oft mehr Fähigkeiten und Kenntnisse an, als uns bewusst ist. Wenn man knapp und präzise zusammenfassen will, wie Jackie den Ostflügel des Weißen Hauses in ihrer Zeit als First Lady führte, dann so: Sie war eine Businessfrau aus den Oberen Zehntausend im Ballkleid. Mit eiserner Hand führte sie die unter ihrer Ägide stehenden Bereiche Marketing, Kundenservice und Management. Tausende von Briefen aus aller Welt warteten auf Antwort, ausländische Delegationen wollten bewirtet und unterhalten werden, Nah- und Fernreisen standen regelmäßig auf dem Programm, die Buchhaltung musste überwacht werden – und aus dem oberen Stockwerk hörte man währenddessen das Krakeelen der Kinder in der hauseigenen Schule. Jackie war also nicht weniger als die Generaldirektorin des Ostflügels.

Während ihrer Zeit im Weißen Haus bekleidete sie allerdings auch noch zahlreiche weitere Funktionen:

Stellvertretende Leiterin der Personalabteilung. Egal wie gut man ist, allein kommt man nicht weit im Leben. Also pickt man sich Angestellte heraus, die einen unterstützen können. Jackie erhielt von ihren Mitarbeitern großes Lob für ihre Qualitäten als Managerin. »Es lag ihr im Blut«, so Letitia Baldrige. »Sie konnte gut delegieren. Jede Aufgabe musste sofort und perfekt erledigt werden. Und sie erkannte, wenn jemand Einfluss hatte, so wie J. B. West, der damalige Majordomus des Weißen Hauses. Diesen Einfluss nutzte sie für sich, bedankte sich dafür und informierte alle über die freundliche Unterstützung.«

Leiterin des operativen Geschäfts. Multitasking in Perfektion heißt, verschiedene Aufgaben in der Reihenfolge ihrer Bedeutung zu gewichten, ohne dabei die Details aus den Augen zu verlieren. Jackie überwachte die täglichen Verrichtungen im Weißen Haus mit großer Gelassenheit, und zwar von der Tischordnung bei Dinnerpartys über Vortragsveranstaltungen bis hin zu den Ausgaben der Küche für Spargel. Gemeinsam mit Baldrige entwickelte sie ein Ordnungssystem, bei dem die wichtigsten Angelegenheiten in eine Kladde mit der Aufschrift »Oberste Priorität« wanderten. Um diese Angelegenheiten kümmerte sich Jackie in aller Regel innerhalb von zwei Stunden. Weniger dringliche Anfragen – Einzel- oder Doppelbett bei der nächsten Reise? – kamen in einen Schnellhefter und wurden innerhalb von zwei Tagen bearbeitet.

Generalschatzmeisterin. Keine Angst vor Zahlenkolonnen: Je besser man seine Finanzen kennt, desto besser kann man mit ihnen umgehen. Krempeln Sie daher die Ärmel hoch, nehmen Sie einen Taschenrechner (oder eine Computermaus) zur Hand, und legen Sie los! Zwar bezahlte Jackies geliebter Schwiegervater Joe Kennedy ihre sündhaft teure Garderobe, aber alle anderen Ausgabenposten im Weißen Haus mussten sie und ihre Mitarbeiter selbst verwalten. Die privaten Bewirtungskosten der Kennedys mussten fein säuberlich von den offiziellen Ausgaben im Dienste des Staates getrennt werden. Jackie war darüber hinaus für das Renovierungsbudget des Weißen Hauses zuständig, ein Bereich, der selbst Finanzmathematiker zur Verzweiflung gebracht hätte.

Chefdesignerin. Interne Querelen und Auseinandersetzungen über Detailfragen sollten nicht dazu führen, dass Sie Ihre langfristigen Ziele aus den Augen verlieren. Nehmen Sie das Zepter in die Hand, und zeigen Sie Ihrem Team, wo es langgeht. Während der Renovierung des Weißen Hauses war Sister Parish so ungehalten über die stetig zunehmenden Übergriffe ihres direkten Konkurrenten im Dekobereich, Stéphane Boudin, dass sie drauf und dran war zu kündigen. Jackie stiftete Frieden, indem sie Stéphane den neuen Vorhangstoff auswählen ließ, die fertigen Vorhänge dann aber nach den Vorgaben von Sister Parish aufhängte (die deutlich weniger Stoff veranschlagt hatte als Stéphane).

PR-Chefin. Auch das bestorganisierte Schiff kann mal auf Grund laufen. Zaubern Sie in dem Fall Ihre zwischenmenschlichen Fähigkeiten hervor, und glätten Sie die Wogen. Wenn das alles nichts hilft, schieben Sie es auf die Angestellten (aber nennen Sie keine Namen). Wenn Jackie mitbekam, dass ihr Team Unsinn produziert hatte, machte sie sich persönlich daran, die Situation wieder zu bereinigen. Als der Literaturkritiker Lionel Trilling ihr einmal D. H. Lawrences Romanepos *Der Regenbogen* übersandte und als Antwort einen Dankesbrief für die Übersendung einer *Kurzgeschichtensammlung* erhielt, schickte Jackie sogleich einen weiteren Brief hinterher: »Sehr geehrter Mr Trilling, Sie sind nicht der Erste, der einen Dankesbrief für etwas bekommt, was er mir gar nicht geschickt hat. Bedanken Sie sich bei der Schlangengrube, aus der Sie den Brief erhalten haben und die sich mein Schreibbüro schimpft …«

Wie man anmutig die Karriereleiter hinauffällt

Wenn Sie sich in Ihrem neuen Job erst mal zurechtgefunden haben, beobachten Sie einmal Ihre Kollegen, und finden Sie heraus, wer die Lorbeeren einheimst und wer nicht – und wofür. Auch wenn eigentlich kein Büro wie das andere ist, gibt es doch ein paar universelle Gemeinsamkeiten, die auf alle Betriebe zutreffen.

● **Nieder mit der Diva.** Auch wenn in Ihrem Arbeitsvertrag nichts von »Terminkalender regelmäßig aktualisieren« oder »Kopierraum aufräumen« steht – tun Sie es trotzdem. Natürlich nur, wenn Ihre Kollegen Sie dabei beobachten. Damit vermitteln Sie ihnen den Eindruck, dass Sie sich auch für solche niederen Arbeiten nicht zu fein sind. Das wird sie beeindrucken. Bei Viking erledigte Jackie Nebentätigkeiten wie Tippen und Kopieren ebenfalls selbst und ließ dafür nicht extra einen Laufburschen rufen. Diese Einstellung gab sie auch bei ihrem höher dotierten Job bei Doubleday nicht auf. Sie erledigte ihre eigenen Telefonate und nahm ihre Gäste im Eingangsbereich persönlich in Empfang. Außerdem gab sie sich ganz bescheiden mit einem Innenbüro zufrieden und merkte nur freundlich lächelnd an: »Fenster habe ich zu Hause genug.«

● **Stehen Sie Ihre Frau.** Es ist äußerst wichtig, dass Ihr Team auch mal sieht, wie Sie sich auflehnen. Ob Sie eine kontroverse Idee unterstützen oder vehement Ihre eigenen Ziele vertreten – zeigen Sie Mumm (allerdings ohne gleich melodramatisch zu werden), und die nächste Beförderung kommt bestimmt. Im Laufe ihrer Verlagskarriere gab die sonst eher zurückhaltende Jackie auch schon mal öffentlich mit einem ihrer Werke an. Dass das von ihr hart umkämpfte Projekt *The Power of Myth* über Nacht zum Bestseller wurde, nahm Jackie zum Anlass, weitere Projekte bei ihrem Verlag durchzusetzen. »*The Power of Myth* hat derart reißenden Absatz gefunden«, merkte sie in einem Meeting an, »dass man eigentlich meinen sollte, ich könnte noch ein paar weitere Bücher machen, die mir am Herzen liegen, oder?«

Mit ihrer Entschlossenheit konnte Jackie tatsächlich noch weitere Dinge durchboxen. So überzeugte sie die Verlagsleitung davon, dass sie persönlich in die Sowjetunion fliegen müsse, um für das Buch *In the Russian Style* die Kostüme von Nikolaus und Alexandra zu begutachten. Außerdem machte sie sich bei Doubleday für eine etwas skurrile Abhandlung über Feuerwerke von George Plimpton stark. Niemand glaubte daran, dass sich so etwas verkaufen würde. Das Gegenteil war der Fall.

● **Wer ist hier der Boss?** Glauben Sie bitte nicht, Sie stünden bei Ihrem Chef an erster Stelle. Da steht er nämlich schon selbst. Abgesehen davon hat er genug damit zu tun, seine Geschäftstermine und Therapiesitzungen unter einen Hut zu bringen. Analysieren Sie Ihr berufliches Fortkommen daher selbst, und bitten Sie schon vor dem nächsten Personalgespräch um ein Feedback. Wenn Sie sich dazu bereit fühlen, bitten Sie auch um mehr Verantwortung.

Gleich zu Beginn ihrer Karriere bei Viking bedrängte Jackie ihren Chef, ihr neue Herausforderungen zu übertragen, damit sie an ihren Aufgaben wachsen könne. Guinzburg erinnert sich: »Ein paarmal schrieb sie mir Briefe, in denen stand: ›Bitte fassen Sie mich nicht ständig mit Glacéhandschuhen an. Ich bin vielleicht noch keine professionelle Lektorin, aber ich bin bereit zu lernen, und das geht nur, wenn Sie mir mehr zu tun geben.‹«

● **Wiedersehen macht Freude.** Sobald sich Ihnen eine günstige Gelegenheit bietet, greifen Sie zu, denn sie kommt vielleicht nie wieder. Wenn Sie als Journalistin arbeiten und auf einer Party einen renommierten Verlagsleiter treffen, stellen Sie sich selbstbewusst vor, und belegen Sie ihn mit Beschlag, bis Sie wenigstens seine Kontaktdaten haben. Nur keine Scheu: Bierdeckel sind es von jeher gewohnt, dass man Telefonnummern darauf notiert. Als Lektorin zapfte Jackie selbst Kontakte an, die bis in ihre Schulzeit zurückreichten.

● **Taschenspielertricks oder wie Sie andere in Luft auflösen.** Manchmal ist es völlig in Ordnung, den zwischenmenschlichen Bereich des Büros mit ein paar kleinen Handgriffen auf ein Minimum zu reduzieren. Wenn ein aufdringlich flirtender Kollege partout den Korb nicht sieht, den Sie ihm geben wollen, stecken Sie sich doch einfach mal einen Ring an den Finger (»hochkarätiger« Modeschmuck ist sehr effektiv), und lassen Sie den Herrn in dem Glauben, dass Sie vergeben sind. Wenn Sie auf einer Messe von einem ebenso aufdringlichen Konkurrenten über Ihre Firma ausgefragt werden, stellen Sie sich einfach dumm. Journalisten, die Jackie in ihrem Büro anriefen, um zu erfahren, ob an den Gerüchten etwas dran sei, dass Jimmy Carter sie zur amerikanischen Botschafterin in Großbritannien ernennen wolle, bekamen von ihr eine ihrer beliebten Standardantworten: »Señora Onassiiiis no está aquí!«

● **Für Geld tu ich (fast) alles.** Beißen Sie die Zähne zusammen, und tun Sie alles in Ihrer Macht Stehende, um Ihre Ziele durchzusetzen – aber nur, wenn sich der Aufwand auch lohnt. Im Jahr 1983 erhielt Jackie eine Anfrage von Michael Jackson, ihn bei der Arbeit an seinem Buch *Moonwalk* zu unterstützen. Jackie flog nach Kalifornien und schloss mit dem King of Pop einen Deal in sechsstelliger Höhe ab, danach bummelten die beiden gemeinsam durch Disneyland. Als sie in einem kleinen Holzboot durch die Wasserstraßen der Disney-Attraktion »Piraten der Karibik« schipperten, wird Jackie sich wohl gedacht haben: Dieses Buch wird ein absoluter Bestseller. So kam es auch: Der Titel erklomm Platz 1 der Bestsellerliste und konsolidierte ganz nebenbei ihren Ruf als erfolgreiche Businessfrau in der Verlagsbranche.

Ihr Job muss zu Ihrem Leben passen, nicht umgekehrt

Von Gleitzeit zu Freizeit

Geschäftszeiten werktags von 8.00 bis 18.00 Uhr – das klingt genauso langweilig, wie es ist. Suchen Sie sich lieber einen Beruf aus, in dem flexible Arbeitszeiten möglich oder besser noch: erwünscht sind. Selbst wenn so etwas in Ihrem Betrieb nicht vorgesehen ist, fragen Sie einfach mal danach. Vielen Angestellten werden flexible Arbeitszeiten als Leistungsanreiz oder anstelle von Bonuszahlungen gewährt. Ob flexibel nun heißt, von zu Hause aus oder nur vier Tage die Woche zu arbeiten – wichtig ist allein, dass Sie mehr Zeit mit den Kindern, den Spitzentiteln der Bestsellerlisten oder beim nächsten Hermès-Lagerverkauf verbringen können.

Jackie kam mit flexiblen Arbeitszeitmodellen schon sehr früh in Berührung. Als Sie 1961 ins Weiße Haus einzog, musste sie ihrer persönlichen Sekretärin Mary Gallagher eine Dreitagewoche gewähren, um sie nicht wegen ihrer familiären Verpflichtungen (Mary hatte zwei kleine Kinder) zu verlieren. Während ihrer Verlagszeit hielt auch Jackie sich nur an drei oder vier Tagen die Woche im Büro auf. Was nicht bedeutet, dass Sie außerhalb ihrer Bürozeiten untätig gewesen wäre. Sie erholte sich in ihrer Stadtwohnung oder las auf Martha's Vineyard die aktuellen Manuskripte.

Gibt es diesen Job auch in meiner Größe?

Ein Stellenangebot zu bekommen ist in den meisten Fällen sehr schmeichelhaft. Wenn die Position aber nicht so recht zu Ihnen passen will, dann sollten Sie besser ablehnen. Zur Not auch, nachdem Sie schon zugesagt haben. Je länger Sie brauchen, um sich einzugestehen, dass dieser Job nicht der passende für Sie ist, desto schwieriger wird es, mit heiler Haut davonzukommen, ohne dass alle Beteiligten darunter leiden.

Im Jahr 1951 kündigte Jackie ihren Job bei der *Vogue*, noch bevor sie überhaupt einen Füller in die Hand genommen hatte. Über die Gründe gibt es verschiedene Auffassungen: Böse Zungen behaupten, Jackie habe zu spät bemerkt, dass sie bei der *Vogue* nur mit Frauen und schwulen Männern zusammenarbeiten würde, was ihre Auswahl an potenziellen Lebenspartnern und Liebschaften erheblich eingeschränkt hätte. Andere meinen, ihre Mutter Janet habe die Hand im Spiel gehabt, um Jackie von ihrem Vater fernzuhalten, der damals in New York wohnte. Jedenfalls sah Jackie sich einmal kurz in ihrem Büro um und erklärte dann, dass ihre Mutter sie »ganz unbedingt« in der Nähe behalten wolle.

269

Vorsicht Falle!

So verlockend ein Jobangebot auch sein mag – prüfen Sie es eingehend, um auszuschließen, dass nicht doch etwas ganz anderes dahintersteckt. Jackie lehnte beispielsweise mehrere Angebote von Präsident Lyndon B. Johnson ab, darunter Stellen an der amerikanischen Botschaft in Frankreich und in Mexiko. Die ihr angebotenen Positionen waren wegen ihres kulturellen Hintergrunds und des Prestigegewinns durchaus reizvoll. Jackie vermutete aber, dass Johnson sie nur für seine Kampagne zur Wiederwahl zum amerikanischen Präsidenten missbrauchen wollte.

»Nein« ist auch eine Antwort

Einige Ihrer Kollegen und Geschäftspartner werden Ihre Ideen, Vorschläge und Anfragen rigoros ablehnen. Statt sich in eine Ecke zu verkriechen und die Schlechtigkeit der Welt zu bejammern, sollten Sie lieber die Gelegenheit nutzen, sich ein dickes Fell zuzulegen. Jackie hat oft genug ein »Nein« als Antwort erhalten. Sie trat an viele hochgestellte Persönlichkeiten wie Königin Elizabeth oder die Herzogin von Windsor heran, in der Hoffnung, Bücher über ihr Leben herausbringen zu können. Beide waren not amused und schon gar nicht interessiert. Trotz der königlichen Abfuhr ließ Jackie sich nicht unterkriegen. Weitere prominente Neinsager in Jackies Leben: Lord Snowden, Greta Garbo, Elizabeth Taylor, Brigitte Bardot, Katharine Hepburn, Bette Davis, Barbara Walters, Prince, Ted Turner und Frank Sinatra. Später versuchte sie ihr Glück bei Prinzessin Diana und bei Mia Farrow (die Dreiecksbeziehung von Mia Farrow, Woody Allen und Soon-Yi Previn faszinierte sie sehr), blieb hier aber ebenfalls erfolglos.

All diese Fehlversuche machten Jackie nicht eben gesprächiger, was ihr eigenes Leben anging. Sie lehnte weiterhin ab, in Interviews über ihr Privatleben zu reden, und sei es mit ihrer Freundin Aileen Mehle, einer Promi-Journalistin mit eigener Klatschkolumne unter dem Pseudonym »Suzy«, oder mit George Plimpton, der ihr anbot, ihre Lebensgeschichte nur für den engsten Familienkreis niederzuschreiben.

Herrlich dämlich – Geschlechterkampf in der Arbeitswelt

Den Unterschied kennen Sie sicher: Mit Ihren weiblichen Kollegen pflegen Sie einen freundlichen und geistreichen Umgang, bei Ihren männlichen Kollegen verhalten Sie sich hingegen eher scherzhaft, charmant und immer ein bisschen wetteifernd. Dieser Gegensatz ist grundsätzlich nichts Schlimmes, sondern im Gegenteil: ehrlich. Jackie wusste genau, wie man mit beiden Parteien richtig umgeht, schließlich hatte sie jahrelange Erfahrung in Sachen Diplomatie gesammelt.

FRAUEN BEI DER ARBEIT

Mutti ist die Beste. Ganz gleich, wie alt Sie sind: Frauen gegenüber sollten Sie sich immer mütterlich und teilnahmsvoll geben. Frauen fühlen sich dann nämlich in Ihrer Gesellschaft wohl und nicht bedroht – und sind dann auch sehr viel eher bereit, sich Ihnen anzuvertrauen. Jackie war sich im Klaren darüber, welchen Effekt ihr berühmter Name auf ihre Kolleginnen haben würde. Deshalb gab sie sich während ihrer Zeit bei Doubleday stets besorgt, wenn jemand im Winter ohne Kopfbedeckung in die Kälte

271

hinauswollte, und empfahl schnupfengebeutelten Kolleginnen ihre bevorzugte Erkältungsmedizin.

Ein Schritt zurück, zwei Schritte vor. Verkünden Sie doch mal im Kolleginnenkreis, dass Sie nicht perfekt sind. Das kommt bei Frauen immer gut an und sorgt zudem für Mitgefühl und aufmunternde Worte. Gut so! Jackie bat einmal Tom Guinzburg, ihren Chef bei Viking, während einer Konferenzschaltung mit einem Autoren darum, dass *er* doch bitte »die unbequemen Fragen« stellen möge. Das Telefongespräch fand natürlich inmitten der versammelten Kolleginnenschar statt.

Nehmen Sie kein Blatt vor den Mund. Direktheit ist manchmal die beste Strategie im Umgang mit Kolleginnen. Jackies direkte Vorgesetzte bei Doubleday, Lisa Drew, war als Promijägerin bekannt, weil sie deren Biografien herausbringen wollte. Jackie fragte sie also erfrischend aufrichtig und unaufgeregt: »Kann ich dir sonst noch jemanden besorgen?«

Lockerungsübungen. Frauen von wahrer Größe können auch mal die Ärmel hochkrempeln und an vorderster Front kämpfen, was immer einen guten Eindruck hinterlässt. Pamela Fiori, die Chefredakteurin der Zeitschrift *Town & Country*, erinnert sich, wie überrascht sie über Jackies Ungezwungenheit beim ersten Treffen im Jahr 1994 war. »Sie wirkte so unglaublich liebenswürdig, bot uns Kaffee und Gebäck an, und plötzlich hockte sie sich vor uns auf den Boden und fing an, die einzelnen Seiten vor sich auszubreiten«, berichtet sie. »Sie war extrem gewissenhaft bei der Arbeit. Dafür habe ich sie immer sehr geschätzt.«

MÄNNER BEI DER ARBEIT

Ich Tarzan, du auch? Männer bevorzugen oft eine etwas derbere Ausdrucksweise, und wenn Sie sich ihnen anpassen, dann zeigt das den Herren, dass Sie Chuzpe haben. Ein Lektor erwähnte in einer Redaktionssitzung bei Doubleday einmal, dass er versuchen wollte, die Rechte an einem Buch von Hunter Thompson zu kaufen. Jackie schob dem Kollegen neben ihr daraufhin einen kleinen Zettel zu, auf dem stand: »Ich würde glatt in Hungerstreik treten, um an ein Buch von Thompson zu kommen!«

Im Streichelzoo. Was, wenn Sie mal einem aufgeblasenen Wichtigtuer ein paar kritische Worte zu sagen haben? Senken Sie die Stimme einfach auf Jackies Flüsterniveau, und fügen Sie ein paar abfällige Kommentare über sich selbst ein, um den Aufprall zu dämpfen. Einen Brief an ihren angeheirateten Cousin Louis Auchincloss, in dem sie eine Vielzahl von Änderungen an seinem Manuskript loswerden musste, begann Jackie zum Beispiel mit den Worten: »Mir war noch nie etwas so unangenehm wie meine Änderungen an deinem makellosen Manuskript.« Geschäftsbriefe beendete sie gerne statt mit der üblichen Grußformel mit Ausdrücken wie »In ergebener Hochachtung« oder »Herzlichst«. Wer konnte ihr da noch den Inhalt krummnehmen?

Sie brachte sogar einmal Jann Wenner, den Gründer der Zeitschrift *Rolling Stone*, aus dem Konzept, als es in einem hitzigen Meeting um das Cover der Ausgabe »Das Beste aus *Rolling Stone* – 25 Jahre ungeschminkter Journalismus« ging und sie ihn nur anhauchte: »Du bist so ein Macho!« Danach war er Wachs in ihren Händen.

Zeigen Sie Interesse. Man wird Sie dafür lieben. Richard de Combray, der Verfasser mehrerer Sachbücher und Romane, die Jackie bei Doubleday redigierte, weiß zu berichten: »Sie war so unglaublich anziehend, wie sie einem da gegenübersaß. Du denkst, da sitzt eine Frau mit einer unglaublich bewegten Vergangenheit, reich und berühmt, und sie sieht dich an, als ob das, was du ihr erzählst, für sie gerade das Wichtigste auf der ganzen Welt sei.« Dabei wusste Jackie sehr wohl, dass ihre verführerische Art Wasser auf die Mühlen der männlichen Selbstüberschätzung war.

Für eine Handvoll Dollars. Männer haben immer ein Auge auf den Profit. Den sollten Sie daher ebenfalls ins Fadenkreuz nehmen. Jackie war während ihrer Zeit bei Doubleday dafür bekannt, die Verkaufszahlen eines Buches relativ akkurat voraussagen zu können. Außerdem wusste sie, wann man für die Autoren und ihre Agenten ein wenig Geld in die Hand nehmen musste. In einem Brief an Hugh Fraser klang das zum Beispiel so: »Wir werden [Ihr Projekt] ganz groß herausbringen und eine *Menge* Geld damit verdienen (…) Ich freue mich jetzt schon auf unser Treffen im November, dann können wir unser Geld zählen und in Diamanten investieren.«

Werden Sie Büro-Diplomatin

Jeder kennt sie, kaum jemand mag sie, und nur ein paar Idioten blühen dabei auf: tägliche Revierkämpfe im Büro. Egal zu welcher dieser Kategorien Sie gehören, lassen Sie sich nicht von ihnen vereinnahmen. Jackie hatte eine hervorragende Menschenkenntnis, aber auch ihr waren diese Kämpfe zuwider. Genau aus dem Grund musste sie sich übermäßig anstrengen, um in der skrupellosen Verlagswelt Fuß zu fassen.

Lassen Sie sich nicht zum Büromaskottchen degradieren

Weiblich, ledig, prominent sucht ... Kollegen, die einen nicht ständig für ihre eigenen Zwecke missbrauchen. Brechen Sie aus den gewohnten Mustern aus. Seien Sie selbstbewusst und ungezwungen, wenn man Ihnen die PowerPoint-Präsentation für den Oberboss überträgt. Werden Sie aber misstrauisch, wenn Sie *jedes Mal* wieder das große Los trifft. Jackie, die Promi-Galionsfigur, war gegenüber ihren Kollegen stets sehr zurückhaltend und bat alle, sie einfach nur Jackie zu nennen. Wenn aber irgendjemand es wagte, sie als bloßes Kennedy- oder Onassis-Anhängsel zu behandeln, wurde sie eisig. Dann konnte sich derjenige schon mal auf einen BKK einstellen, einen Bevorstehenden Karriere-Knick.

Schachmatt in einem Zug

Es lohnt sich immer, vor einem großen Meeting seine Hausaufgaben zu machen, vor allem, wenn es um eigene Projekte geht. Schon vor der Schlussredaktionssitzung bei Doubleday, in der Jackie ihr Buchprojekt mit John Loring, dem Chef-

designer bei Tiffany's, präsentieren wollte, war sie auf ableh-
nende Reaktionen vorbereitet. Sie telefonierte mit dem Autor des Buches und warnte ihn entsprechend vor. »Wir gehen
dann in die Vollen, wenn sie es am wenigsten erwarten.« Gesagt, getan – sie ließ die Schwarzmaler ein bisschen vor sich
hin schwadronieren und schleuderte ihnen dann ihr Tot-
schlagargument so dermaßen überzeugend um die Ohren,
dass die Unkenrufe verstummten und sie ihren Willen bekam.

Fremdlob stinkt nicht

Auch wenn Sie selbst schon alle Antworten wissen – gönnen
Sie Ihren Kollegen von Zeit zu Zeit das Gefühl, dass auch sie
etwas beitragen können. Ein kleines Lob über die Stärken
eines Kollegen vor versammelter Mannschaft unterstreicht
Ihren Ruf als gute Beobachterin und minimiert damit gleichzeitig das Risiko, von jemandem übers Ohr gehauen zu werden, der Sie bisher für einfältig hielt. Jackie gab Kommentare
der Topredakteure stets an ihre Autoren weiter und bewies
so, dass sie das Ohr am Puls der Zeit hatte. Wenn ein Autor
mit den Bemerkungen eines anderen Redakteurs nicht einverstanden war, wusste er zumindest, dass sie nicht von Jackie stammten.

»Ich wünschte, Jackie würde heute meinem Berater-
stab angehören. Mal ehrlich: Welche Organisation
hätte ihren Namen nicht gerne im Briefkopf?«

FAYE WATTLETON,
Vorsitzende des Center for the Advancement of Women

Von Mentoren und Mündeln – ein Blick in beide Richtungen

Sie sind auf der Suche nach dem ultimativen Karrierekick? Scharen Sie eine kleine Gruppe von Vertrauten um sich, die an Sie glauben und die als Ihr ganz persönlicher Aufsichtsrat fungieren. Bitten Sie diejenigen von Zeit von Zeit um taktischen und strategischen Rat und um Feedback, wenn Sie mit ihnen zusammenarbeiten. Jackie versammelte ihr ganzes Leben lang solche Menschen um sich und hatte zu Beginn ihrer Verlagskarriere schon einen persönlichen Aufsichtsrat von aufsehenerregender Größe. Auch Tom Guinzburg von Viking und John Sargent von Doubleday lotsten sie sicher durch die Untiefen des Verlagswesens.

In späteren Jahren übernahm Jackie selbst Patenschaften für aufstrebende Talente. Besonders junge Redakteure und Redaktionsassistenten hatten es ihr angetan, allen voran Bruce Tracy und Scott Moyers, denen sie nicht nur in beruflichen Fragen mit Rat und Tat zur Seite stand. Moyers sagte später über sie: »Eine unglaublich großzügige Frau und sehr einfühlsam. Sie war wie eine Mutter zu uns.« Tracy erinnerte sich an einen Rat, den Jackie ihm einmal gab, als er vor einer schweren Entscheidung stand, die die reiselustige Jackie gut nachvollziehen konnte. Als Tracy die Tickets für seine allererste Europareise schon in der Tasche hatte, stellte er fest, dass sich der Termin mit einer immens wichtigen Buchpräsentation überschnitt. »Erst das Leben, dann die Arbeit«, sagte Jackie und riet ihm dringend, die Reise anzutreten.

Auch eine Tätigkeit als »Mini-Mentor« kann sehr erfüllend sein. Wenn Sie ein junges Talent nicht auf direktem Wege unterstützen können, geben Sie ihm zumindest all die

Hilfestellung, die Sie anbieten können. Es ist nicht nur ein befriedigendes Gefühl, jemandem weitergeholfen zu haben – wer weiß, vielleicht erinnert sich Ihr Teilzeitschützling ja noch an Sie, wenn er es zu etwas gebracht hat. Jackie vermittelte Autoren mit Projekten, die in ihrem Verlag keinen Anklang fanden, gerne an andere Häuser weiter und setzte sich sogar persönlich für viele dieser Projekte ein.

Hm, lecker! Wie man sich die Rosinen aus dem Jobkuchen pickt

Reisen und Speisen auf Firmenkosten (und das eine oder andere Belegexemplar der neuesten Bestseller) sind einer Lektorin ein willkommener Ausgleich für Überstunden und Unterbezahlung. Aber übertreiben Sie es nicht, das könnte sich später rächen.

Schon bei ihrem ersten Job beim *Times-Herald* genoss Jackie ein paar Sonderzuwendungen. Jackies Freundin Aileen Bowdoin bekam von ihrer Mutter den Vorschlag unterbreitet, zur Krönung der Königin nach England zu segeln und Jackie mitzunehmen. Jackie war damals noch als Inquiring Camera Girl beschäftigt und verwandelte den Trip im Handumdrehen in eine Auftragsarbeit für ihre Zeitung. So verschaffte sie sich erstklassiges Material für ihren Leitartikel.

Sehr viel später gönnte sich Jackie trotz ihres nicht gerade fürstlichen Gehalts ihre eigenen Bonusleistungen. Sie war froh, dass ihr Job so viele Reisen mit sich brachte. Daher besuchte sie neben ihrer Russlandtour für *In The Russian Style* auch gleich China, den Nahen Osten und andere ferne Länder. In Russland durfte sie den Mantel der Zarentochter

Alexandra anprobieren – der zu der Zeit wohlgemerkt ein Museumsexponat war. In Frankreich ließ sie sich durch den für Besucher gesperrten Bereich von Versailles führen – zu Recherchezwecken, was sonst?

Würde *Jackie* ...

... einen männlichen Assistenten einstellen?

Aber natürlich! Sie hat es sogar getan. Bruce Tracy und Scott Moyers waren ihre beiden Redaktionsassistenten bei Doubleday. Schließlich kam sie mit Männern schon immer gut klar. Und der größte Vorteil an männlichen Assistenten ist, dass sie in Sachen Mode keine ernsthafte Konkurrenz darstellen.

... fristlos kündigen?

Ja, solange es einen guten Grund dafür gibt. Als Viking einen Roman über die Ermordung eines fiktionalen Präsidenten namens Ted Kennedy veröffentlichte, wurde gemunkelt, dass Jackie ihre Hände im Spiel gehabt hätte. Sie reichte sofort ihre Kündigung ein, sehr zum Leidwesen des Verlegers und gegen seinen ausdrücklichen Protest. Seine Darstellung der Angelegenheit, dass sie über das Projekt informiert gewesen sei, missfiel ihr, und sie redete mit ihm kein Wort mehr über die Sache.

... sich eindeutig zweideutige Avancen von einem Kollegen gefallen lassen?

Nein, warum sollte sie dafür ihren Job aufs Spiel setzen? Immer mehr Frauen sind sexuellen Belästigungen am Arbeitsplatz ausgesetzt. Besonders schlimm verhält es sich, wenn der Lustmolch der eigene Vorgesetzte ist und seine Führungsposition schamlos ausnutzt. Gerade in formellen und beruflichen Zusammenhängen war Jackie extrem konservativ und nahm sogar Anstoß an einem völlig harmlosen Kuss, den Präsident Jimmy Carter ihr bei der Eröffnung der Kennedy-Bibliothek auf die Wange drückte – was außer ihr kaum jemand verwerflich fand.

... teure Geschenke von Geschäftspartnern annehmen?

Unter bestimmten Umständen fiel es Jackie schwer, kleine Aufmerksamkeiten abzulehnen. Dennoch versuchte sie stets, den Teufelskreis von Geschenk und Gegengeschenk von vornherein zu durchbrechen, und entschied von Fall zu Fall, ob sie sich mit der Annahme eines Geschenks wohl zu etwas verpflichtete. Von Michael Jackson nahm sie dankend eine Uhr an, die der King of Pop ihr für die gute Zusammenarbeit überreichte. Dieses Geschenk konnte sie ruhigen Gewissens annehmen, da sie davon ausging, nicht noch einmal mit dem Popstar zu arbeiten, und die Uhr angesichts seines – und ihres – Reichtums wirklich nichts weiter als eine »kleine« Aufmerksamkeit war. Von einem Autor, mit dem sie weitere Buchprojekte plante, hätte sie ein solches Geschenk sicherlich nicht akzeptiert.

... sich zur Sklavin ihres iPhones machen?

Irgendeine Art von PDA hätte auch Jackie mit Sicherheit benutzt – bei ihren zahlreichen Reisen wäre ihr ein solch vielseitiges Gerät sicher von Nutzen gewesen. Höchstwahrscheinlich hätte es sogar genauso große Macht über sie aus-

geübt wie Handys über uns. Da sie schon mal einen
Angestellten am Telefon gefeuert hatte, wäre ihr so eine mo-
bile Funkstation gewiss gerade recht gekommen, um
schlechte Nachrichten zu übermitteln – in Echtzeit, versteht
sich. Aber genauso sicher wäre sie jederzeit diskret mit dem
Gerät umgegangen. Auch wenn es nicht klingelt, kann ein
Handy die Umgebung erheblich stören, wenn man etwa
während einer Konferenz unter dem Tisch mit lautem Kli-
cken eine SMS schreibt.

… sich in ein fremdes Wireless-LAN-Netz einloggen, um auf anderer Leute Kosten zu surfen?

Da sie sich sowieso schon ständig und überall Zigaretten und
Feuer schnorrte und zudem mit einer ausgeprägten voyeuris-
tischen Ader ausgestattet war, lautet die Antwort eindeutig:
Ja. Wenn die Internetverbindung ihres Nachbarn in ihr
Schlafzimmer ausstrahlen würde, so würde sie diese garantiert als Backup-Verbindung benutzen. Natürlich nur mit
eingebautem Passwortschutz.

… Büromaterial einstecken?

Aber natürlich – wenn auch nur in Maßen. Hochwertiges
Briefpapier der renommierten Firma Smythson ist nicht gerade billig, und Jackie hatte ein Faible für Schnäppchen. Das
erklärt auch, warum sie persönliche Briefe oft auf den Brief-
bögen von Doubleday schrieb. Sorgen Sie als Ausgleich für
den Papierschwund dafür, dass immer eine volle Schüssel
mit Süßigkeiten auf Ihrem Schreibtisch steht – Jackie zum
Beispiel mochte Fruchtgummis und M&Ms am liebsten.

8. Kapitel

Goldgräbermentalität

Wie man Geld wirklich wichtig macht

»Wenn man schon unglücklich in der Falle sitzen muss, dann wenigstens im Zobel.«

JACQUELINE BOUVIER KENNEDY ONASSIS

Jackies Beziehung zu Geld enthält eine besonders wichtige Botschaft. Ihre finanzielle Berg- und Talfahrt (in der es meist steil bergauf ging) begann schon in der Kindheit, als ihr geliebter Vater einen Großteil seines Vermögens an der Wall Street verlor. Ihre Herkunft als Stieftochter des reichen Hugh Achincloss reichte nicht aus, um in diesem vermögenden Clan als gleichwertig anerkannt zu sein, sodass Jackie ein Misstrauen gegenüber Geld nach Washington mitbrachte, das in gewisser Hinsicht für immer andauern sollte.

Natürlich hatte sie auch verschwenderische Phasen, besonders während der Jahre mit Onassis, in denen sie im Handumdrehen Schuhe, Schmuck und ganze Modekollektionen für sechsstellige Beträge erwarb. Solche Anwandlungen legten sich jedoch mit der Zeit. Als Verlegerin verzichtete

Jackie weitgehend auf Extravaganzen, nahm zur Arbeit ein Taxi und aß mittags häufig ein Putensandwich in Alufolie.

Das große Geld zog Jackie so unwiderstehlich an, dass sie genau wusste, wie man in seiner Nähe bleibt, sich daran erfreut und seine heilsamen Kräfte nutzt. »Ich finde, dass Einkaufen zur Hebung des Selbstbewusstseins eine wertvolle Form der Selbstheilung ist«, erklärte sie einmal. Bei ihrem Tod nutzte sie ihr Geld als zweischneidiges Schwert, denn sie enthüllte damit ihre wahren Gefühle gegenüber anderen, von ihrer treuen Assistentin Provi Paredes (der sie 50 000 Dollar vermachte) bis hin zu ihrer Schwester Lee (die leer ausging). Zu diesem letzten Schachzug bemerkte ihr Stiefbruder Jamie Auchincloss: »Das war ein offensichtlicher Racheakt.«

Kleine Investitionen in eine große Zukunft

Wie profitiert man nun von verzwickten Empfindlichkeiten in Sachen Geld? Jackie würde Ihnen sicher empfehlen, Ihre grundsätzliche Einstellung zu Geld in zwei zentralen Aspekten zu verändern:

Verschwendung zahlt sich aus

Eine gewisse Extravaganz lässt sich durchaus rechtfertigen, solange man das Richtige erwirbt, weil man seinen langfristigen Wert zu schätzen weiß. Die Frage lautet daher: »Ist dieses Objekt in irgendeiner Hinsicht eine Investition fürs Leben?« Mit einer »Investition fürs Leben« meinen wir etwas, das nicht nur einen Geldwert hat, sondern zusätzlich a) langfristig Geld spart oder b) einem Status, kulturelle Bereicherung und/oder außerordentliches Vergnügen beschert.

Natürlich sind Aktien oder Immobilien grundsätzlich eine sinnvolle Investition. Allerdings würde das dann auch für ein erstklassiges Dressurpferd (als Wettbewerbsvorteil) oder ein gutes Musikinstrument (als Ausdrucksmittel Ihrer kreativen Energie) gelten. Liebäugeln Sie mit Produkten mit lebenslanger Garantie wie Töpfen und Pfannen von Calphalon oder aber mit einem perfekten Kundenservice wie bei einem Lexus. Selbst ausgesprochen feminine Luxusartikel kann man gelegentlich zur »Investition« erklären. Wenn Ihr Partner also das nächste Mal über die Kreditkartenabrechnung stöhnt, dann weisen Sie ihn ruhig darauf hin, dass die sündhaft teuren Schuhe nicht nur zeitlos und gut verarbeitet sind, sondern dass Sie dafür auch auf die vier günstigeren Paare im selben Regal verzichtet haben.

Als Ari Onassis Jackies schlichte Unterwäsche bemäkelte, gab sie unverzüglich bei dem Designer Roy Halston bestickte Wäsche im Wert von 5000 Dollar in Auftrag. Dieser unbezahlbare Schachzug erschien ihr im Hinblick auf ihr Intimleben sicher unerlässlich.

Keine Angst vor »Neureichen«

Zunächst fühlte sich Jackie zum Typ »Alter Adel« hingezogen, also zu Männern aus gutem Hause mit ererbtem Vermögen, später war sie dann weniger wählerisch. Onassis mag durchaus neureich gewesen sein, jedoch war er zugleich unvorstellbar reich. Der Diamantenhändler und Finanzier Maurice Tempelsman hatte sich sein unschätzbares Vermögen selbst erarbeitet, und das war für sie letztlich mehr als genug.

Eine solche Logik – Geld ist Geld ist Geld – gilt heutzutage umso mehr. Sicher kennen auch Sie aus der Presse etliche Namen von Millionären der Ära nach Bill Gates. Lösen

Sie sich daher von allen Vorurteilen hinsichtlich der Herkunft aus sogenanntem »gutem Hause«. Setzen Sie einen bezaubernden Hut auf, und mischen Sie sich beim Hampton Classic, in Ascot oder Iffezheim unter die Gäste (auch wenn Sie nur einmal auf einem Pony gesessen haben). Besuchen Sie die großen Auktionshäuser wie Sotheby's oder Christie's, vor der Aktion, um die hinreißenden Schmuckstücke in der Auslage zu begutachten, und bitten Sie darum, die größten und auffälligsten Kostbarkeiten anlegen zu dürfen (anprobieren kostet nichts, ganz sicher!). Es spielt keine Rolle, ob Sie sich diese Pretiosen leisten können oder nicht, doch die Umstehenden sollen staunend zu flüstern beginnen.

———

»Für eine Frau, die so viel Geld besitzt wie einst Jackie, stellt sich irgendwann die Frage, wie man es zusammenhält. Es ist so wichtig, dass man erfährt, wo das eigene Geld ist, was hinzukommt und was abgeht. Überwinden Sie sich – das ist keine Gehirnoperation. Es ist leichter, als Sie glauben.«

MARIA BARTIROMO, Chefmoderatorin bei CNBC

———

Wie du mir, so ich dir – vom Geben und Nehmen

Nehmen Sie es freimütig an, wenn bei einer Gefälligkeit oder einem Projekt etwas für Sie herausspringt. Das beginnt bei kostenlosem Kuchen beim Weihnachtsbasar, weil Sie dafür Ihre Zeit geopfert haben, und geht bis hin zur ersten Wahl bei der gebrauchten Haute Couture auf den jährlichen Wohltätigkeitsbasaren in New York (bekanntlich sichern sich nicht wenige Helferinnen lange vor der offiziellen Eröffnung die besten Schnäppchen).

Privatrabatt aushandeln

Begrenzte finanzielle Mittel bedeuten nicht unbedingt Verzicht auf das Ersehnte. Wer hat das, was Sie wollen, und umgekehrt? Wer konsequent feilscht, der kommt zum Ziel, ohne dass sein Konto ausblutet. Manchmal können Sie einem anderen auch durch eine kleine Geste zu etwas verhelfen, was ihm sehr wichtig ist, und dadurch Ihre eigene Verhandlungsposition stärken. Bei dem Porträtmaler Aaron Shikler zahlte sich dieses Vorgehen beispielsweise für Jackie aus.

Während sie bereits mit Onassis ausging, ließ sie den Künstler über dreißig Bilder von ihren Kindern anfertigen – ohne die ausdrückliche Zusage, diese später auch zu erwerben. Sie hätte diese Skizzen furchtbar gern besessen, scheute aber vor dem Preis zurück. Dann ergab sich jedoch zufällig eine günstige Gelegenheit, nämlich als sie Shikler bat, ihr offizielles Porträt für das Weiße Haus zu malen. Dieser Auftrag steigerte seinen Bekanntheitsgrad enorm und verschaffte ihm einen einträglichen Auftrag als Autor für das Magazin *McCall's*.

Da Jackie in dieser Hinsicht keinerlei Publicity wünschte, machte der Künstler selbst ihr einen Vorschlag: »Wie wäre es mit einem Tauschgeschäft?«, meinte er. »Sie gestatten mir den Artikel und dürfen einen Blick darauf werfen, bevor er in den Druck geht. (…) Sie dürfen die [Kinderbilder-]Skizzen behalten, dafür bekomme ich meinen Artikel.« Jackie hatte bereits vergeblich versucht, Onassis zum Erwerb der

Bilder zu bewegen. Mit diesem Handel bekam sie nun ihre Kunstwerke und Shikler seinen Zahltag.

Auf ähnliche Weise erklärten Jackie und ihre Schwester Lee sich Ende der fünfziger Jahre bereit, für das *Ladies' Home Journal* Haute Couture vorzustellen – unter der Bedingung, dass die modebesessenen Schwestern die teuren Outfits behalten durften. Berichten zufolge war die Redaktion mit dieser Auflage nicht einverstanden, was die Verleger jedoch abstreiten. »Eine Hand wäscht die andere, wissen Sie, darum haben wir gerne zugestimmt«, erinnert sich Bruce Gould, einer der Verantwortlichen.

Wenn Sie stilsicher sind, können Sie Ihrem zerknitterten Finanzberater ruhig auch mal einen gemeinsamen Besuch beim Herrenausstatter anstelle seines Honorars vorschlagen. Auch eine Journalistin könnte ihrem Reiseveranstalter im Tausch gegen eine Türkeireise ihr Schreibtalent zur Verfügung stellen. Bedenken Sie jedoch, dass nicht jeder bereitwillig auf solche Vorschläge eingeht, und selbst Jackie musste hin und wieder eine Abfuhr hinnehmen. Als sie einen Auftragnehmer fragte, ob er lieber Geld oder ein Foto mit Autogramm haben wolle, entgegnete dieser irritiert, er bevorzuge ihr Autogramm auf einem Scheck.

Weiterschenken spart Zeit, Geld und Platz

Stellen Sie sich vor, wie sehr Sie Ihr Budget entlasten, wenn Sie mit einem Ihnen gemachten Geschenk jemand anderem eine Freude bereiten. Jetzt nur keine falsche Scham: Das ist eine sehr verbreitete Geste, die auch Jackie perfekt beherrschte. Während ihrer Zeit im Weißen Haus wurde sie mit Geschenken aus der ganzen Welt überhäuft, darunter Kunstwerke, Puppen oder handgestrickte Mützen aus Peru, die sie gezielt an Krankenhäuser und wohltätige Organisationen weiterleitete, wo sie dringender gebraucht wurden. Auch bei den zahlreich eintreffenden Paketen entschied sie stets, welche Dinge sich zum Weiterschenken an Freunde, Verwandte oder das Personal eigneten.

Dieses Verhalten ist durchaus nicht ehrenrührig, solange es sich um wirklich schöne Dinge handelt. Wer bereits einen Schrank voller Bleikristallgläser und Silbertabletts besitzt, kann solche Präsente ruhigen Gewissens an einen dankbaren neuen Besitzer weitergeben. Bei der weitaus üblicheren Variante, ausgesprochen hässliche Dinge zügig weiterzuverschenken, würde Jackie dagegen ein Schauer über den Rücken laufen. Hässliche Pullover mit Rentieren von Weihnachtsmännern mit Geschmacksverirrung sind zum Weiterreichen absolut inakzeptabel.

Zahlen Sie nie zu viel, nicht einmal für Obst und Gemüse

Trennen Sie sich ruhig von Ihrem Geld, um all die materiellen Güter zu erwerben, die Ihnen viel bedeuten. Ansonsten sollten Sie genau auf den Cent schauen, sogar bei Lebensmitteln. Jackie war bestimmt keine Pfennigfuchserin, wenn es um die Ausstattung ihres Zuhauses oder ihre Garderobe ging (ihre Ausgaben für Kleider im Januar 1962 beliefen sich auf 5000 Dollar, das entspricht einem heutigen Wert von beeindruckenden 20 000 Euro). Dennoch sparte sie bei jedem Einkauf und ließ sogar das Gemüse zurückschicken, wenn sie es in einem anderen Geschäft günstiger bekam. Sie beschwor J. B. West, den Majordomus des Weißen Hauses, Lebensmittel und Getränke über den Großhandel zu ordern, und schickte ihre Assistenten aus, um Supermärkte nach günstigen Geschenken zu durchforsten. Als ihre Privatsekretärin Mary Gallagher einmal besonders hübsche Pullover für 8,95 Dollar entdeckte, war sie beispielsweise begeistert.

Beteiligen Sie das Finanzamt an Ihren Ausgaben

Haben Sie sich schon mal überlegt, in welchen Bereichen der Staat Ihren aufwändigen Lebensstil unterstützen könnte? Um auf diese Weise zu sparen, ist die richtige Mischung aus Kreativität und Buchhaltungstalent bares Geld wert, doch das haben Sie sicher mit Jackie gemein.

In Finanzfragen dachte die Amerikanerin wie eine Unternehmerin und ermittelte mit großer Akribie, ob bestimmte Partys im Weißen Haus steuerlich absetzbar wären. Sie überlegte sogar einmal, ob sie für Glen Ora, einen Ferienwohnsitz in den Jagdgebieten von Virginia, den sie gemeinsam mit JFK besaß, einen steuerlichen Nachlass als landwirtschaftlichen Betrieb geltend machen könnte – schließlich gab es dort tatsächlich Rinder und Pferde. Was Jackie damals austarierte, ist auch heute noch durchaus einen Versuch wert!

Sind Sie vielleicht schriftstellerisch begabt? Dann machen Sie doch Ihren Wochenendtrip nach Paris als Geschäftsreise geltend, indem Sie einen Artikel darüber verfassen. Wenn Ihr Bericht veröffentlicht wird, können Sie die Kosten möglicherweise verrechnen.

Greifen Sie anderen in die Tasche, und zwar mit eleganten Handschuhen

Das beste Geld ist das anderer Leute – besonders wenn es einem gelingt, dieses Geld auf magische Weise auf das eigene Konto zu lotsen oder für eigene Zwecke zu erschließen.

Als 1991 Leslie Wexner's Limited Brands Inc. das Nobelkaufhaus Henri Bendel in Manhattan erwarb, nahm Jackie die Einladung zur offiziellen Wiedereröffnung bereitwillig an. Sie fungierte als Gastgeberin der Eröffnungsfeier und lächelte in die Kameras, während der reiche Leslie Wexner sich in ihrem Glanz sonnte. Von diesem modischen Großereignis profitierte ganz nebenbei auch die *New York Municipal Art Society* (die Kunstgesellschaft der Stadt New York), die Jackie sehr am Herzen lag.

Das Ganze ist nur eine Frage von Geben und Nehmen. Jackie war sich ihres Glamoureffekts sehr wohl bewusst und nutzte ihn entsprechend. Es ist doch ganz logisch: Wenn man Sie benutzt, dürfen auch Sie Ihren Nutzen daraus ziehen. Ein Beispiel ist Jackies Verhalten während einer Persienreise im Jahr 1972. Eifrig bestrebt, die fremde Kultur kennenzulernen – und die Großzügigkeit ihrer reichen Gastgeber anzunehmen –, staubte sie ungeniert Kleider, Schmuck und Accessoires für eine sechsstellige Summe ab, die der Ölmagnat Reza Fallah ihr spendierte (aus eigenem Antrieb natürlich).

Auch wenn Sie nicht ganz so kühn sind, dürfen Sie dennoch alle Einladungen wohlhabender Bekanntschaften annehmen – kalkulieren Sie einfach ein, wie viel Ihre Anwesenheit den Gastgebern bringt. Wenn diese Sie im Gegenzug einladen, dann zeigen Sie sich von Ihrer besten Seite und bringen ein sorgfältig ausgewähltes Geschenk mit.

Geiz ist … gedeihlich –
Jackies Spartipps

In Jackies Welt sind Preise Verhandlungssache und sämtliche Bezugsquellen ersetzbar. Ein gutes Geschäft war für Jackie ein Lebenselixier, nicht umsonst war sie dafür bekannt, selbst bei Kleinigkeiten um einen Nachlass zu feilschen. Zudem war sie stets auf der Suche nach neuen, günstigeren Anbietern.

Kleinvieh macht auch Mist. Jackie wusste die Tatsache zu schätzen, dass kleine Summen sich addieren. Deshalb sorgte sie dafür, dass sie immerzu bekam, was ihr zustand, ob in den sechziger Jahren die 3,75 Dollar Rückgeld bei einem Möbelkauf oder 1984 die Steuererstattung von 2,97 Dollar.

Immer die eigene Preisvorstellung nennen. Betrachten Sie bei Waren ebenso wie bei Dienstleistungen jeglicher Art das Preisschild als Ausgangsangebot des Verkäufers, das nach unten Spielraum lässt. Wenn ein Kleidungsstück einen kleinen Makel hat, bekommen Sie vielleicht sogar im Kaufhaus einen Sonderrabatt. Webseiten wie bizrate.com oder die entsprechenden deutschen Suchmaschinen zum Preisvergleich liefern Informationen über aktuelle Tiefstpreise. Ein kleiner Tipp am Rande: Manchmal ließ Jackie Erkundigungen von Dritten einziehen. Trotz der digitalen Hilfestellung bietet sich diese althergebrachte Taktik auch heute noch an, vor allem beim Autokauf, wo Damen besonders stark umworben sind.

Als Multiplikator auftreten. Jackie besprach mit ihren Vertragspartnern häufig, wie sie diesen weitere Geschäfte verschaffen könnte, sofern sie ihr einen »Sonderpreis« einräumten. Erkundigen Sie sich also vor der Anschaffung der neuen Küche oder der Renovierung Ihres Badezimmers, ob jemand in Ihrem Bekanntenkreis etwas Ähnliches plant. Dann sind Gruppenrabatte durchaus denk- und machbar.

Coupons nutzen. Sie flattern per Post oder mit der Zeitung ins Haus und landen meist gleich im Papierkorb. Jackie dagegen hätte sie garantiert aufgehoben. Achten Sie zumindest auf echte Schnäppchen in den großen Kaufhäusern oder Baumärkten. Jackie sammelte fröhlich Rabattmarken, die sie bei Bedarf einsetzte oder in Geschenke verwandelte.

Kundenkonto anlegen. Jackie zahlte ihre Anschaffungen oder in Anspruch genommene Dienste nicht immer gleich, sondern hatte diverse Kundenkonten. Wenn Sie regelmäßig in einem Geschäft einkaufen (und Ihre Bonität stimmt), können Sie vielleicht eine solche Form des Höflichkeitskredits aushandeln. Sie entspricht der Zahlung per Kreditkarte, allerdings ohne hohe Zinssätze.

Model spielen. Sie sehen gut aus und stehen oft im Rampenlicht? Dann können Sie möglicherweise für diese Form der Man-
nequintätigkeit beim Kleiderkauf Rabatte vereinbaren. Jackie
wusste, dass sie ständig fotografiert wurde und ihre modischen
Entscheidungen ganze Lager über Nacht räumen konnten. Deshalb verlangte sie in Läden wie dem mittlerweile abgerissenen
Traditionskaufhaus Bonwit Teller in New York stets Sonderpreise.
Wenn Sie nicht ganz in Jackies Liga spielen, sollten Sie sachter
vorgehen und erst mal vorsichtig anfragen. Viele große Ketten
wie Macy's oder Bloomingdale's gewähren auf freundliche Nach-
frage hin einen kleinen Rabatt, und auch durch Einkaufsgut-
scheine können Sie eine Menge sparen.

Kurze Wege zum schnellen Geld

Das Vokabular zu diesem Aspekt mag vielleicht wenig elegant klingen (Auktionen, Secondhand usw.), der Gewinn allerdings ist phantastisch. Hängen Sie Ihr Herz nicht an
Dinge. Jackie jedenfalls hat es nie getan. Denken Sie beispielsweise an 1996, als John und Caroline Kennedy ganz im
Sinne des Testaments ihrer Mutter eine wahre Jahrhundert-
auktion veranstalteten. Viele Menschen waren fassungslos,
als Jackies persönlicher Besitz bei *Sotheby's* unter den Hammer kam. Das wirkte so wenig damenhaft. Tatsächlich aber
war es ebenso typisch für Jackie wie die zweite Auktion im
Februar 2005, bei der rund sechshundert weitere Gegenstände den Besitzer wechselten.

Der erste Bieterrausch bei *Sotheby's* erbrachte 34,5 Millionen Dollar (das entspricht 22,3 Millionen Euro). Seit diesem Zeitpunkt sind zahlreiche weitere Besitztümer von Jackie bei eBay eingestellt worden. Das Online-Auktionshaus hätte Jackie sicher allein wegen der vorherrschenden Anonymität fasziniert. Wenn Sie sich von überflüssigen Wertsachen trennen möchten, denken Sie daran, dass die beliebtesten Kategorien Mode und Elektronik sind.

Jackie mochte auch Second-Hand-Läden sehr. Boutiquen wie Ina and Michael's in New York oder Decades Two in Los Angeles sind nicht erst heute en vogue. In diesen beiden Geschäften landeten heimlich etliche von Jackies schönsten Röcken. Ehe Sie die Mode vom letzten Jahr dem Altkleidercontainer überlassen, sollten Sie überlegen, wie viel Geld Sie dafür noch bekommen können. Meist erhalten Sie im Secondhand-Shop die Hälfte des Verkaufsgewinns (der leider mitunter nur ein Zehntel des Anschaffungspreises beträgt). Jackie verkaufte, unter falschem Namen natürlich, vom Kostüm bis zum Mantel praktisch alles in dem berühmten Laden Encore in New York. Das Beste daran ist: Den Erlös können Sie in neue, aktuelle Garderobe investieren.

Als eifrige Mehrfachverwerterin nutzte Jackie eine weitere clevere Methode, um ihr Schmuckkästchen neu zu bestücken. Im Jahr 1962 verliebte sie sich in der Londoner Boutique Wartski in eine Diamantbrosche im Wert von 6000 Dollar (heute etwa 23 900 Euro). Daraufhin überprüfte sie ihre Schmuckschatulle auf verwertbare Stücke und zog sogar eine Diamantnadel in Erwägung, die sie zur Hochzeit bekommen hatte. Nach einer seriösen Schätzung tauschte sie einen Teil des Schmucks gegen die neue Brosche ein und zahlte lediglich einen Aufpreis von 2000 Dollar (heute etwa 8000 Euro).

Top oder Flop – mit welchen Anlageberatern Sie gut beraten sind

Bei Geld hört bekanntlich die Freundschaft auf. Vergessen Sie das alte Sprichwort, denn unter gewissen Umständen trifft es ganz und gar nicht zu. Es kommt nämlich keineswegs darauf an, die Finanztipps Ihres derzeitigen Freundeskreises zu beherzigen, sondern Beziehungen zu Menschen aufzubauen, denen es gelungen ist, auf kluge Weise ihr Vermögen zu mehren.

Pflegen Sie solche Bekanntschaften frühzeitig, auch wenn Sie momentan noch nicht steinreich sind. Dieser Umstand braucht Sie nicht davon abzuhalten, einige brillante Köpfe der Finanzwelt kennenzulernen.

Jackies erste Begegnung mit Maurice Tempelsman fand 1958 statt. Mit seinen erstklassigen Verbindungen zur Politik wie zur Geschäftswelt erwies er sich später als perfekter Partner für sie. Auch überrascht es nicht, dass Mrs Onassis in finanziellen Dingen ihren alten Freund André Meyer, den »Picasso unter den Bankern«, zu Rate zog.

Widerstehen Sie dem Drang oder dem Druck, beim Aufbau Ihres Vermögens auf Familienmitglieder oder Menschen ohne nachgewiesenen Erfolg zurückzugreifen. Auch von »Finanzberatern«, die Ihnen Aktien, Versicherungen, Hypotheken und einiges andere mehr verkaufen wollen, sollten Sie die Finger lassen. Manche von ihnen sind voreingenommen, weil bestimmte Finanzprodukte ihnen höhere Provisionen einbringen als andere.

Um Ihr Vermögen vor jeglichen Plünderern (in erster Linie: vor Ihnen selbst) zu schützen, sollten Sie eine Person damit beauftragen, jede größere Anschaffung oder finanzielle

Transaktion zuvor zu prüfen. Vor dem Erwerb ihres 200 000 Dollar teuren Apartments mit dreizehn Zimmern an der Fifth Avenue ließ Jackie das Geschäft von Meyer absegnen.

Geteilte Freude ist doppelte Freude – die Kunst des Scheineauffächerns

Ebenso wenig wie man nur bei einem Verehrer, einem Job oder einer Handtasche verweilen sollte, ist es keine gute Idee, sich allzu vehement auf die bekanntesten Finanzprodukte zu versteifen. Jackies Aktien- und Immobilienbesitz zeugte von ihrem Pragmatismus als Investorin, dennoch ging sie auch mal ein Risiko ein. Genau das sollten auch Sie wagen, zumindest wenn Sie einen weisen Berater haben oder sich selbst sehr gut auskennen.

Zu Jackies Portfolio zählte eine Immobiliengesellschaft, die sich vor allem auf Einkaufszentren spezialisiert hatte. Einer ihrer Partner war der Bruder von Barbra Streisand. Das Ziel dieser Investition waren Verluste, die eine dringend benötigte steuerliche Abschreibung ermöglichten. Im Laufe der Jahre investierte Jackie auch in riskante Gold-Futures und legte Millionen in deutlich konservativere, steuerfreie Schatzbriefe von New York City an.

Würde sie die Sache heute anders angehen? Ganz gewiss. Und zwar nicht, weil heutzutage ein jeder sein Geld selbst investieren kann. Jackie würde vermutlich besonders als junge Frau deutlich aggressiver vorgehen, denn das Mantra der Risikominimierung und Gewinnmaximierung durch breit gefächerte Investitionen zählt bei klugen Frauen mittlerweile zum Allgemeinwissen.

Bis zum Ende der siebziger Jahre, als sie ihren Anteil am Besitz von Aristoteles Onassis erhielt, galt Jackie bei jährlichen Ausgaben in sechsstelliger Höhe zwar als vermögend, aber nur wenig liquide.

Investoren mit mittlerer Risikobereitschaft empfehlen Vermögensberater in der Regel eine Fächerung von sechzig Prozent Aktien, fünfunddreißig Prozent festverzinslichen Wertpapieren (zum Beispiel Obligationen) und fünf Prozent Bargeld. Aggressivere Investoren, die häufig jünger sind und langfristiger denken können, können den Aktienanteil auf siebzig oder mehr Prozent ihres Geldvermögens hochschrauben.

Des Menschen (letzter) Wille ist sein Himmelreich

Wer zu Lebzeiten dafür gesorgt hat, alles bestmöglich zu regeln, achtet gerne darauf, dass es auch nach seinem Tod entsprechend weitergeht. Hierfür sollten Sie Treuhänder bestimmen, die Ihren letzten Willen gerne, respektvoll und ohne große Ressentiments oder Sentimentalität ausführen, also am besten keine Blutsverwandten. Viele Menschen bitten zwar ihre nahen Angehörigen um die Regelung ihres Nachlasses, doch so ein Auftrag kann leicht zu hartnäckigen Auseinandersetzungen führen. Je nachdem, was Sie verfügen möchten, lassen sich Streitereien in der Familie nach der Verlesung des Testaments durchaus vermeiden.

Jackie beispielsweise hat ihre jüngere Schwester Lee ausdrücklich von ihrem Erbe ausgeschlossen: »Meiner Schwester Lee B. Radziwill, die ich sehr gern habe, hinterlasse ich

Perle der Weisheit

Wer so vermögend ist, dass er die Erbschaftssteuer schmerzhaft zu spüren bekommen könnte – was nicht immer ganz zu vermeiden ist –, der sollte sich überlegen, seinen weltlichen Besitz frühzeitig an Freunde, Familienmitglieder oder andere zu verschenken. Schenkungen, die innerhalb der Freibeträge liegen, können den Wert Ihres Vermögens mindern und es so vor dem lästigen Zugriff des Finanzamts schützen, bedürfen aber insbesondere bei Nichtverwandten oder entfernteren Familienangehörigen gründlicher Planung, damit für den Empfänger keine Schenkungssteuer anfällt.

Sofern die Steuergesetze es gestattet hätten, hätte die großzügige Jackie vielleicht mehr von ihrem Besitz zu Lebzeiten weitergegeben, vor allem wenn sie geahnt hätte, welche horrend hohen Summen ihre private Habe bei Auktionen erzielen würde. Nachdem Jackies Nachlass 1996 endlich geregelt war, betrug sein Wert 18 Millionen Dollar. Allerdings schuldete sie dem Staat Steuern in Höhe von 23 Millionen Dollar, für die ihre Kinder aufzukommen hatten.

nichts, weil ich für sie schon zu Lebzeiten ausreichend Vorkehrungen getroffen habe.«

Autsch!

Die Testamentsvollstreckung wird gerne innerhalb der Familie geregelt, um die Notargebühren zu sparen, die sich prozentual am Wert des Erbes bemessen. Doch familiäre Zankereien können das Vermögen deutlich schneller schrumpfen lassen, sofern eine der Parteien einen Anwalt hinzuzieht. Bei der Benennung des Nachlassverwalters sollten Sie daher ausschließlich Personen in Betracht ziehen, die keinerlei Eigeninteresse an Ihrem Nachlass und sich als vertrauenswürdig erwiesen haben.

Jackie hatte all diese Punkte bedacht. Als Nachlassverwalter wählte sie Maurice Tempelsman und ihren Freund Alexander Forger, einen auf Vermögenswerte spezialisierten Anwalt der New Yorker Kanzlei Milbank, Tweed, Hadley & McCloy. Außerdem aktualisierte sie ihr Testament regelmäßig, was ein jeder im Abstand von mehreren Jahren tun sollte. Ihre letzte Änderung erfolgte am 22. März 1994, etwa zwei Monate vor ihrem Tod.

Verliebt, verlobt, vertraglich gebunden?

Vielen Berichten zufolge befolgte Jackie diese Maxime 1968 bei Ari Onassis. Wenn sie heute dieselbe Frage zu beantworten hätte, nämlich vor dem Altar auf der armen oder auf der reichen Seite zu stehen, würde sie gewiss genauso handeln. Warum? Weil viele Frauen Verträge nicht mehr als Einschränkung ihres Vermögens betrachten, sondern wegen ihrer Sicherheit zu schätzen wissen. Mit einem Vertrag wissen Sie jederzeit, was Sie zu erwarten haben – als Geber ebenso wie als Nehmer –, und zwar vor, während und nach der Ehe.

Jackie legte übrigens großen Wert auf die Details. Sie würde heute sicher die Klarheit eines Ehevertrags zu schätzen wissen, weil die Klauseln beide Parteien dazu zwingen, ernsthaft über finanzielle Angelegenheiten zu sprechen und ihr Vermögen im Detail offenzulegen.

Bedenken Sie, dass Ihre jährlichen Ausgaben leicht in die Höhe schnellen können, wenn Sie sich gern zu Hause massieren lassen oder täglich frische Blumen bestellen. Jackie konnte Ari zu dem Zugeständnis bewegen, ihren aufwändigen Lebensstil zu finanzieren, womit sie angesichts ihre Konsumverhaltens bereits die Hälfte der Schlacht gewonnen hatte. Letztlich erhielt Jackie natürlich mehr, als sie ursprünglich ausgehandelt hatte, nämlich ganze 26 Millionen Dollar aus Onassis' Besitz.

Sie fürchten, ein Ehevertrag könnte der Liebe schaden? Dann setzen Sie ihn einfach auf die lange Liste unromantischer Begleiterscheinungen, denen man sich stellen muss (wie Blutuntersuchungen, Heiratsurkunden, Verwandtschaftsbesuche und Ähnliches). Gesetzt den Fall, Sie sind die Vermögendere in der Beziehung und möchten Ihren Zukünftigen nur ungern um seine Unterschrift bitten, dann greifen Sie einfach zu einer Ausflucht.

Lassen Sie sich von Ihrem Anwalt ein Schreiben aufsetzen, das der berühmte Scheidungsanwalt Raoul Felder als »Augenklimper-Zettel« bezeichnet. Der Brief sollte in beiläufigem Ton geschrieben sein und anscheinend nur zusammenfassen, was Sie finanziell zuvor besprochen haben: »Lieber XY! Neulich sprachen wir über dein Vermögen, und es wäre doch unklug, wenn wir hier nicht die Vorteile eines Ehevertrags ins Auge fassen würden.« Einen solchen Brief können Sie bei einer guten Flasche Vouvray in ruhigem Ton zur Sprache bringen oder ihn diskret auf Ihrem Schreibtisch liegen lassen, damit Ihr Schatz ihn zur Kenntnis nehmen kann. Wenn ein Erbe zu erwarten ist, können Sie auch einfach behaupten, dass Ihre Eltern auf der vertraglichen Absicherung bestehen. »Liebling, sie würden *uns* das Geld einfach nicht hinterlassen, wenn sie befürchten müssten, dass es je in Gefahr geriete …«

Würde *Jackie* ...

... jemals Bargeld ablehnen?

Ja. Es gibt Grenzen, wenn es um die Großzügigkeit anderer geht, besonders wenn erhebliche Summen im Spiel sind, die anderswo besser eingesetzt wären. Im Jahr 1966 bat Jackie den Kongress offiziell, den Betrag, der ihr als Präsidentenwitwe für ihr Büro jährlich zustand, von 50 000 auf 30 000 Dollar zu senken. Angesichts ihrer inzwischen geringeren Rolle in der Öffentlichkeit sei die Summe zu hoch, und sie habe nicht das Bedürfnis, den Staat durch übertriebene Ausgaben für Porto und Bürobedarf zu schröpfen.

Ähnlich unangemessen wäre es, ein Stipendium für die eigenen Kinder anzunehmen, wenn für deren Ausbildung bereits ausreichend vorgesorgt ist. Davon sollte lieber jemand profitieren, dem dadurch wirklich geholfen ist.

... Freunden und Verwandten Geld borgen?

Nur in größter Not (zum Beispiel wenn die Termiten schon am Dach nagen). So etwas sollten auch Sie nur tun, wenn Sie bereit sind, das Geld a) als »Geschenk« anzusehen und für alle eventuell anfallenden Steuern aufzukommen oder b) den Verlust verkraften könnten. Ansonsten gilt ein klares »Nein.« Darlehen innerhalb des engsten Familienkreises (Ehepartner, Kinder) sind schon kompliziert genug, wenn Sie noch weiter gehen, verstricken Sie sich leicht in emotionalen und finanziellen Banden.

Jackie hat natürlich lieber von sich aus Hilfe angeboten, als sich von anderen um Geld bitten zu lassen. Als etwa ein junger Kollege im Verlag erkrankte, ging sie zu ihm und sagte, er dürfe sich gern vertrauensvoll an sie wenden, falls er in einen finanziellen Engpass geriete.

Denken Sie daran, dass es viele andere Möglichkeiten gibt, sich als großzügig zu erweisen. Nutzen Sie Ihre Verbindungen, um anderen weiterzuhelfen. Jackie gelang das unter anderem bei einem viel versprechenden spanischen Schriftsteller. Nachdem Doubleday dessen Manuskript abgelehnt hatte, machte sie ihn kurzerhand mit einem Agenten bekannt.

… Budgets festlegen?

Ja, und sie lernte zweifellos viel dadurch, auch wenn ihr Haushaltsbuch sicher ungewöhnlich aussah. Beide Ehemänner von Jackie baten sie um lückenlose Aufzeichnungen über ihre privaten Ausgaben, so dass sie über alle Rechnungen detailliert Buch führen musste – von den Friseurbesuchen bei Kenneth bis hin zum Alkohol für private Partys. So wusste Jackie bis auf die letzte Drachme, wohin ihr Geld Monat für Monat floss, und konnte ihre Ausgaben entsprechend einteilen.

Jackies Haushaltsbücher aus ihrer Ära im Weißen Haus bestätigen, dass sie schlichtweg nicht in der Lage war, ihre Kleiderkäufe zu beschränken. Lieber sparte sie an anderen Stellen, beispielsweise bei Veranstaltungen oder Haustierbedarf, um das Minus wieder auszugleichen.

Wenn Sie nur eine Woche lang akribisch sämtliche Ausgaben notieren, finden Sie garantiert Möglichkeiten, Ihr hart verdientes Geld neu einzuteilen. Wenn Sie beispielsweise für 150 Euro im Monat Taxi fahren, könnten Sie stattdessen auch Opernkarten erstehen oder für eine schicke Handtasche sparen.

… bei einem Date die Rechnung begleichen?

Garantiert nicht. War Ihr Anteil in Form von Maniküre, Friseurbesuch und anderen Vorbereitungen für den großen Abend etwa nicht groß genug? Bei Verabredungen gab es für Jackie allerdings eine Ausnahme von der Regel. Sobald Sie davon ausgehen können, dass Ihr Begleiter ernsthaft als Heiratskandidat in Frage kommt und sein Pulver nicht schon nach dem vierten Date verschossen hat, können Sie durchaus auch ein paar Drinks und Restaurantbesuche bezahlen. Jackie zumindest tat das bei dem verträumten (und zurückhaltenden) Junggesellen JFK, der gelegentlich sein Portemonnaie vergaß.

… um Geld streiten?

Welches Geld? Halten wir an dieser Stelle einfach fest, dass Jackie – wie viele Frauen – das Bedürfnis hatte, gewisse Ausgaben kunstvoll vor den Männern in ihrem Leben zu verbergen. Um den Präsidenten nicht gegen sich aufzubringen, beherrschte sie ein paar Tricks: Zum Beispiel ließ sie manche Rechnungen stillschweigend über das Sekretariat ihres Mannes begleichen oder sorgte durch Ratenzahlungen dafür, dass luxuriösere Anschaffungen, meist Dekorationsartikel, nicht weiter auffielen.

… eine personalisierte schwarze American-Express-Karte oder eine normale goldene Kreditkarte wählen?

Vermutlich würde sie die goldene Mitte wählen, denn sie schätzte zwar eine gewisse Exklusivität, wollte aber auch nicht mit ihrem Reichtum prahlen, schon gar nicht vor Kellnern und Verkäufern. Die schwarze Karte hätte sie also eher

Schauspielern und Rappern überlassen und für sich eine leicht gehobene Klasse gewählt, wie die Moderatorin Maria Bartiromo bestätigt: »Sie hätte bestimmt Platin genommen. Die hat ihre Vorteile, wirkt jedoch nicht zu protzig.«

... großzügige Trinkgelder geben?

Ja, sofern der Service es rechtfertigt. Besonders bei den New Yorker Taxifahrern war Jackie für ihre Großzügigkeit bekannt, weil sie für eine Zwei-Dollar-Fahrt gerne mal fünf Doller Trinkgeld gab. Zeigen Sie sich ruhig ähnlich spendabel, die Zehn-Prozent-Regel wirkt nämlich sehr altmodisch.

9. Kapitel

Von Sprösslingen und Erben

Wie man das Vermächtnis in Würde weiterreicht

»Es gibt einfach zu viele Theorien zur Kindererziehung. Ich glaube ganz schlicht an Liebe, Sicherheit und Disziplin.«
JACQUELINE BOUVIER KENNEDY ONASSIS

Wenn Sie sich für ein Leben mit Kindern entschieden haben, wird Ihnen Jackies oberste Maxime bei der Erziehung von Caroline und John Jr. gewiss gefallen: Sie wollte aus ihnen kleine VPs machen – Vortreffliche Personen. Tatsächlich verhielten sich die beiden von klein auf bewundernswert – trotz der Tragödie, die kein Kind erleben sollte, und der pausenlosen Aufmerksamkeit der Öffentlichkeit. Die Bilder von Jackie mit ihrem Nachwuchs zeugen von ihrer vorbildlichen Haltung. Auf einem krabbelt John Jr. im Oval Office unter dem Schreibtisch seines Vaters herum, und auf einem anderen sitzt Caroline auf ihrem Pony Macaroni und grinst von einem Ohr zum anderen. Jahrzehnte später sahen wir Jackie bei der Eröffnung der

Kennedy Library stolz Seite an Seite mit ihrem umschwärmten Sohn und ihrer zurückhaltenden Tochter – ein Beweis dafür, dass sie ihre Aufgabe erfolgreich erfüllt hatte.

Weniger Glück hatte Jackie mit ihren Schwangerschaften, denn innerhalb von acht Jahren verlor sie drei Babys. Als Mutter war sie bewundernswert und kein bisschen altmodisch. Einmal brachte sie ein trächtiges Kaninchen mit ins Weiße Haus, damit Caroline und John Jr. die Geburt miterleben konnten, anstatt nur darüber zu lesen. Außerdem war sie einfach nur ein Mensch, nicht mehr und nicht weniger, und damit abwechselnd bewundernd und streng, anspornend und verspielt, fordernd und emotional. Am wichtigsten waren jedoch ihre eisernen Ideale, wie man Kinder erzieht, damit sie später nicht unangenehm auffallen.

Benimm dich!
Jackies Anti-Rotzlöffel-Strategien

Welche Regeln herrschen in der Gesellschaft? Für Kinder ist es ein tägliches Abenteuer, dies herauszufinden. Deshalb kommt es darauf an, ihnen eine klare Linie für ihr Verhalten vorzugeben. Für Jackie und ihre Nannys hatte Etikette stets oberste Priorität. Sie wusste genau, dass die Manieren der Kinder direkte Rückschlüsse auf die Eltern erlauben und nicht auf den Nachwuchs – ob einem das gefällt oder nicht.

Bis zur Einschulung hatten ihre Kinder nahezu perfekte Manieren. Jackies Stiefbruder Jamie Auchincloss berichtet, dass Caroline und John Jr. niemals das letzte Stück Kuchen genommen hätten. Wenn man es ihnen anbot, sagten sie: »Nein danke. Nimm du es lieber.«

Anti-Rotzlöffel-Strategie 1:
Früh übt sich

Schon Zweijährige müssen gelegentlich Gäste in Empfang nehmen, weshalb es sinnvoll ist, ihnen frühzeitig beizubringen, wie man sich als Gastgeber verhält. Machen Sie ein Spiel daraus: Die Kinder können so tun, als wären sie Botschafter ihres Lieblingslands – ein Japaner, der sich verneigt, oder ein Eskimo, der mit den Gästen die Nase reibt. Wenn Carolines Klassenkameraden morgens im Weißen Haus eintrafen (wo Jackie im zweiten Stock eine Vorschule eingerichtet hatte), begrüßte die Vierjährige sie an der Tür, und wenn sie nachmittags gingen, verabschiedete Caroline sie auch wieder.

Das Gleiche gilt für »bitte« und »danke«: Sie können nicht früh genug damit anfangen, diese kostbaren Wörter mit Ihrem Nachwuchs einzuüben. Caroline und John Jr. liefen gern in die Küche des Weißen Hauses, um Küchenchef René Verdon für seine Kochkünste zu danken (natürlich hatte ihre Mutter dabei etwas nachgeholfen). Das Küchenpersonal fand dieses *merci* jedenfalls hinreißend und lobte die Kinder für ihr gutes Benehmen ausgiebig.

Anti-Rotzlöffel-Strategie 2:
Wer kommt uns denn da besuchen?

Spätestens wenn Ihr Nachwuchs die Glatze Ihres Chefs oder die Kleidung seiner Frau kommentiert, wenn die beiden zum Abendessen erscheinen, möchten Sie am liebsten in Grund und Boden versinken. Deshalb sollten Sie Ihre Kinder lieber frühzeitig auf wichtigen Besuch vorbereiten, was im Einzelfall sogar richtig Spaß machen kann.

Auch Jackie impfte Caroline und John Jr. vor der Begegnung mit wichtigen Persönlichkeiten mit ein paar einprägsamen Details. Letitia Baldrige berichtet, dass Jackie die beiden beim Besuch eines Staatsoberhaupts vorher zur Seite nahm und ihnen ein kleines, passendes Märchen über den Gast erzählte: »Unser Besuch ist eine Königin. Sie ist sehr schön, trägt viel Schmuck und hat zwei Kinder in eurem Alter. Ich weiß, dass ihr einen guten Eindruck auf sie machen wollt, damit sie ihren Kindern berichten kann, wie wunderbar ihr seid.« Sofort stieg das Interesse der beiden, und sie wollten aus genau den richtigen Gründen brav sein.

Seien Sie allerdings vorsichtig mit dem, was Sie sagen, denn die Erklärung »Mamis Chef bezahlt uns das Geld für dein Lieblingsspielzeug, also sei bitte lieb« kann Sie leicht in eine peinliche Situation bringen, etwa wenn Ihr Sprössling fragt: »Kaufst du mir den neuen Tarantula-Attack-Spiderman aus dem Fernsehen? Mami hat nämlich sagt, du bezahlst mein ganzes Spielzeug.«

Anti-Rotzlöffel-Strategie 3:
Die Kinder mit Menschen bekanntmachen, die anders sind als Sie

Im Leben ist nicht alles und jeder gleich. In einer Gesellschaft, in der man in zunehmendem Maße am materiellen Besitz gemessen wird, ist diese Erkenntnis für Kinder oft nicht einfach. Mal gehen ihnen angesichts des riesigen Swimmingpools ihrer reichen Freundin die Augen über, dann wiederum begeistert sich ein weniger begüterter Freund an ihrer Stofftiersammlung.

Trotz all der Leibwächter vom Secret Service und der lästigen Paparazzi achtete Jackie stets darauf, dass Caroline und John Jr. auch mit der realen Welt in Berührung kamen. Während der Jahre im Weißen Haus gingen sie beispielsweise gerne zu Mary Gallagher und ihren beiden Söhnen. Gallagher berichtet, dass Caroline bei ihrem ersten Besuch in die Küche kam und überrascht fragte: »Wo ist denn dein Koch?«, worauf sie souverän antwortete: »Hier koche ich.«

Jacqueline Hirsh, die Französischlehrerin in der Schule des Weißen Hauses, verbrachte jeden Montagnachmittag mit Caroline. Auf Jackies Geheiß hin unternahmen die beiden dann ganz gewöhnliche Dinge wie Busfahrten, Einkaufsbummel oder dem Sohn von Hirsh beim Football zuschauen. Wenn sie über diese kleinen Abenteuer plauderten, flocht die Lehrerin spielerisch französische Redewendungen ein, die Caroline später stolz ihren Eltern vortrug.

Auch John Jr. profitierte von solchen Kontakten. Zu Beginn der achtziger Jahre organisierte er sogenannte »Punk-Funk-Partys«, an denen unterschiedliche Musikfans jeder Hautfarbe teilnahmen und gemeinsam zu weißer und schwarzer Musik tanzten. Damals war das ein ganz neuer Trend, denn MTV hatte gerade erst begonnen, Videos mit Michael Jackson zu senden. Er war übrigens der erste schwarze Künstler, der über dieses Medium zum Star wurde.

Anti-Rotzlöffel-Strategie 4: Ausnahmen bestätigen die Regel

Das ganze Jahr über werden Kinder zurechtgewiesen, doch Sie können Ihren Nachwuchs auch mal überraschen, indem Sie sich als cool erweisen. Diese Facette dürften gerade Jugendliche zu schätzen wissen. Was ist falsch daran, im Auto ihre iPod-Tunes mitzusingen oder in schicken Schuhen von Manolo Blahnik zum Schultheater zu stolzieren? Im Jahr 1970 warf Jackie sich in Jeans und Nerz, als sie John Jr. ins Rockefeller Centre zum Eislaufen begleitete. Caroline und

ihre Mutter wirkten während Carolines Pubertät wie die besten Freundinnen, benahmen sich wie Schulmädchen und
unterhielten sich absichtlich auf Französisch, um sich von
ihrer Umgebung abzugrenzen.

Anti-Rotzlöffel-Strategie 5: Das innere Kind umarmen

Kinder eignen sich gute Manieren und angemessenes Benehmen bereitwillig an, sofern ihnen ausreichend Gelegenheiten
bleiben, sich laut, albern und chaotisch zu betragen. Manchmal ließ Jackie ihre Kinder im Weißen Haus durch alle
Gänge toben, dabei durften sie laut sein und ihr Spielzeug
durch die Gegend pfeffern. Nach ihrem Umzug nach New
York nahm sie die beiden zu ihrem bevorzugten Innenausstatter mit, der Boutique Scarabaeus in der East 60th Street.
Dort durften sie in der oberen Etage Kissenschlachten veranstalten, während Jackie sich im Erdgeschoss nach Accessoires
zum Thema Fisch umsah.

Bedenken Sie, dass man an Kinder manchmal andere Maß-
stäbe anlegen muss als an Erwachsene. So werden kleine Kinder eine lange griechische Hochzeitszeremonie wohl kaum
durchstehen. Das sollten Sie auch gar nicht von ihnen erwarten und sich in solchen Fällen lieber nach ganz hinten setzen.
Jugendliche haben ebenfalls ihre Grenzen, wie Jackie fest-
stellte, als sie Caroline zur Royal Geographical Society mit-
nahm. Sie hatte gehofft, die Abenteuerlust des Mädchens wecken zu können, doch der Direktor der RGS bemerkte, dass
Jackie alle Fragen stellte, während ihre Tochter extrem gelangweilt daneben stand.

Anti-Rotzlöffel-Strategie 6:
Von allem kosten lassen

Dass Kinder beim Essen unweigerlich mal die Nase rümpfen, sollte Sie nicht davon abhalten, zu Hause Coq au vin auf den Tisch zu bringen, ganz zu schweigen von den Köstlichkeiten, die es im Restaurant oder bei Freunden gibt. Peinlichen Kommentaren wie »Igitt!« oder »Ich hasse das!« beugen Sie vor, indem Sie neue Gerichte zu Hause allmählich einführen. Die Kinder der Kennedys lernten, neue Speisen mit der Strategie »Erst einen Löffel, dann zwei« anzugehen. Beim ersten Probieren mussten sie lediglich einen Bissen nehmen, und wenn das Gericht das nächste Mal auf den Tisch kam, sollten sie zwei Löffel versuchen. »Auf diese Weise aßen sie irgendwann ganz selbstverständlich ihren Spinat und alles andere ohne Widerrede«, schreibt Maud Shaw, die als Nanny im Weißen Haus arbeitete.

Anti-Rotzlöffel-Strategie 7:
Mehr Aufgaben!

Um Ihre kleinen Schützlinge sinnvoll zu beschäftigen, sollten Sie Ihnen durchaus auch Haushaltspflichten auferlegen. Aufgaben wie Betten machen, Tisch abräumen und Mülleimer leeren können Sie Kindern gut übertragen. Bis zum Einzug ins Weiße Haus wusch Caroline zum Beispiel jeden Abend das Geschirr ab. Trotz des Hauspersonals, das der Familie am Präsidentenwohnsitz zur Verfügung stand, achtete Jackie darauf, dass ihre Kinder grundlegende Dinge (etwa das eigene Zimmer aufzuräumen) nicht verlernten.

Falls Ihnen das jetzt kleinkariert vorkommt, sollten Sie dringend umdenken: Kinder sind stolz darauf, wenn man ihnen Aufgaben anvertraut, denn sie sollten nicht alles hinterhergetragen bekommen. Darum wies Jackie auch die Agenten des Secret Service an, ihren Kindern nie einen Gefallen zu tun, etwa ihre Sachen aufzusammeln oder etwas für sie zu tragen. »Wenn John sein Fahrrad im Central Park stehen gelassen hatte, schickte sie ihn zurück, um es selbst zu holen«, erinnert sich Melody Miller, die langjährige Angestellte der Kennedys.

Von der Wiege bis zum Oval Office – lieber normal als formell

Jackie bestand darauf, ihre Kinder vom politischen Tagesgeschäft und dem ständigen Kommen und Gehen im Weißen Haus abzuschirmen. Die beiden sollten ein möglichst normales Leben führen, weshalb sie auch regelmäßig Freunde zum Spielen einladen, sich im Gras wälzen, Hot Dogs essen und Disney-Filme sehen durften. Natürlich lebten sie im Weißen Haus, ihr Rasen war der East Lawn, die Würstchen grillte der französische Chefkoch, und die Filme liefen in einem Filmtheater, aber dies alles sollte für die Kinder nicht im Vordergrund stehen. Jahre später sprach die ehemalige First Lady mit Hillary Clinton über dieses Thema. »Umgeben Sie [Chelsea] mit Freunden und Familienmitgliedern, aber verwöhnen Sie sie nicht«, riet Jackie. »Sie soll sich bloß nicht für etwas Besonderes halten.«

Dennoch konnte Jackie ihre Kinder nicht immer vor der Öffentlichkeit schützen. »Als ich mit Caroline Skifahren gehen wollte, wurde sie von einer Fotografenmeute umgerannt. Wie erklärt man das einem Kind?«, sagte sie 1967 zu einem Journalisten.

Die meisten von uns haben in dieser Hinsicht mehr Glück. Wir müssen uns weniger anstrengen, unseren Kindern zu einem »normalen« Leben zu verhelfen – was auch immer das sein mag. Für Jackie war es jedenfalls ein gewisser Tagesablauf, der Grenzen aufzeigte und Sicherheit vermittelte.

Ein eigenes Reich schaffen

Der zauberhafteste, tröstlichste Ort für ein Kind sollte sein eigenes Zimmer sein. Selbst als Erwachsene zog Jackie sich regelmäßig in ihr Jugendzimmer zurück; sie frühstückte für ihr Leben gerne im Bett, hielt Besprechungen an der Bettkante und kurze Nickerchen zwischendurch. Kleine Kinder finden es übrigens gar nicht langweilig, jede Nacht im eigenen Zimmer zu schlafen, denn die vertraute Umgebung vermittelt Sicherheit. In der Nacht nach dem Attentat auf John F. Kennedy bestand Jackie darauf, dass Caroline und John Jr. im Weißen Haus in ihren eigenen Betten Trost finden konnten, anstatt bei Verwandten zu schlafen.

Niemand mag Veränderungen, am allerwenigsten Kinder. Wenn der tolle Job Ihres Partners Sie zum Umziehen zwingt, gehört das Lieblingsspielzeug Ihrer Kinder ins eigene Auto und nicht in den Umzugslaster, damit es im neuen Haus sofort zur Verfügung steht. Als Jackie 1964 von Washington nach New York umzog, wies sie die Innenausstatter an, die Kinderzimmer so zu gestalten, dass sie den alten Räumen möglichst ähnlich waren. Caroline bekam denselben blassrosa Grundton und viel Platz für all ihr Spielzeug, einschließlich des riesigen Puppenhauses, das sie so sehr mochte – ein Geschenk von Madame de Gaulle. Das Zimmer von John Jr. blieb blau-weiß. Nur die kleine Herdplatte für die Babymilch fehlte im neuen Haus.

Vor Kinderverdummung bewahren

Mit dem Tag ihrer Einschulung werden Ihre Kinder mit allen möglichen Auswüchsen unserer Unterhaltungskultur in Kontakt geraten. Sobald Sie ein oder zwei Folgen von irgendeiner Teenie-Serie gesehen haben, fröstelt es vielleicht auch Sie. Je mehr Sie Ihren Kindern beibringen können, solange sie noch im eigenen Haus sind, desto besser.

Jackie griff während der Jahre im Weißen Haus für Caroline auf Hauslehrer zurück. »Ich will meine Tochter so lange wie möglich bei mir haben«, meinte sie dazu. Trotz mehrerer in Vollzeit beschäftigter Lehrer kamen sie und einige andere Eltern häufig hinzu, um bei Handarbeiten zu helfen oder vorzulesen.

Auch die Liebe zur Sprache weckte Jackie bei ihren Kindern schon früh. Am Wahltag 1960 trug Caroline im zarten Alter von drei Jahren ihrem Vater zwei Gedichte von Edna St. Vincent Millay vor, die Jackie ihr beigebracht hatte: »First Fig« und »Second Fig.«

Freundschaften den Weg ebnen

Kontaktfähigkeit ist nicht jedem Kind in die Wiege gelegt. Eltern wissen jedoch, dass der Freundeskreis, egal ob an öffentlichen oder privaten Schulen, einen erheblichen Einfluss auf das Benehmen ihrer Kindern hat. Zudem sind die Eltern gut geratener Kinder später unter Umständen einmal bei der Suche nach dem passenden Praktikum, Ausbildungsplatz oder der Aufnahme an der gewünschten Universität behilflich.

Als Jackie und ihre Kinder nach New York City zogen, stellte sie bald fest, dass Caroline von ihren Klassenkameraden am Convent of the Sacred Heart nie zum Geburtstag eingeladen wurde. Schließlich ging sie, wie jede kluge Mutter es tun würde, in die Offensive. Sie rief eine andere Mutter an und erklärte ihr, wie gern Caroline beim nächsten Fest dabei wäre und dass ihre Freunde ebenfalls gerne zu Besuch kommen dürften. Plötzlich flatterte dem Mädchen eine Einladung nach der anderen ins Haus.

Kinder brauchen Grenzen

Wenn Kinder immer alles bekommen, entwickeln sie leicht das Gefühl, dass es damit ihr Leben lang so weitergehen müsse. Andererseits werden in unserer Konsumgesellschaft kindliche Wünsche nach Game Boys, PlayStations, Handys und Co. geradezu geschürt. Jackie setzte unter anderem folgende Strategien ein:

———

»Jackie hätte ihren Kindern gewiss die exklusivsten und aktuellsten elektronischen Spielzeuge besorgt. Sie wusste, was hilfreich ist, wenn man in der Welt weiterkommen will, und für Kinder ist es definitiv wichtig, sich mit Computern auszukennen.«

LETITIA BALDRIGE

———

● **Nicht alles pauschal verbieten.** Wenn ein Kind im neuesten Rolls-Royce-Modell durch die Gegend gefahren werden möchte, fällt die Antwort leicht. Bei technischen Spielereien hingegen sollte das »Nein« zuvor wohl durchdacht sein. Ein Handy kann schließlich auch der Sicherheit dienen – man muss nur das Guthaben begrenzen. Auch intelligente Videospiele mit mathematischem oder naturwissenschaftlichem Hintergrund können das Lernen unterstützen und sollten daher nicht grundsätzlich abgelehnt werden. Es gilt also stets im Einzelfall zu entscheiden.

● **Konsequent bleiben.** Und dennoch hin und wieder ein Auge zudrücken. Wenn Kinder immer nur »Nein« hören, blenden sie einen irgendwann aus, egal wie alt sie sind. Jackie ging mit John Jr. grundsätzlich sehr streng um. Als er jedoch als Erwachsener bei einer seiner wilden Partys in Red Gate Farm, ihrem geliebten Haus auf Martha's Vineyard, so sehr über die Stränge schlug, dass es hinterher aussah wie auf einer Müllhalde, verbot sie ihm nicht etwa, weiter bei ihr zu feiern, sondern verbannte ihn lediglich ins Gästehaus des Anwesens.

● **Besondere Anlässe.** Das Besondere sollte nicht alltäglich sein, sondern wirklich erstrebenswert bleiben. Zum Beispiel aßen die Kinder der Kennedys normalerweise zu Hause. Aber mit zehn Jahren durfte Caroline sechs Freunde in das schicke französische Restaurant La Caravelle einladen, wo ihnen ein sehr erwachsenes – und kostspieliges – Weihnachtsfestessen serviert wurde.

● **Professionelle Hilfe in Anspruch nehmen.** Alle Kinder lehnen sich von Zeit zu Zeit gegen die Autorität ihrer Eltern auf. Da besteht erst mal kein Grund zur Sorge, nur bei ernsteren Problemen sollte man aufmerken. Wenn sie sich nicht von selbst legen, ist es sicherer, einen Profi zurate zu ziehen. John Jr. fand als Heranwachsender zunehmend Geschmack an Partys und anderen schlechten Angewohnheiten junger Männer. Im Gegensatz zu vielen anderen Eltern, die über dieses pubertäre Verhalten eher hinwegsehen, nahm Jackie das zum Anlass für eine professionelle Beratung.

Kindliche Neugierde und wie man sie unterstützt

Geschichte zum Leben erwecken (mit blutrünstigen Einzelheiten). Letitia Baldrige zufolge gelang es Jackie meisterlich, ihre Kinder neugierig zu machen. Wenn sie ihnen von einer historischen Persönlichkeit erzählte, gab sie sich stets große Mühe mit der Beschreibung. »Sie sagte nicht nur ›der Premierminister‹, sondern erzählte alles über Winston Churchill und den Krieg, damit die Figuren mit Leben erfüllt waren.« Wenn Jackie ihren Kindern aus einem Geschichtsbuch vorlas, zum Beispiel über Heinrich VIII., dann schmückte sie die Geschichte bewusst mit Einzelheiten aus, die Kinder faszinieren (seinen gewaltigen Umfang, seine Essgewohnheiten, seine Frauengeschichten und so weiter). Caroline und John Jr. waren jedes Mal begeistert.

Klasse statt Masse. Natürlich brauchen Sie nicht stundenlang von einem Renoir zu schwärmen. Geben Sie sich trotzdem Mühe,

Ihre Kinder mit den Werken großer Meister vertraut zu machen und ihre Liebe zur Kunst zu wecken. Jackie nahm ihre Kinder von frühester Jugend an zu wichtigen Ausstellungen mit, auch in den Louvre, blieb aber jeweils nur kurze Zeit (aus Sicherheitsgründen wie auch wegen der begrenzten Aufmerksamkeitsspanne der Kinder). Heutzutage locken Kunstausstellungen häufig mit zusätzlichen Angeboten, so vertreiben Museen wie das MOMA interessante Produkte, und im Getty in Los Angeles sieht man oft berühmte Leute.

Reisen bildet. Beschützerinstinkt abschalten, bitte! Kinder brauchen auch mal ein wenig Aufregung. Jackie war unendlich neugierig auf andere Länder und Kulturen und konnte ihre Kinder damit anstecken. Der Fotograf Peter Beard erinnert sich noch gut an ihren »mütterlichen Schneid«. In den ersten Monaten ohne John F. Kennedy reiste sie mit Caroline und John Jr. nach Sun Valley, Gstaad, Rom, Argentinien, Spanien und Hawaii – mit gelegentlichen Stippvisiten in New York. Die Kinder forderte sie gern zu riskanten Aktionen auf, zum Beispiel als sie John Jr. anfeuerte, von der höchsten Stelle auf Aris Yacht ins Wasser zu springen.
Später ermunterte sie die beiden auch zu selbstständigen Reisen, und besonders John Jr. erbte ihre Abenteuerlust. Mit fünfzehn reiste er mit seinem Cousin Timothy Shriver nach Guatemala, um dort Erdbebenopfern beizustehen. Im Jahr 1979 schickte Jackie ihn auf ein zehnwöchiges National-Outdoor-Leadership-School-Programm in Kenia. Solche Erfahrungen trugen ihrer Ansicht nach zur Charakterbildung bei und waren zudem eine ausgezeichnete Methode, Johns jugendlichen Tatendrang zu kanalisieren und ihm beizubringen, worauf es im Leben ankommt.

Die Medien richtig nutzen. Abonnieren Sie *National Geographic* und eine gute Tageszeitung, schalten Sie regelmäßig Kanäle mit pädagogisch wertvollen Sendungen ein, und besuchen Sie mit Ihren Kindern regelmäßig die nächstgelegene Bibliothek. All das erweitert nämlich die Allgemeinbildung. Auf langen Autofahrten können Sie sich von den Kindern die Fahrtroute erklären lassen und sich dazu Tipps aus dem Navi holen. »Die Kinder sind super. Sie kennen die Namen aller Hauptstädte in den Vereinigten Staaten – das konnte ich nie –, und Länder wie Marokko oder Äthiopien sind ihnen ebenfalls geläufig«, erzählte Jackie einmal bei einem Interview.

Privatschule oder Penne Publica? – Pro und Contra

Erziehung und Bildung sind ein unerschöpfliches Thema, das auch Ihre Beziehung auf die Probe stellen kann. Die Frage der richtigen Schule hängt von persönlichen Wertvorstellungen, dem Bankkonto und dem jeweiligen Lebensmittelpunkt ab. Jackie, die selbst eines der führenden Internate besucht hatte, schickte ihre Kinder auf Privatschulen. Ein Grund dafür war, dass sie deren Konzept guthieß. Ebenso wichtig jedoch war ihr die zusätzliche Sicherheit ihrer ewig im Rampenlicht stehenden Kinder. Im Gegensatz zu Privatschulen sind öffentliche Schulen nämlich auch öffentliches Eigentum. Dennoch lag Jackie und dem Kennedy-Clan das öffentliche Schulwesen sehr am Herzen – gute Bildung für alle, lautete ihre Maxime.

Nur nicht klein beigeben

Wer seine Kinder auf öffentliche Schulen schickt, muss sich für ein ausgezeichnetes Schulprofil stark machen. Lassen Sie nicht zu, dass nur Privatschüler damit prahlen, am Vorabend Itzhak Perlman im Konzert erlebt zu haben. Unterstützen Sie, notfalls als Initiatorin, ergänzende Angebote der Eltern oder der Gemeinde, und zwar von Kunstkursen bis zum Musikverein. Mit Tombolas lässt sich mehr Geld sammeln, als man denkt. Auf jeden Fall wäre Jackie hier als Erste dabei, und auch Sie sollten dafür sorgen, dass Ihre Kinder an diversen außerschulischen Angeboten teilnehmen können.

Die Konkurrenz fördern

Auch wenn Sie sich für eine Privatschule entscheiden, sind Sie damit längst nicht aus dem Schneider. Im Gegenteil: Die staatlichen Schulen brauchen Ihre Zeit und Ihr Geld umso dringender, und Ihr beispielhaftes Engagement kann ihre Kinder davor bewahren, so zu werden wie ihre übermäßig verwöhnten Klassenkameraden.

Jackie machte sich im Laufe der Jahre in etlichen Initiativen für öffentliche Schulen stark, unter anderem initiierte sie das Kunstprogramm der Bedford Stuyvesant Restoration Corporation in New York, bei dem Innenstadtkinder mit Kunst und ihrer Erschaffung vertraut gemacht werden sollten. Von den Ergebnissen war Jackie so angetan, dass sie eine ganze Reihe der dort entstandenen Arbeiten in ihrem Appartement aufhängte. Während seiner Zeit bei Brown setzte sich John Jr. wie seine Mutter für die Bildung im öffentlichen Sektor ein, indem er als Freiwilliger für Upward Bound arbeitete, eine Initiative, die weniger privilegierten Kindern dabei hilft, den Sprung aufs College zu schaffen. Caroline fungierte kürzlich als Vizepräsidentin des New York City's Fund for Public Schools.

Reichtum teilen

Privatschulen werden in den USA so großzügig mit Spenden bedacht, dass sie in Sachen Bildung interessante Experimente wagen können. Sorgen Sie ruhig mal dafür, dass ein Teil davon auch an öffentlichen Schulen verwirklicht werden kann. In den Jahren im Weißen Haus überlegten John F. Kennedy und Jackie lange zusammen mit Carolines Französischlehrerin Jacqueline Hirsh, ob diese ihre modernen Sprachlehrmethoden nicht über das Fernsehen weitergeben könnte, um das ganze Land davon profitieren zu lassen (wegen Kennedys plötzlichem Tod wurde leider nichts daraus).

Die da? Oder die da? Eine Abhakliste in Sachen Kindermädchen

Ob Sie nun nach der Geburt Ihrer Kinder weiterarbeiten wollen oder wie Jackie einfach nur Unterstützung möchten: Die Suche nach einem Menschen, dem man die eigenen Kinder anvertrauten möchte, ist wirklich nicht leicht. Zu berücksichtigen sind dabei mehrere Punkte:

● **Gleiche Grundprinzipien.** Hüten Sie sich vor einem spärlich bekleideten Aupair-Mädchen, dem das Handy am Ohr festgewachsen zu sein scheint. Die einzigen Jungen, die im Haus herumhängen, sollten Ihre eigenen sein (die gehüteten natürlich). Jackie wählte Maud Shaw wegen ihrer klaren, sehr englischen Einstellungen als Nanny aus. Shaw hielt amerikanische Kinder grundsätzlich für verwöhnt und achtete darauf, den Kennedys nicht zu viel durchgehen zu lassen (Jackies tief sitzende Angst), sondern sie zu »liebenswerten, nicht allzu verwöhnten, angenehmen Zeitgenossen« zu erziehen.

● **Keine Herzenssache.** Kindermädchen neigen, als Nebenwirkung ihrer Aufgabe, oft zu Besitzansprüchen. Die Kinderfrau muss jederzeit in der Lage sein, ihre Schützlinge ohne zu zögern zurückzugeben. Außerdem sollte sie Ihnen die wichtigen Ereignisse des Tages, egal ob Highlight oder Tiefschlag, so mitteilen, dass Sie das Gefühl haben, nichts verpasst zu haben. Das Personal des Weißen Hauses berichtet, dass Maud Shaw sich jedes Mal dezent zurückzog, sobald der Präsident und die First Lady den Raum betraten.

● **Gutes Personal halten.** Gute Kinderfrauen sind sehr gefragt, deshalb sollten Sie sich alle Mühe geben, sie zu halten. Bezahlte Überstunden? Ein Auto zur freien Verfügung? Reisen? Überlegen Sie, womit Sie die Dame ködern können.

Zwischen dem Abschied von Maud Shaw im Jahr 1965 und der Ankunft von Marta Sgubin im Jahr 1969 hatten Caroline und John Jr. eine ganze Reihe von Kindermädchen. Jackie bestand so eisern auf der Privatsphäre ihrer Kinder, dass einer jeden die fristlose Kündigung drohte, sobald die First Lady entdeckte, dass Einzelheiten nach außen gedrungen waren. Bis heute hat keine dieser Nannys aus dem Nähkästchen geplaudert, als würde das Schreckgespenst von Jackies Zorn noch immer über ihnen schweben.

● **Auslandsaufenthalte statt Sprachunterricht.** Andere Sprachen, Sitten und Traditionen lernt ein Kind am besten im Ausland. Jackie bestand daher darauf, dass ihre Kindermädchen fließend Französisch sprachen, und spielte den Kindern vor, sie könnten kein Englisch. John Jr. erinnert sich: »Das gehörte zu den unermüdlichen Bemühungen meiner Mutter, meine Schwester und mich zum Französischlernen zu verlocken. Aber nach ein paar Wochen brach die Fassade zusammen,... wir verabschiedeten uns unter Tränen (auf Englisch) und warteten auf die Nächste.«

● **Wessen Kind ist es?** Kinder vor dem Fernseher abzusetzen ist ebenso leicht, wie sie einer Nanny zu übergeben. Jackie sagte mal: »Kinder entgleiten viel beschäftigten Eltern, weil viel beschäftigte Eltern ihren Kindern entgleiten.«

Trotz dieser mutigen Worte hatte auch Jackie ihre Probleme, denn im ersten Jahr ihrer Ehe mit Aristoteles Onassis war sie mehr unterwegs als zu Hause. Deshalb vertraute sie Caroline und John Jr. weitgehend ihrer Mutter Janet und Sgubin an, die John Jr. zur Einschulung an der prestigeträchtigen privaten Knabenschule Collegiate in Manhattan begleitete. Letztlich können jedoch nur Sie selbst entscheiden, wie viel Zeit Ihr Kind mit Ihnen oder auf dem Schoß eines anderen Menschen verbringen soll.

Disziplin – die Gratwanderung zwischen zu wenig und zu viel

Meist wird von Kindern eher zu wenig Disziplin verlangt. Sollen die Kinder allerdings ein großes Vermächtnis antreten, bedürfen sie strenger Kontrolle – bei viel Liebe. In Molly Van Renssalaer Thayers Biografie mit dem Titel *Jacqueline*

Bouvier Kennedy findet sich ein entzückendes Foto von Mutter und Tochter, dessen Bildunterschrift aber von Jackies harten Grundsätzen in Erziehungsfragen zeugt. »Wenn Caroline sich wehtut, sagt ihre Mutter streng: ›Kennedys weinen nicht.‹«, lautet der Text.

Durch die Hintertür

Ihr Fünfjähriger glaubt, es besser zu wissen, und ignoriert Ihr Verbot, alle Süßigkeiten auf einmal zu essen? Lassen Sie ihn ruhig, und wenn ihm übel wird, nehmen Sie es kommentarlos hin. Er hat es selbst entschieden – und gelernt, dass Mütter doch das eine oder andere wissen.

Jackie würde sie beschwören, die Kinder sprichwörtlich »an der langen Leine« zu führen. Im Alter von elf Jahren hatten John Jr. und seine Mutter eine Auseinandersetzung wegen seines enttäuschenden Zeugnisses. Jackie drängte sehr darauf, dass ihr Sohn sich in der Schule mehr anstrengte – offenbar zu sehr. Schließlich verkündete John Jr. wütend, er werde weglaufen und nach Hickory Hill in Virginia ziehen, zu seiner Tante Ethel. Dort würde man ihn bestimmt besser behandeln. Jackie sprach kein Verbot aus, sondern ermutigte ihn sogar zu diesem Schritt und rief kurz darauf heimlich bei Ethel an. Sie erklärte die Situation und bat darum, John Jr. jede Menge häusliche Pflichten zu übertragen, womit Ethel sich einverstanden erklärte. Nach vier langen Tagen wollte John Jr. wieder nach Hause zurück – und versprach, künftig mehr für die Schule zu tun.

Ruhezeiten und Rituale

Kinder brauchen Ruhephasen und regelmäßige Tagesabläufe, was Sie beides gut beim Zubettbringen kombinieren können. Im Weißen Haus achtete Jackie darauf, dass Caroline und John Jr. jeden Abend ohne großes Theater um sieben Uhr ins Bett gingen. Zehn Minuten vor Ende der Spielzeit kam eine kurze Vorwarnung, woraufhin die beiden sich auf den Weg ins Bad zum Waschen und Umziehen machten. Anschließend bekamen sie eine Gutenachtgeschichte vorgelesen, sprachen ihr Abendgebet und erhielten einen Gutenachtkuss von ihrer Mutter – und fast immer auch von ihrem Vater, ganz gleich, welche diplomatische Krise JFK gerade zu bewältigen hatte. (An alle Väter: Wenn ein Staatspräsident das schafft, dann können Sie das auch!)

Nicht jede Schlacht endet siegreich

Jackie konnte ihren Willen nicht immer durchsetzen, und Ihnen wird es ganz sicher nicht anders ergehen. Das ist nicht weiter schlimm, nehmen Sie die Niederlage daher ruhig an. Caroline sah sich als Teenager eher als Bohème, und die Vorstellung, auf einem Debütantinnenball anzutreten, behagte ihr überhaupt nicht. Jackie, die dieses Ritual selbst erlebt hatte, hatte gehofft, ihre Tochter auf diese Weise »in die Gesellschaft einführen« zu können, lenkte aber schließlich ein und erließ Caroline diese Pflicht.

Gelassenheit ist Trumpf

So lange Sie mit Kindern gelassen umgehen, reagieren diese auch entsprechend. Wer dagegen die Fassung verliert, wird gnadenlos ausgetrickst. Als die Kinder noch klein waren, beherrschte Jackie diesen Grundsatz. Wenn die Kleinen widersprachen, bewahrte sie Ruhe und wiederholte, was sie von ihnen wollte. Später wurde es schwieriger, besonders als John Jr. sich für Mädchen zu interessieren begann.

Kinder haben ihren eigenen Kopf – und sollen ihn auch benutzen

Kinder sollte man wie die Erwachsenen behandeln, die sie einmal werden sollen. Kinder scheuen nämlich instinktiv vor Menschen zurück, die ihnen gegenüber Babysprache verwenden, schließlich möchte jedes Kind ernst genommen werden. Jackie beherrschte die Kunst, Kindern einen wichtigen Platz im Leben einzuräumen. »Sie war eine Frau, die mit Kindern auf derselben Ebene sprach und voller Begeisterung steckte«, berichtet Baldrige. »Sie versuchte immer, ihr kreatives Potenzial hervorzulocken.«

Schwächen in Stärken verwandeln

Ihre Tochter ist entsetzlich schüchtern gegenüber Fremden? Dann sehen Sie diese Zurückhaltung als Stärke an, anstatt sie zu zwingen, sich in Situationen zu begeben, die ihr unangenehm sind. Möglicherweise kann sie sehr genau beobachten, also sollte sie zum Schreiben oder Malen ermuntert werden.

Jackie begriff schon früh, dass John Jr. nicht zum Gelehrten geboren war. Deshalb gab sie ihn (nach den ersten harten Kämpfen) auf das Collegiate in Manhattan, das für seine kreative Atmosphäre bekannt war, anstatt auf eine der extrem leistungsorientierten Privatschulen. Jahre später (nachdem er eine Zeit lang ein strenges Internat besucht hatte) akzeptierte sie aus demselben Grund die von ihm favorisierte Brown University.

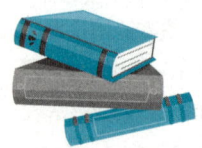

Einmal Mamas Baby, immer Mamas Baby

Ob die Kinder es hören wollen oder nicht – es wird reichlich Gelegenheit geben, sie auch als Erwachsene weiterhin zu beeinflussen (oder vielmehr zu manipulieren). Jackie hatte keine Hemmungen, ihren Kindern vorzuschreiben, wie ihr Leben zu verlaufen hatte. Und seltsamerweise hörten die beiden (meist) auf ihre Mutter.

Nur zu ihrem Besten

Es fällt niemandem leicht, einen Traum zerplatzen zu lassen, dennoch sollten Sie Ihrer Tochter, falls sie beispielsweise keinen sauberen Ton singt und trotzdem die nächste Mariah Carey werden will, reinen Wein einschenken. Caroline Kennedy wollte sich gern als Fotografin etablieren, und jemand bot ihr sogar eine Ausstellung in einer Galerie in Manhattan an. Jackie wusste, dass die Bilder hoch gehandelt werden würden, allerdings eher wegen des Namens ihrer Tochter als wegen deren Talent. Deshalb trat sie auf die Bremse, besonders bei den Rezensionen, war allerdings klug genug, einen Kompromiss anzubieten: Caroline bekam tatsächlich ihre Ausstellung, doch Jackie bestand darauf, dass diese ohne Presserummel und größeres Aufsehen stattfand.

Obwohl sie selbst bei Miss Porter's am Drama Club mitgewirkt hatte, erhob sie Einwände gegen die Schauspielversuche von John Jr. Für sie war die Bühne nicht der passende Ort für einen Präsidentensohn. Um ihrem Standpunkt Nachdruck zu verleihen, wohnte weder sie noch Caroline 1985 seinem Auftritt am Manhattan's Irish Arts Center bei, außerdem tat sie ihr Möglichstes, alle Berichte zu unterdrücken.

Einmischen erlaubt

Es ist immer kritisch, sich in die Herzensangelegenheiten
der eigenen Kinder einzumischen – und unmöglich, zu ihrer
Partnerwahl keine eigene Meinung zu entwickeln. Wenn Sie
den oder die Angebetete mögen, dann unterstützen Sie das
Paar nach Kräften, damit es allen Beteiligten wunderbar
geht. Sollten Sie jedoch nicht einverstanden sein, kann der
instinktive Versuch, Ihren Sprössling vor einer katastropha-
len Beziehung zu bewahren, der Eltern-Kind-Beziehung erheblich schaden. Immerhin besteht ein feiner Unterschied
zwischen Abneigung und der Einstufung eines Partners als
möglicherweise schädlich. Diese Trennlinie sollten Sie nur
mit großem Bedacht überschreiten.

Jackie hat es getan. Als Caroline während ihrer Collegezeit
mit dem Autor Tom Carney ausging, mischte sie sich im positiven Sinne ein. Carney hatte bereits einen Roman veröffentlicht und arbeitete mit einem Partner an einem Dreh-
buch. Jackie versuchte, dieses Buch bei Swifty Lazar und Sue
Mengers unterzubringen, zwei Topagenten in Hollywood,
und auch wenn es ihr nicht gelang, so wussten Caroline und
Carney ihre Bemühungen dennoch sehr zu schätzen.

Bei John Jr. fügten sich »Liebe« und »Mutter« nicht so
harmonisch zusammen wie bei seiner Schwester. Da Jackie
dem Urteilsvermögen ihres Sohnes weniger vertraute, fing
sie gern Anrufe für ihn ab und behauptete schon mal, er sei
nicht da, wenn ihr die junge Dame am anderen Ende der
Leitung nicht zusagte. Auf diese Weise ließ sie beispielsweise
Madonna und Daryl Hannah abblitzen, auch wenn er mit
Letzterer bei Jackies Tod noch immer liiert war. Viele meinen, Jackies Meinung hätte so viel Gewicht gehabt, dass sie
eine mögliche Ehe zwischen den beiden verhindert hat.

Wie man ein Leben mit Stiefkindern durchsteht

Es ist eine Liebesheirat, aber die Kinder Ihres neuen Ehepartners nehmen es Ihnen übel? Das kommt leider sehr häufig vor, denn kleine wie große Kinder halten es selten für notwendig, dass ein neuer Elternteil dahergestiefelt kommt. Bei Jackie, selbst als Stiefkind im reichen Auchincloss-Clan aufgewachsen, sah das nicht anders aus. Als sie Aristoteles Onassis heiratete, hatte dieser bereits zwei erwachsene Kinder, und sie musste schmerzhaft lernen, mit ihrem neuen Status als Stiefmutter umzugehen.

Das sollten Sie tun

● **Anfängliche Ambivalenzen ignorieren, denn sie werden vergehen.** Sie sollten rasch lernen, auch angesichts offener Feindseligkeit seitens der Kinder Ihres neuen Mannes nie die Fassung zu verlieren. Jackie verstand, was in ihren Stiefkindern vorging. Aris Sohn Alexander etwa legte es gezielt darauf an, seinem Vater zu trotzen und Jackie zu brüskieren. Eines Tages gingen die Spannungen sogar so weit, dass Alexander sich weigerte, mit ihr am selben Tisch zu sitzen. Als Ari ihn schließlich zwang, Platz zu nehmen, brütete er mürrisch vor sich hin. Jackie ignorierte sein Schmollen einfach, aß weiter, plauderte und machte dabei eine phantastische Figur.

● **Gemeinsame Unternehmungen.** Eisiges Schweigen am Abendbrottisch ist kaum zu brechen. Je nach Alter der Kinder bietet sich ein Besuch im Zoo oder im Kino an, Sie können auch gemeinsam Go-Karts leihen oder shoppen gehen. Letzteres tat Jackie übrigens mit Aris Tochter Christina.

● **Verbündete suchen.** Sie können sich mit der Schwester, einer Freundin oder – im Idealfall – der Exfrau Ihres Partners anfreunden, wenn das in der Familie opportun ist. Jeder, der vor den Kindern gut über Sie spricht, ist sein Gewicht in Gold wert. Jackie fand eine Fürsprecherin in Aris Schwester.

Das sollten Sie lassen

● **Ersatzmutter spielen.** Treten Sie lieber als zusätzliche unterstützende Person auf. Jackie versuchte bei den Kindern von Onassis gar nicht erst, die Mutterrolle zu übernehmen, und betonte dies durch ihre häufige Abwesenheit, um mit ihren eigenen, noch sehr jungen Kindern zusammen zu sein.

● **Eigene Erziehungsgrundsätze zum Besten geben.** Solange die angeheirateten Kinder nicht sich selbst, oder Sie als neue Stiefmutter, in Gefahr bringen, sollte Sie sich lieber auf die Zunge beißen. Sie finden es vielleicht ungesund, wie viel Zeit der Sohnemann Ihres neuen Partners vor der Playstation verbringt, sein computerbesessener Papa dagegen ganz und gar nicht. Sich zurückzuhalten, das lernte Jackie bei Onassis sehr bald. Als Ari mit Jackie verreisen wollte, versuchte er, den widerspenstigen Alexander zu einem Lebewohl zu bewegen. Dabei bekam Onassis' Sekretärin Kiki Moutsatsos mit, wie Jackie endlich einmal die Contenance verlor und sagte: »Ich vestehe nicht, warum deine Kinder so frech zu mir sind.« Seine Antwort: »Mach du dir Gedanken um deine Kinder, mein Schatz, nicht um meine.«

● **Den Vater vor die Wahl stellen – die Kinder oder ich.** Die Antwort wollen Sie jetzt möglicherweise nicht hören. Vermeiden Sie jede polarisierende Diskussion, und erinnern Sie lieber daran, dass Sie beide ein Team sind. Jackie erlebte genau das, als Alexander bei einem Flugzeugabsturz ums Leben kam. Ari brach zusammen und beschuldigte Jackie, den »Kennedy-Fluch« in sein Haus gebracht zu haben. Das war letztlich der Anfang vom Ende ihrer Ehe, denn Onassis hatte nie akzeptieren können, dass sie nur eine unschuldige – und unterstützende – Statistin gewesen war.

Aus Kindern werden Leute, aus Eltern ... Großeltern

Sie haben es geschafft! Die Kinder sind aus dem Haus, Sie herrschen über Ihr Reich und sehen dabei von Tag zu Tag besser aus. Dann bekommt Ihr Kind ein Baby, und plötzlich haftet das ausgesprochen unattraktive Etikett einer Großmutter an Ihnen. Darüber können Sie schmollen – oder vom Eifer der Jugend profitieren. Jackie machte das Beste daraus und verdiente sich damit bei den drei Kindern von Caroline den Titel »Grandjackie«. Sie sah Rose, Tatiana und Jack mehrmals pro Woche, um mit ihnen zu einem Spielplatz im Central Park oder Eis essen zu gehen oder sie mit Spielzeug zu beschenken. Zu ihren Regeln zählte:

Nach Herzenslust verwöhnen – jetzt dürfen Sie! Für die Kleinen sind nämlich nicht Sie verantwortlich, sondern die Eltern. Jackie ließ ihren Enkeln im Haus stets freien Lauf, und wenn dabei hin und wieder ein Malheur passierte, etwa wenn Rose auf einem teuren Teppich Flecken hinterließ, war das für Jackie nebensächlich. »Das macht nichts, das ist doch nur ein alter Teppich!«, versicherte sie.

Wieder selbst zum Kind werden. Wann haben Sie sich zuletzt im Spiel verkleidet oder auf einem Topf herumgetrommelt? Genau. Enkel sind ein Anlass, allen möglichen Unfug zu treiben. Jackie hatte eine große Schatztruhe in ihrer Wohnung, aus der die Kinder sich mit Ketten, Ringen und anderen Kostbarkeiten bedienen durften. Nancy Tuckerman, Jackies langjährige persönliche Assistentin, beschreibt im Vorwort zu dem Katalog für die Auktion von 1996 bei Sotheby's, wie es dann weiterging: »Jackie nahm sie auf ein Fantasy-Abenteuer mit, wie sie es nannte. Sie erzählte ihnen eine spannende Geschichte, führte sie durch die abgedunkelte Wohnung und öffnete mit ihnen die Wandschränke, um Geister und geheimnisvolle Märchenwesen zu suchen. Nach dem Spiel folgte eine traditionelle nachmittägliche Teeparty, für die sich alle im Wohnzimmer auf den Boden setzten.«

Dem Ruf der Natur folgen. Kinder lieben den Aufenthalt in der freien Natur, und sie ist tatsächlich der beste Spielplatz. Deshalb lud Jackie ihre Enkelkinder gern nach Martha's Vineyard ein. Tage lang erforschten sie die Insel, tobten in den Wellen, entdeckten die Wunder der Natur und kamen nur ins Haus, wenn Martha Sgubin sie zum Essen rief. Selbst als Jackie schon krank war, ging sie noch mit ihren Enkeln im Central Park Schlitten fahren.

Würde *Jackie* …

… ihren Kindern einen Klaps geben?

Ja, aber nicht öffentlich und nur als letzte Möglichkeit. John Jr. sagte dazu: »Meine Mutter war sehr streng zu mir. Caroline durfte sich fast alles erlauben, aber wenn ich mal etwas falsch machte, gab es gleich einen Klaps.« Angesichts von Jackies Neigung, sich stets nach dem aktuellsten Trend zu richten, hätte sie jedoch bestimmt die Weisheit der heutigen Denkweise erkannt – Gewalt lehrt Gewalt – und sich im Zaum gehalten.

… Teenager als Babysitter einsetzen?

Nein. Jackie bevorzugte gereifte Persönlichkeiten als Aufsichtspersonen für ihre Kinder. Außerdem hatte sie freie Auswahl: Die jungen Frauen bewarben sich zu Hunderten im Weißen Haus um einen Job als Babysitterin. Heutzutage bieten in den USA die Ivy-League-Schools Babysitterdienste für Wohlhabende an, aber warum sollte man eine Studentin im Examensstress engagieren, wenn man auch eine professionelle Kinderfrau – für Jackie ein Muss – einstellen kann?

… ihren Kindern stets das Aktuellste und Teuerste schenken?

Nein. Die Vorstellung, Sechzehnjährige mit einem Jaguar oder einer Brustvergrößerung zu beschenken (inzwischen in der Nouveau Elite gängig), hätte Jackie mit Sicherheit entsetzt. Während seiner Zeit an der Brown University war John Jr. in einem alten Honda Civic rund um Providence in Rhode Island unterwegs.

… ihre Kinder von anderen rügen lassen?

Ja, besonders, wenn sie sich selbst gefährden. Es ist unmöglich, seinen Nachwuchs pausenlos im Blick zu behalten. Seien Sie also dankbar, wenn Ihnen Gleichgesinnte mit gesundem Menschenverstand zur Seite stehen. Als ein Ringmaster bei einer von Jackies Pferdeschauen ein paar Kinder anwies, von einem Zaun zu steigen, rührte sich die störrische Kennedy-Tochter zunächst nicht von der Stelle und kam erst nach der zweiten Aufforderung herunter. Jackie bedachte den Verantwortlichen mit einem schweigenden, zustimmendem Lächeln.

… ihre Kinder zwingen, etwas zu lernen, was sie nicht wollen?

Nein. Das ist eine schwierige Frage für Eltern, die ihre Kinder am liebsten glänzen sehen wollen. Noch schwieriger ist es, wenn Eltern sich wünschen, dass Kinder ihr geliebtes Hobby ergreifen. Jackie zwang ihre Kinder nie zum Tanzen, Malen, Football oder zu sonstigen Freizeitaktivitäten, wenn sie das nicht von sich aus wollten. Ein Beispiel: Als Caroline in New York City Reitstunden nahm, kicherte sie mehr mit ihren Freundinnen über Jungs herum, als sich anzustrengen. »Ich glaube, Jackie war klug genug, um zu erkennen, dass ihr mehr am Reiten lag als Caroline«, erinnert sich Paul Novograd, der Besitzer der Claremont Riding Academy. »Deshalb meldete sie Caroline auch irgendwann ab.« Den Druck wegzunehmen zahlte sich aus: Jackies Tochter entwickelte sich zu einer begeisterten Reiterin und ging später sogar mit ihren eigenen Töchtern reiten.

... ihren Kindern Partys im eigenen Haus gestatten?

Ja, zumindest bis zu einem gewissen Grad. Jackie hätte eine offene Gesetzesübertretung zwar nie gutgeheißen, glaubte aber, dass ihre Kinder unter dem eigenen Dach sicherer wären. Das war ihr lieber, als sie gar nicht mehr im Blick zu haben. So entstanden dann auch John Jr.'s wilde Hauspartys in Martha's Vineyard. Vielleicht ist es nur ein kleiner Trost, aber auf diese Weise haben Sie wenigstens Gewissheit, dass Ihre Kinder nicht betrunken mit dem Wagen nach Hause fahren.

... ein Zusammenleben ohne Trauschein akzeptieren?

Trotz ihrer konservativen Grundeinstellung ließ Jackie ein Zusammenleben ohne Trauschein eine Weile durchgehen. Schließlich war sie sich durchaus bewusst, welches Vorbild sie mit Maurice Tempelsman abgab. Ob Sie die wilde Ehe Ihrer Tochter oder Ihres Sohnes billigen oder nicht, können Sie jederzeit durch die Häufigkeit Ihrer Besuche signalisieren.

JACQUELINE
KENNEDY
ONASSIS
RESERV

ST. IGNATIUS

MET MUSEUM

E. 83RD

E. 81ST

MICHAEL'S

E. 79TH

THIRD AVENUE

TRAL
PK

E. 75TH

CAROLINA HERRERA

FIFTH AVENUE

MADISON AVENUE

EIGHTH AVENUE

METROPOLITAN OPERA

LEXINGTON AVENUE

SECOND AVENUE

FIRST AVENUE

SERENDIP

A LA VIEILLE RUSSIE

BERGDORF GOODMAN

FOUR SEASONS

E. 59

E. 58TH

E. 57TH

21 CLUB

WALDORF=ASTORIA

E. 52ND

E. 49TH

SEVENTH AVENUE

GRAND CENTRAL TERMINAL

10. Kapitel

Jackie im Hier und Heute

»Ich liebe ein Leben mit Stil!«

JACQUELINE BOUVIER KENNEDY ONASSIS

W enn die bisherigen Kapitel ihren Zweck erfüllt haben, sind Sie jetzt bereit, Ihre ganz persönliche Version eines Lebensentwurfs nach Jackies meisterlichem Vorbild zu entwickeln. Sie werden logischer, stilvoller und mit mehr Leichtigkeit durchs Leben schweben, selbst wenn Merkur rückläufig wird. Sie werden schlummernde kulturelle Zellen wiederbeleben und neue Wege finden, Ihre Lebensfreude ebenso wie Ihre Ausstrahlung zu nähren und sich großzügig zu zeigen. Vermutlich haben Sie nun sogar einen guten Grund, bestimmte Familienmitglieder auf Abstand zu halten.

Dennoch bleibt gewiss der Drang, Jackies Spuren zu folgen. So kam es schließlich zu den zwei grandiosen Jackie-Auktionen bei Sotheby's. Deshalb finden auch neue Bücher, Ausstellungen und Programme über Jackie Jahr für Jahr treue Abnehmer. Aber nur hier finden Sie etwas Griffigeres: einen Wegweiser zu allen heute erhältlichen JBKO-Gütern, außer dem ihre Marken, ihre Vorlieben und ihre Geheimtipps.

Stilfragen: Kleidung und Accessoires

Jackie erkannte einen Klassiker auf Anhieb. Das erklärt auch, weshalb so viele Marken, Kaufhäuser und Boutiquen, die sie bevorzugte, nie wirklich aus der Mode kamen. Nicht alle darunter sind kostspielig – dank Jackies lebenslangem Geschäftssinn. Doch selbst die gehobenen Namen, die mit lebenslanger Haltbarkeit werben, sind ihre ebenso gehobenen Preise oft wert.

Giorgio Armani. Ob Sie nun das erschwinglichere Emporio Armani oder das spezielle Black Label vorziehen, dieser Name steht stets für luxuriöses Understatement. Besonders bei Kostümen wusste Jackie die exakten Schnitte zu schätzen. Im Jahr 1979 leistete sie sich auch eine seiner Samtnerzjacken.

● www.giorgioarmani.com (englisch/italienisch; mit Store Locator)

Manolo Blahnik. Wenn es darum geht, Beine und Zehen sexy zur Geltung zu bringen, ist der Schuhdesigner heute wie zu Jackies Zeiten unübertroffen. Abgesehen von ein paar Satinschuhen für förmliche Anlässe liebte Jackie seine schmalen, flachen Exemplare, in denen ihre Füße in Schuhgröße 41 zierlicher wirkten. In Berlin bei Quartier 206 (Friedrichstraße 71) und in München im Modehaus Marion Heinrich GmbH (Falckenbergstraße 9).

- www.manoloblahnik.com
- www.neimanmarcus.com
- www.bergdorfgoodman.com

Carolina Herrera. Jackie hatte eine Vorliebe für Herreras prächtigen, patrizierhaften Stil, die sie sogar an ihre Tochter weitergab: Carolines Hochzeitskleid war eine Sonderanfertigung der Designerin. Herreras wichtigster Laden liegt in der 954 Madison Avenue (bei der 75th Street) in New York. Herreras Mode, die sich in letzter Zeit etwas verspielter präsentiert, gibt es auch in bestimmten Geschäften von Neiman Marcus und Saks in der Fifth Avenue.

- www.carolinaherrera.com (englisch, kein Versand)

Cartier. Die klaren, klassischen Linien des französischen Uhrenherstellers sind kaum zu übertreffen. Jackie mochte lange vor allem die original Tank-Armbanduhr in Gold. Bei einer teuren Uhr hätte Jackie sicher auf einem mechanischen Uhrwerk bestanden und eine Quarzuhr abgelehnt.

- www.cartier.de (deutsch)

Chanel. Allen Nachahmungen zum Trotz – Chanel bleibt Chanel, besonders für ein unnachahmliches Kostüm. Jackie besaß mehrere, darunter eines aus schwarzweißem Bouclé, das auf vielen Fotos zu sehen ist.

- www.chanel.de (deutsch)

E. Vogel. Hier gibt es maßgefertige Reitstiefel, die Jackie sehr zu schätzen wusste. Kunden, denen der Weg zu weit ist, können einen »measuring kit« anfordern, mit dessen Hilfe sie alle erforderlichen Maße ermitteln und einreichen können. Nichtreiter, denen es nur um den Chic geht, können eine etwas kürzere Straßenversion erstehen. Jackie bevorzugte Stiefel aus französischem Kalbsleder. Die Preise sind auf der Homepage einsehbar, das Geschäft befindet sich in der 19 Howard Street in New York.

● www.vogelboots.com (englisch; liefert weltweit)

Fogal. Ob zarte Fesseln oder kräftige Waden – schöne Strümpfe bringen sie richtig zur Geltung. Jackie, die recht muskulöse Unterschenkel hatte, schnurrte genüsslich »Fogal«, wenn man sie vorsichtig fragte, woher ihre herrlichen Strümpfe stammten.

● www.fogal.com (deutsch; mit Shop Finder und Online Shop)

Gucci. Obwohl unklar ist, ob Jackie das berühmte Portemonnaie, das Gucci ihr gewidmet hatte, je benutzt hat, gefielen ihr doch zumindest zahlreiche andere Accessoires des italienischen Luxusherstellers. Ein Beispiel: Im Jahr 1968 – kurz vor ihrer Hochzeit mit Onassis – schlich sie in Guccis Flaggstore in Manhattan, wo sie für 1480 Dollar (heute etwa 5000 Euro) eine braune Krokodilledertasche erstand.

● www.gucci.com (deutsch)

Jack Rogers. Mit ihren bequemen, bestickten Navajo-Sandalen von Jack Rogers, die es in allen Modefarben gibt, zeigte sich Jackie überall, von Capri bis in den Central Park.

● www.stylebob.com
● www.jildorshoes.com (mehr Auswahl auf der amerikanischen Website; liefert auch nach Europa)

Verwandte von Jackies Schuster vertreiben die handgefertigten Sandalen über Bonanno in Florida.

● www.stephenbonanno.com (Versand nur in den USA)

Keds. Für Schaufensterbummel waren Jackie diese schlichten weißen Sneaker zum weißen T-Shirt gerade recht. Bis heute setzt Keds auf möglichst klare Linien. In München bei Freemark Enterprises (Martinusstraße 7).

● www.keds.com (englisch)
● www.planet-sports.de
● www.boomshoes.de

Lacoste. Der kleine französische Alligator ist neuerdings wieder populär. Die kurzärmeligen Pique-Shirts gibt es auch in figurbetonten Varianten, die Jackie geschmeichelt hätten.

● www.lacoste.de (deutsch)

Kenneth Jay Lane. Berühmte Modeschmuckserie, die wieder sehr gefragt ist. Wer kann schon Kleinodien widerstehen, die von Jackie bis hin zu den Darstellerinnen von *Denver Clan* stets begehrt waren? Die letzte Kollektion enthielt unter anderem Manschettenknöpfe aus Korallen und türkisfarbene Anhänger in Hornform. In Modeboutiquen, manchen Kaufhäusern und online erhältlich.

● www.net-a-porter.com (englisch)
● www.stylebob.com (deutsch)

Pucci. Im Weißen Haus bewegte sich Jackie in ihrer Freizeit gern in Caprihosen von Emilio Pucci. Ihren Vierzigsten feierte sie in einem schrillen Minikleid und langen, schwingenden Perlenketten. Das italienische Modehaus unterhält Boutiquen in New York, Palm Beach und Europa, unter anderem in dem kleinen Laden bei der florentinischen Villa, in der Designer einst wohnte. Mit etwas Glück ergattert man ein Stück auf eBay oder in dem berühmten New Yorker Kaufhaus Century 21.

- www.emiliopucci.com (englisch; mit Shop Finder)
- www.net-a-porter.com (englisch)

Lilly Pulitzer. Lilly ging bei Miss Porter's mit Jackie in dieselbe Klasse. Sie setzte auf festliche Rosa- und Grüntöne – ebenso wie die junge First Lady, als sie diese Kombination bei *Life* entdeckte. Inzwischen gehen Pulitzers Entwürfe weit über Kleidung hinaus und umfassen auch Babyausstattung sowie Accessoires für zu Hause oder Schuhe.

- www.lillypulitzer.com (englisch)

Valentino. Wenn es auf makellos fotogenes Auftreten ankam, verließ sich Jackie stets auf den italienischen Designer Valentino. Er entwarf ihr cremefarbenes Spitzenkleid für die Trauung mit Onassis und ist heute der Maestro mit dem breitesten, sichersten Repertoire für Damen der High Society bis hin zum MTV-Starlet. Shops in Berlin (Kurfürstendamm 57/58) und München (Maximilianstraße 30).

- www.valentino.com (englisch)

Roger Vivier. Von diesem Vorgänger Manolo Blahniks, der angeblich den Stiletto erfunden hat, war Jackie geradezu hingerissen. Sein Name prangt inzwischen auf einer neuen Schuhlinie, die vom Stöckelschuh bis hin zur Jesus-Sandale aus Wildleder reicht. In New York ist er bei Saks zu finden, in

Los Angeles bei Neiman Marcus. Shops auch in Paris, Mailand, London und Hongkong.

● www.rogervivier.com (englisch)

Louis Vuitton. Die praktische Perfektion der Noe-Tasche ist unwiderlegbar, schließlich wurde sie entworfen, um darin Champagnerflaschen zu transportieren. Die schwarze Tasche aus Epi-Leder war Jackies Markenzeichen. Für Reisen verwendete sie Vuittons wieder in Mode gekommenes Logo-Gepäck-Monogram – das sich jemand, der es anschließend im Privatjet verstauen kann, sicher leichter leisten kann.

● www.vuitton.com (deutsch; mit Shop Finder)

Zoran. Im Laufe der Zeit wurde Jackie ein großer Fan – geradezu eine Zoranierin – der gleichermaßen chicen wie tragbaren Mode von Zoran, bei der man sofort an Hosen und Röcke ohne Knöpfe, Reißverschluss oder Schnallen sowie ungefütterte, fließende Jacken und Mäntel denkt. Zoran kreiert jedoch keinen unförmigen Flatter-Look, sondern verwendet für seine zeitlosen Modelle nur die kostspieligsten, feinsten Stoffe aus Alpaka und Kaschmir, Seide oder Samt. Alles sehr exklusiv. Erhältlich bei Saks Fifth Avenue in New York und Brown's in London. Oder direkt beim Designer unter der Nummer 001/212/233-2025.

Shoppingtour

Encore. Über diesen Secondhand-Shop wechselten einst Jackies Kleider die Besitzerin. 1132 Madison Ave. (zwischen 84th und 85th Street), New York.

● www.encoresale.com (englisch)

Gap. Ein einfaches weißes oder schwarzes Top unter einem sorgfältig geschnittenen Blazer kann man immer gebrauchen. Jackie bevorzugte eng anliegende Basics aus reiner Baumwolle. Stores in Amerika, Kanada, Frankreich, Großbritannien und Japan (in Deutschland gibt es seit 2004 keine Gap-Stores mehr).

● www.gap.com (englisch)

Gem Palace. Schon 1962 bestückte Jackie ihre Schmuckschatulle mit Kleinodien aus dem berühmten Gem Palace. Der Familienbetrieb aus Jaipur im indischen Rajasthan fertigt noch heute glitzernde Kostbarkeiten für alle, die das nötige Kleingeld mitbringen. Der Designer, Munni Kasliwal, verkauft seine Ware unter anderem bei Barneys in New York, aber auch in Berlin im Quartier 206 (Friedrichstraße 71).

● www.gempalace.com (englisch)

Bergdorf Goodman. Von der Auswahl bis zum Service noch immer führend unter den großen Boutiquen. Die Schneider und Hutmacher dort standen für Jackie praktisch auf Abruf bereit. Alles in allem unübertroffen – auch wenn Neiman Marcus, der demselben Mutterkonzern untersteht, inzwischen beinahe dasselbe Niveau erreicht. 754 Fifth Ave., New York.

● www.bergdorfgoodman.com (englisch; Bestellungen aus Europa nur telefonisch möglich: 001/972/556-6080)

Hermès. Sie stehen noch auf der Warteliste für eine Birkin Bag? Nun, es gibt Alternativen. Jackie wählte in den Siebzigern zunächst die Schultertasche Constance (mit dem großen H auf der Vorderseite). Auch die Trim-Tasche war ihr sehr lieb – ein schlichtes Ledermodell, das man bequem unter den Arm schieben konnte. Ihre geniale Kopfbedeckung mit dem Seidenschal sollten Sie jedoch lieber auf eigenes Risiko ausprobieren. Vielleicht wagen Sie sich ja sogar an das Hermès-Design »Horoscope«, das Jackie sehr gut stand.

● www.hermes.com (deutsch; mit Online Shop und Shop Finder)

Michael's. Führendes Secondhand-Haus in Manhattan, wo angeblich Jackies Röcke zum Verkauf standen. Der Besitzer hüllt sich zu diesem Thema in Schweigen, was jedoch niemanden davon abhalten sollte, hier erstklassige, kaum getragene Mode zu erstehen. 1041 Madison Ave, New York.

● www.michaelsconsignment.com (englisch)

Saks Fifth Avenue. Hier war Jackie zu Hause, also überrascht es kaum, dass dies ihr Lieblingskaufhaus war. In jüngeren Jahren bestellte sie über Saks gern Mode einer gewissen Französin mit dem Namen Coco Chanel.

● www.saksfifthavenue.com (englisch; Bestellungen aus Europa nur telefonisch möglich: 001/800/7257-7257)

Smythson of Bond Street. Sie möchten Ihr prosaisches Auftreten durch ein wenig britische Klassik ergänzen? Smython ist königlicher Hoflieferant mit zahlreichen entsprechenden Zertifikaten. Er machte sich einen Namen mit Kollektionen wie »tangerine fashion« oder ausgefallenen Motivkarten im klassisch englischen (und kostspieligen) Stil. Jackies Lieblingsfarbe war übrigens Nilblau. Niederlassungen in London, Manchester, Edinburgh, New York, Los Angeles und Hongkong.

● www.smythson.com (englisch; liefert auch innerhalb Europas)

Mrs John L. Strong Fine Stationery. Wer auch beim Papier das Besondere zu schätzen weiß, sollte diese Kollektion in Betracht ziehen, die vom feinstem Prägesiegel bis zum »schreibfertigen« Set reicht. Jackie, Hillary Clinton, Bunny Mellon und die Herzogin von Windsor haben sich hier mit Vorliebe eingedeckt. In Berlin bei The Corner Berlin (Französische Straße 40) und in München bei Jewels Now and Tomorrow (Fünf Höfe – Prannerpassage).

● www.mrsstrong.com (englisch)

Tiffany. Ob Brosche, silbernes Maßband oder Porzellan – Jackie mochte die kleinen blauen Kästchen ebenso wie wir alle. Nur hier gibt es den hinreißenden Schlumberger-Schmuck (Preise in der Regel vier- bis fünfstellig), eine weitere Marke, die Jackie sehr zusagte. Shops in Frankfurt (Goethestraße 20), Hamburg (Neuer Wall 19), München (Residenzstraße 11), ebenso in Wien (Kohlmarkt) und Zürich (Bahnhofstraße 14).

● www.tiffany.com (englisch)

Van Cleef & Arpels. Hier erstand John F. Kennedy Jackies Verlobungsring mit Smaragd und Diamant. Wer sich die kostbaren Stücke nicht direkt aus der Vitrine leisten kann, der findet erschwinglichere Exemplare über Auktionshäuser oder Nachlässe. In Hamburg bei Cabochon (Heegbarg 31)

● www.vca-jewelers.com (englisch)

Wartski. Renommierter Londoner Familienbetrieb (14 Grafton Street) für Kunst und Antiquitäten, der insbesondere exklusiven Schmuck und Arbeiten von Fabergé anbietet – und so hinreißende Diamantbroschen, dass die junge Mrs Kennedy andere Schätze hergab, um sie gegen ihre Starburst-Brosche einzutauschen.

● www.wartski.com (englisch; versendet weltweit)

My home is my castle – die besten Adressen zum Thema Einrichtung

Wann beginnt der erste Eindruck? Häufig schon an der Schwelle zu den eigenen vier Wänden. Jackie hatte jede Menge Hauspersonal und Helfer wie Innenarchitekten und Einrichtungsexperten, außerdem Betriebe vor Ort und ausgefallene Lieferanten für alles Mögliche, von edlen Antiquitäten bis hin zu »Sorgenperlen«.

A La Vielle Russie. Bei diesem Kunst- und Antiquitätenhändler aus Manhattan, der auf Fabergé-Eier, Erbstücke, russische Kunst und andere Besonderheiten spezialisiert ist,

349

erstand Jackie einen wahren Schatz an hübschen Dingen. 781 Fifth Avenue, New York; 001/212/752-1727.
● www.alvr.com

Flowers by Philip. Jackie liebte frische Blumen und ließ sich ständig von ihrem Lieblingsfloristen beliefern. 1141 Madison Avenue, New York; 001/212/535-1388.

Grace Galleries Inc. Karten mit künstlerischem Anspruch, wie Jackie sie gleichermaßen zu dekorativen wie funktionalen Zwecken (Geografiestunden für die Kinder natürlich!) erwarb, verleihen Ihrem Zuhause einen Hauch von Weltbürgertum. Echte alte Karten sind oft unerschwinglich, doch hier gibt es auch Reproduktionen, die von der Qualität her durchaus in Jackies Heim gepasst hätten.
● www.gracegalleries.com (englisch; liefert weltweit)

Irvine Fleming Interiors. Die Innenausstatter Irvine und Fleming richten Wohnräume traditionell, aber nicht altmodisch ein. Keith Irvine verbraucht ballenweise Chintz für so berühmte Kunden wie Diana Ross, Robert Shriver Jr. oder auch Jackie. 327 E. 58th Street, New York; 001/212/888-6000.
● www.irvinefleming.com (englisch)

Pier 1 Imports. War sie hier oder nicht? Jackies unzählige Körbe, die meist für Blumen eingesetzt wurden, trugen keine Schilder. Aber zumindest einer ihrer Innenausstatter deckte sich hier gern mit preiswerten Bambus- und Weidenkörben ein. Shops in USA, Kanada und Mexiko.
● www.pier1.com (englisch)

Richard Keith Langham Inc. Der höfische Mr Langham ist als Innenausstatter noch immer eine absolute Koryphäe. Er schwärmt für intensive Farben und britischen Landhausstil und war einer der letzten Dekorateure, der Jackies Räume in New York neu gestalten durfte. 153 East 60th Street, New York; 001/212/759-1212.

Schweitzer Linen. Ein luxuriöses Bett ist in Jackies Welt des behaglichen Boudoirs ein Muss. Sie mochte die Wäsche und sonstigen Artikel dieses Familienbetriebs aus Manhattan sehr. Mittlerweile gibt es auch ein breites Online-Angebot an Bettwaren, Tischtüchern, Handtüchern und Sonstigem.

● www.schweitzerlinen.com (englisch; liefert weltweit)

Slatkin & Co. Der damalige Heimausstatter dieses Namens war ein Lieblingsziel von Jackie. Inzwischen wurde das Sortiment auf Düfte für ein gepflegtes Heim umgestellt und gehört zu Limited Brands Inc. Jackie mit ihrer Vorliebe für Kerzen und sinnliche Accessoires hätte diese Duftorgien sicher geliebt. Erhältlich bei Neiman Marcus und Bergdorf Goodman.

● www.slatkin.com (englisch; liefert nicht nach Europa)

Dingdong! Wo Jackie überall zu Hause war

Jackie wählte häufig abgelegene Landgüter und versteckte Landhäuser, die heute in Privatbesitz und daher nicht zu besichtigen sind. Ihre Stadtdomizile kann man bei Spaziergängen jedoch ungehindert von außen begutachten.

Washington D. C.

3321 Dent Place, Georgetown. Drei Monate nach der Hochzeit im September 1953 mieteten John und Jackie sich hier ein, blieben aber nur bis Juni 1954.

2808 P Street, Georgetown. Ein Leasingdomizil der Kennedys von Januar bis Mai 1957.

3307 N Street, Georgetown. Die berühmteste Kennedy-adresse in Georgetown erstand die Familie nach Carolines Geburt. Von hier aus zogen sie am 20. Januar 1961 ins Weiße Haus.

Das Weiße Haus. Leider ist von Jackies penibler Renovierung nicht mehr viel übrig. Seit Nixon wurde das meiste durch die Republikaner verändert. Der Blue Room, der während der Clinton-Jahre neu dekoriert wurde, entspricht wohl am ehesten dem Stempel, den sie dem Wohnbereich aufgedrückt hat. Informationen zu Besichtigungen unter
● www.whitehouse.gov/history/tours/

3017 N Street, Georgetown. Nachdem sie kurz nach dem Attentat vorübergehend im Haus der Harrimans untergeschlüpft war, kaufte Jackie diesen Wohnsitz. Allerdings belagerten die Öffentlichkeit und die Presse sie so sehr, dass sie nur zehn Monate blieb, ehe sie alles verkaufte und nach New York City zog. Obwohl das Anwesen heute keine Hausnummer trägt, ist es leicht zu finden – ein wahrer Palast zwischen 3019 und 3009.

New York

1040 Fifth Avenue, New York. Jackies berühmte Beletage mit Ausblick über den Central Park liegt im fünfzehnten Stock an der Museum Mile. Von hier aus sind es nur wenige Schritte zum Guggenheim Museum, zum Metropolitan Museum of Art und vielen anderen wichtigen Spots.

Jetsetten für Könner – Topadressen für unterwegs

Sie möchten absteigen, wo Jackie sich wohl fühlte? Dann probieren Sie es bei diesen klassischen Adressen, die mal schlicht, mal nobel beeindrucken. Und vergessen Sie dabei bitte nicht die Leica, Jackies Lieblingsmarke, um Ihre Erinnerungen festzuhalten.

Beverly Hills Hotel, Beverly Hills, Kalifornien. Das unübersehbare Anwesen am Sunset Boulevard ist seit 1912 eine Topadresse in allerbester Lage. Jackie fühlte sich von den rosa Wänden und den Berühmtheiten angezogen, die dort abstiegen. Sie selbst wohnte während ihrer Reisen an die Westküste im Beverly Hills, wo sie mit Michael Jackson an seinem (und ihrem) Bestseller *Moonwalk* arbeitete. Trinken Sie doch einen Daiquiri (der hätte Jackie auch geschmeckt) in der Polo Lounge, wo sich nach wie vor die Mächtigen dieser Welt entspannen. 001/800/283-8885.

- www.beverlyhillshotel.com

Red Fox Inn, Middleburg, Virginia. Dieses aus Feldsteinen erbaute Bed-and-Breakfast-Hotel aus dem 18. Jahrhundert suchte Jackie während der Jagdsaison gerne auf. Wenn sie in ihren Jodhpurhosen dort herumstreifte, wusste sie die vielen frischen Blumen bestimmt ebenso zu schätzen wie die lange Tradition des Hauses, das im National Register of Historic Places aufgeführt ist. Falls es mit dem Platz knapp wurde, brachten die freundlichen Besitzer sie in ihrem Privatquartier unter. 001-800-223-1728.

- www.redfox.com

San Ysidro Ranch, Montecito, Kalifornien. An diesem herrlichen Ort in den Bergen machten die frisch vermählten Kennedys auf ihrer Hochzeitsreise Halt – zweifellos wegen der harmonischen, zwanglosen Atmosphäre. Die rustikale Spa-Ranch mit ihrer langen Tradition in der Glamourwelt wurde kürzlich von Grund auf renoviert und dürfte nun wieder im alten Glanz erstrahlen. 001/800/368-6788.

- www.sanysidroranch.com

The Waldorf=Astoria, New York. Hier verbrachten Jackie und John ihre Hochzeitsnacht, ehe sie ihre Hochzeitsreise nach Acapulco antraten. Auch wenn das Waldorf=Astoria heute zur Hilton-Kette gehört, ist eine Nacht an diesem historischen Ort immer noch etwas Besonderes – oder ein

Date bei Kenneth's, dem gleichnamigen Salon von Jackies langjährigem Stylisten. 301 Park Avenue, New York; 001/212/ 355-3000.

● www.waldorfastoria.com

The *Christina O.* Sie ist wieder da! Für die stolze Summe von fünfzig Millionen Dollar wurde der über einhundert Meter lange schwimmende Palast, in dem Jackie viel Zeit mit Ari Onassis verbrachte, in den perfekten Zustand der sechziger Jahre zurückversetzt. Zugang bekommen allerdings nur Personen, die das ganze Boot chartern, um sich an der Bar und dem Mosaikpool so zu erfreuen wie einst Jackie. Die *Christina O* bietet Raum für bis zu sechsunddreißig Gäste und besegelt das Mittelmeer sowie den Atlantik. Titan Brokerage Corp.; 011/30/1-428-0889.

● www.yachting-greece.com/Christina_O.htm

Claridge's London. Dieses noble Haus in Großbritanniens Hauptstadt hüllt seine Gäste in den Glanz des Art-déco. In der Lobby wird man von Lalique-Vasen, Messinggeländern und edlem Porzellan empfangen, die Zimmer sind unter anderem in typisch englischem Art-déco-Flair gehalten. Jackie und Ari schauten hier von Zeit zu Zeit gerne vorbei. Brook Street, Mayfair, London W1K4HR.

● www.claridges.co.uk

Half Moon Hotel, Jamaika. Ein weitläufiges Hotel in Montego Bay, das neben Hydrotherapie, Golf oder Reiten die Möglichkeit bietet, sich in eine Villa oder ein Hotelzimmer zurückzuziehen. Auf der perfekt vom Mond beschienenen Veranda verbrachten Jackie und John 1960 eine zauberhafte

Zeit, in der die künftige First Lady auf dem kostbaren Briefpapier des Hotels halbe Romane schrieb. Rose Hall, Montego
Bay.

● www.halfmoon-resort.com

Hotel Raj Mahal Palace, Jaipur, Indien. Wenn Jackie in
Indien weilte, wohnte sie gelegentlich in diesem Palast aus
dem achtzehnten Jahrhundert im Herzen der Rosa Stadt, wo
einst Maharani Chandra Kunwar Ranawati zu Hause war. Im
Jahr 1979 wurde der Palast in ein Hotel umgewandelt.

● www.rajasthan.tajmahalindia.net

La Perla Villas, Santorini, Griechenland. Jackie war
zwar niemals hier, aber heute würde sie zweifellos ein paar
Tage an diesem wunderbaren Ort verbringen. Die bezau-
bernden, weiß gekalkten, höhlenartigen Villen gehören der
Betreiberin Kiki Moutsatos. Sie war die treue Assistentin von
Ari Onassis und stand auch Jackie sehr nahe. Einchecken, am
Pool entspannen, und vielleicht – ganz vielleicht – ist sie
freundlich genug, sich mit Ihnen anzufreunden.

● www.laperlavillas.com

Mont Tremblant Resort, Quebec, Kanada. Hier tobte
sich Jackie 1968 aus. Seither ist Quebecs größtes und bestes
Skigebiet immer besser ausgebaut worden.

● www.tremblant.com

Plaza Athénée, Paris. Nein, Jackie war nicht in jedem Palast Europas zu Gast, aber dafür gerne einmal in diesem char-
manten (und unlängst renovierten) Hotel. Das Athénée ist in
der Modewelt und bei den Stars beliebt und steht daher für

jeden standesbewussten Reisenden ganz oben auf der Hit-
liste. Zudem beherbergt es ein Restaurant des Spitzenkochs
Alain Ducasse. Buchen Sie ein Zimmer mit Privatterrasse,
um im Schatten des Eiffelturms im Freien zu speisen, oder
eines, aus dem man einen spektakulären Blick über eines der
schicksten Viertel der Stadt genießt. 25 Avenue Montaigne,
Paris.

● www.plaza-athenee-paris.com

Round Hill Resort, Jamaika. Stören Sie sich nur nicht an
dem winzigen Strand dieser zeitlosen Oase bei Montego Bay.
Sie können einen hoch gelegenen Bungalow (mit eigenem
Pool und Koch) buchen, wie es einst von Clark Gable, Oscar
Hammerstein oder Jackie getan haben. Auf dem Gelände, das
immer noch viel Jetset anzieht, hat Ralph Lauren ein eigenes
Quartier. Denken Sie daran, ein paar Bögen des Briefpapiers
mit dem klassischen Ananas-Prägestempel einzustecken, um
ebenso schöne Briefe schreiben zu können wie Jackie.

● www.roundhilljamaica.com

Das eine oder andere Ritz. Ritz-Hotels kannte Jackie
schon von klein auf. Gegenwärtig gibt es keine bessere Adresse
als das Hôtel Ritz in Paris, diese unermüdliche Grande Dame,
die Jackie über alles mochte. Ihr gefielen aber auch einige
Ritz-Carlton-Häuser (die mit der Pariser Gastlichkeit nichts
gemein hatten). Sie wohnte beispielsweise im Ritz-Carlton in
Boston und würde auch zielsicher das Milan's Bulgari Hotel
& Resort ansteuern, das ebenfalls zur Ritz-Carlton-Gruppe
zählt. Welch eine Vorstellung: Rubine *und* Zimmerservice.

● www.ritz.com
● www.ritzcarlton.com

Restaurants – essen und gesehen werden

New York

21 Club. Immer noch und auch weiterhin der perfekte Ort für Megadeals – bei einem tadellosen Tatarsteak und guten Drinks. Jackie mochte vor allem den Fisch Florentine, Cobb-Salate und das Pistazieneis. 21 W. 52nd Street, New York; 001/212/582-7200.

Café Carlyle. Hier speiste Jackie gern zu Mittag. 35 E. 76th St., New York; 001/212/570-7189.
● www.thecarlyle.com

Elaine's. Wie zu Jackies Zeiten sieht man hier noch immer jeden Abend Fernsehstars, Autoren und Verleger Kontakte knüpfen – oft unter den eigenen Porträtfotos an den Wänden, die an einen Pub erinnern. 1703 Second Avenue (zwischen 88th und 89th Straße), New York; 001/212/534-8103.

The Four Seasons. Philip Johnson machte es zum Spitzenrestaurant von Manhattan, woran sich nichts geändert hat. 99 E. 52nd Street, New York; 001/212/754-9494.

Serendipity 3. Eine luxuriöse Eisdiele nach bestem europäischen Vorbild. Jackie liebte die heiße Eisschokolade dort.

Heute ist ein Oprah fave sehr zu empfehlen. 225 East 60th Street, New York; 001/212/838-3531.

● www.serendipity3.com

Paris

Cafe Les Deux Magots. Ein Ganzjahresziel am linken Ufer, das Jackie jahrzehntelang besuchte und das noch immer die Massen anzieht. Zagats Restaurantführer zufolge ist das Frühstück heutzutage das Beste dort. 6, pl St-Germain-des-Prés, Paris; 0033/14/54 855 25.

Maxim's. Die unübertroffene Art-Nouveau-Schönheit dieses hundert Jahre alten Hauses schlug Jackie in den Bann und bezaubert noch immer ganz Paris. 3, rue Royale, Paris.

● www.maxims-de-paris.com

Wie Sie Ihren Jackie-Look perfektionieren

Stellen wir uns der Realität. Vieles muss von innen kommen, so viel ist klar. Aber für ein wenig Hilfe von außen verließ sich Jackie auf diese zeitlosen Zaubertränke:

Chanel No. 5. Jackie liebte diesen klassischen Duft.

● www.chanel.de (deutsch)

Elizabeth Arden Flawless Finish Foundation. Jackie war hingerissen davon, und vieles gibt es noch immer, womit diese Schönheitsserie äußerst langlebig ist.

● www.elizabetharden.com (englisch)

Janet Sartin. Salons dieses Namens gibt es in New York (875 Third Avenue) und Chicago, aber Sartins exklusive Produkte sind auch online erhältlich.

● www.sartin.com (englisch; liefert auch nach Europa)

Joy. Natürlich trug sie den damals teuersten Duft der Welt.

Lieblingsorte für sportliche Betätigung

Horseback Riding in Middleburg, Virginia. Jackie gehörte mehreren Jagdclubs an, aber in dieser grünen Gegend von Virginia gibt es auch jede Menge Gasthäuser, B&Bs sowie Reitställe, die für Gastreiter offen sind.

● www.middleburgonline.com (englisch)

Jogging around the Reservoir. (Heute: das Jacqueline Kennedy Onassis Reservoir.) Noch immer die angesagteste Laufstrecke in ganz Manhattan – und die beste, um Berühmtheiten zu sichten. 85th bis 96th Street, von Ost nach West.

● www.centralparknyc.org (englisch)

Ocean Swimming, Martha's Vineyard, Massachusetts. Nicht nur Strandanlieger dürfen durch das Wasser paddeln, das Jackie so sehr liebte (vergessen Sie aber nicht die Flossen für schöne Beine). Ihr Lieblingsplatz war Gay Head, aber die unzähligen öffentlichen Strände der Insel dürften ausreichen.

● www.mvol.com (englisch)

Bedienen Sie sich!

Jackies Einkaufsliste war nicht für den Durchschnittsgaumen gedacht, aber natürlich mochte sie auch ganz alltägliche Leckereien von Schokolade bis Mineralwasser.

Süßigkeiten. Ja, auch Jackie liebte Süßes. Ihre Favoriten waren Tootsie Rolls (ein typisch amerikanischer Schoko-Karamell-Riegel; in Deutschland übers Internet erhältlich, s. u.) und M&Ms. Solche Kleinigkeiten bot sie auch gern allzu ehrfürchtigen Gästen in ihrem Büro bei Doubleday an.

● www.worldofsweets.de

Backmischungen. Die einzig akzeptable Fertigbackmischung für Jackies Speisekammer war der Schokoladenkuchen von Duncan Hines. In Deutschland übers Internet erhältlich, z. B. bei

● www.american-candy.de

Tiefkühlgerichte. Eines Tages kehrte Jackie von einem Ausflug mach Middleburg zurück und schwärmte geradezu von den Tiefkühlgerichten von Lean Cuisine. »Sie konnte es nicht fassen, dass man sie einfach nur in den Ofen schieben musste«, sagte Marta Sgubin, damals Kindermädchen und Köchin bei Jackie.

Champagner und Sekt. Im Weißen Haus unverzichtbar, in Griechenland ebenfalls stets willkommen waren Jackie unter anderem:

- Baron Philip Rothschild
- Dom Perignon
- Krug
- Moët et Chandon Imperial Brut

Wein und Spirituosen. Wenn Jackie nach 1600 Pennsylvania Avenue einlud, bevorzugte sie die folgende Auswahl – von niedrig- bis hochprozentig:

- Almaden Grenache Rosé
- Bacardi Rum
- Chateâu Coton Grancey
- Chateâu Haut-Brion
- Chateâu de Puligny-Montrachet
- Grands Echézeaux
- Stolichnaya Wodka

Mineralwasser. Es kann nur eines geben, nämlich: Perrier.

Das Kulturkarussell

Jackie war stets hier und dort und letztlich praktisch überall, wo Kultur zu finden war.

Grand Central Terminal. Wer im Restaurant Métrazur auf dem Ostbalkon sitzt, kann alles überblicken, was Jackie für bewahrenswert hielt, von den Kuppeldecken bis hin zu der berühmten Uhr. Oder man trifft sich in der Clubatmosphäre des Campbell Apartments zum After-Office-Cocktail. 110 E. 42nd St., New York.

● www.grandcentralterminal.com

John F. Kennedy Library und Museum. Allein auf der Webseite der Bibliothek finden sich über 1426 Hinweise auf Jacqueline Kennedy. Wer persönlich erscheint, kann sich alles ansehen, von ihren Essays für den Prix de Paris von *Vogue*, 1951, bis hin zu dem Kleid, das sie während der Fernsehaufzeichnungen über den neuen Chic im Weißen Haus trug. In der Geschenkboutique kann man sich nach Herzenslust mit Jackie-Andenken eindecken. Columbia Point, Boston, Massachusetts.

● www.jfklibrary.org

The John F. Kennedy Center for the Performing Arts. Als »lebendes Denkmal« für Präsident Kennedy ist diese Einrichtung ein nationales Kulturzentrum, das teils aus öffentlicher Hand, teils privat finanziert wird. Hier finden sich die unterschiedlichsten Künstler von Weltrang ein, außerdem ist das National Symphony Orchestra hier zu Hause, und es gibt zahlreiche Angebote sowie Workshops für Erwachsene und Kinder. 2700 F. Street NW, Washington D. C.

● www.kennedy-center.org

Metropolitan Museum of Art. Hier kann man Schätze aus der Zeit der Etrusker bis hin zur Moderne bewundern, darunter den zauberhaften Tempel von Dendur, der auf Jackies Betreiben hin in die USA gelangte (sie konnte das von Glas geschützte ägyptische Wunderwerk von ihrem Appartement an der Fifth Avenue aus sehen). Freitagabend ist ein

Glas Wein zum kostenlosen Klassikkonzert zu empfehlen. Im Sommer können Sie im Skulpturengarten auf dem Dach zwischen den Werken von Joel Shapiro umherspazieren und dabei an einem Daiquiri nippen. 1000 Fifth Avenue (Höhe 82th Street), New York; 001/212/535-7710.

● www.metmuseum.org

Metropolitan Opera House. Jackie kämpfte für die Erhaltung des ursprünglichen Gebäudes an der 39th Street. Nach dem Umzug der Met ins Lincoln Center wurde sie eine wichtige Gönnerin und war oft bei Opern- oder Ballettpremieren zu Gast. Auch zählte sie lange zum Direktorium des American Ballet Theatre. Ihr Lieblingsplatz? Natürlich die Logen, die eine gewisse Privatsphäre bieten. Lincoln Center, New York; 001/212/362-6000.

● www.metopera.org

Versailles. »Bescheiden« ist das Letzte, was einem bei der Beschreibung des Landschlösschens und der Parks von Ludwig XIV. in den Sinn kommt, zumal die Nachfolger des Sonnenkönigs das Anwesen weiter ausbauten. Andererseits war es genau diese historische und dekorative Einmaligkeit, die Jackie zu ihren zahlreichen Besuchen verlockte. Betrachten Sie sich im Spiegelsaal, wo einst Jackie glänzte, und achten Sie auf den spektakulären Louis-XV.-Sekretär oder Marie-

Antoinettes Sammlung chinesischer Vasen. Solche Kleinodien hätte Jackie O. ganz sicher zu schätzen gewusst.
● www.chateauversailles.fr

Bücher, denen Jackie auf die Welt geholfen hat

Neunzehn Jahre lang war Jackie als Verlagslektorin tätig und
hat sich in dieser Zeit auf viele verschiedene Territorien gewagt. Dabei war ihr Geschmack ebenso vielseitig wie die
Themenauswahl – von Michael Jackson bis hin zu russischer
Geschichte –, wie die folgende Übersicht über einen Teil ihrer Projekte zeigt. Die meisten Titel sind noch erhältlich,
vergriffene Ausgaben sind mitunter über www.abebooks.com
und www.alibris.com aufzustöbern.

Beard, Peter: *Longing for Darkness. Kamante's Tales From
Out of Africa.* Hardcourt, 1975. (Jackie schrieb einen Beitrag für dieses Buch.)

Beever, Antony, Cooper, Artemis: *Paris after the Liberation.
1944 to 1949.* Doubleday, 1994.

Bernier, Olivier: *Louis XIV. A Royal Life.* Doubleday, 1987.
(dt.: *Ludwig XIV. Die Biographie.* Patmos, 2003)

Campbell, Joseph, und Moyers, Bill: *The Power of Myth.*
Doubleday, 1989. (dt.: *Die Kraft der Mythen.* Patmos,
2007)

Cott, Jonathan: *Isis and Osiris. Exploring the Godess Myth.*
Doubleday, 1994.

De Pauw, Linda: *Remember the Ladies. Women in America 1750–1815*. Viking, 1976.

Giles, Sarah: *Fred Astaire. His Friends Talk*. Doubleday, 1988.

Graham, Martha: *Blood Memory*. Doubleday, 1991. (dt.: *Der Tanz, mein Leben. Eine Autobiographie*. Heyne, 1992)

Jackson, Michael: *Moonwalk*. Doubleday, 1988. (dt.: *Moonwalk. Mein Leben*. Goldmann, 1991)

Jamison, Judith: *Dancing Spirit*. Doubleday, 1993.

Kirkland, Gelsey: *Dancing on my Grave*. Doubleday, 1987.

Lowe, David Garrard: *Stanford White's New York*. Doubleday, 1992.

Lyons, Robert: *Egyptian Time*. Doubleday, 1992.

Mason, Francis (Hrsg.): *I Remember Balanchine*. Doubleday, 1991.

Onassis, Jacqueline (Hrsg.), Zvorykin, Boris (Illustrator): *The Firebird and Other Russian Fairy Tales*. Viking, 1976.

Onassis, Jacqueline (Hrsg.): *In the Russian Style*. (Metropolitan Museum Kunstkatalog). Viking, 1976.

Patnaik, Naveen: *The Garden of Life. An Introduction to the Healing Plants of India*. Doubleday, 1993.

Plimpton, George: *Fireworks. A History and Celebration*. Doubleday, 1991.

Previn, Andre: *No Minor Chords. My Days in Hollywood*. Doubleday, 1991.

Radzinsky, Edvard: *The Last Tsar. The Life and Death of Nicholas II*. Doubleday, 1992. (dt.: *Nikolaus II. Der letzte Zar und seine Zeit*. C. Bertelsmann, 1992)

Sis, Peter: *Three Golden Keys*. Doubleday, 1994. (dt.: *Die drei goldenen Schlüssel*. Hanser, 1995)

Stenn, David: *Bombshell. The Life and Death of Jean Harlow*. Doubleday, 1993.

Turbeville, Deborah: *Unseen Versailles*. Doubleday, 1981.

Valenti, Jack: *Protect and Defend*. Doubleday, 1992.

Vreeland, Diana: *Allure*. Doubleday, 1980.

Wenner, Jann: *The Best of Rolling Stone. 25 Years of Journalism on the Edge*. Doubleday, 1993.

West, Dorothy: *The Wedding*. Doubleday, 1995. (dt.: *Die Hochzeit*. Kindler, 1996)

Geistige und geistliche Führung

Trotz zahlreicher persönlicher Tragödien, Zweifeln und ihrer Exkommunizierung fand Jackie ihr Leben lang Trost an Andachtsorten.

Newport, R.I.

St. Mary's. Wo John F. Kennedy und Jackie zum Altar schritten. Ecke Spring Street und Memorial Boulevard, Newport, R. I.; 001/401/847-0475.

Washington, D. C.

Holy Trinity Roman Catholic Church. Vor und während ihrer Jahre im Weißen Haus besuchten die Kennedys hier regelmäßig die Messe. 3513 N Street, NW, Washington D. C.; 001/202/337-2840.

Palm Beach

St. Edwards Church. Die Lieblingskirche der Kennedys in Florida. Rose pflegte beide Sonntagsmessen wahrzunehmen, und von Jackie existiert ein berühmter Schnappschuss, wie sie sich einmal Ostern ohne Strümpfe und im ärmellosen

367

Shirt dort zeigte. 144 North Country Road, Palm Beach, Florida; 001/561/832-0400.

New York
St. Ignatius Loyola. In dieser Kirche wurde Jackie getauft, gefirmt und gepriesen. 980 Park Avenue (Höhe 84th St.), New York; 001/212/288-3588.

St. Thomas More Catholic Church. Jackies normale Kirche. Hier wurden Rose Schlossberg getauft und die Totenfeier für John F. Kennedy Jr. abgehalten. 65 East 89th St. (Nähe Madison Avenue), New York; 001/212/876-7718.

Saint Patrick's Cathedral. Hier fand die Totenfeier für Senator Robert Kennedy statt. 14 East 51st Street, New York; 001/212/753-2261.

St. Francis Xavier, Hyannis, Massachusetts. Hier besuchten Jackie und John die Messe, wenn sie auf ihrem Familiensitz weilten. 347 South Street, Hyannis, Massachusetts; 001/508/775-5361.

In memoriam

Arlington National Cemetery. 1963 entzündete Jackie das ewige Licht auf John F. Kennedys Grab, das noch heute brennt. Jackie, Patrick und ihre totgeborene Tochter sind neben ihm begraben. Arlington, Virginia.
● www.arlingtoncemetery.org

Dank

Ohne die wundervolle Unterstützung, Anleitung und den gelegentlichen Tritten seitens unserer geliebten Familien, Freunde und Kollegen wäre dieses Buch nicht möglich gewesen. Unser Dank gilt Barbara, Clarence und Deborah Branch für ihre treue Ergebenheit, all die eiligen Imbisse und nächtlichen Aufmunterungsaktionen, Reeves Callaway für seinen stets kühlen Kopf und sein gutes Herz, Linda Buhler für ihre Liebe und unermüdliche Hilfe an beiden Küsten, Nicholas Callaway für weisen Rat und Liliora Callaway für ihre liebenswerte Art, selbst mies gelaunte, jetlaggeplagte Autorinnen aufzumuntern.

Unverzichtbar waren auch alle, die uns großzügig mit Informationen versorgten. Wir danken unseren Helfern für ihre Gedanken, Überlegungen, Erinnerungen und Einblicke, auf denen dieses Buch beruht. Zu dieser großen Mannschaft zählen Menschen, die Jacqueline Kennedy Onassis persönlich kannten, aber auch solche, die ihre unvergessliche Lebenskunst bewunderten. Viele halfen uns durch aufgezeichnete Interviews und werden nachfolgend und im Buch namentlich genannt. Andere wollten lieber anonym bleiben, was wir ebenfalls respektiert haben. Wieder andere gewährten Einblick in schwer zugängliche oder weitgehend unbekannte Quellen. Auch diesen Menschen sind wir zu Dank verpflichtet.

Zunächst eine tiefe Verneigung vor Letitia Baldrige, die mit ihrer Zeit, ihrer Weisheit und den Erinnerungen an die Jahre im Weißen Haus und danach so überaus großzügig war.

Andere, die uns Interviews gewährten oder wichtige Informationen beisteuerten, sind (in alphabetischer Reihenfolge): Hugh D. Auchincloss III, James Lee Auchincloss, Maria Bartiromo, George Beylerian, Stanley Bing, Manolo Blahnik, Mario Buatta, Joan Juliet Buck, Oleg Cassini, Jean Chatzky, Dr. Deepak Chopra, Joannie Danielides, Simon Doonan, Eve Ensler, Ed Epstein, Susan Fales-Hill, Frederic Fekkai, Raoul Felder, Thom Filicia, Pamela Fiori, Albert Hadley, Solange Herter, Thomas Hoving, Keith Irvine, Elaine Kaufman, Joan B. Kennedy, Barbara Kline, Ed Koch, Michael Kors, Richard Koshalek, Richard Keith Langham, Francesca Leoni, Robert Love, George Malkemus, Melody Miller, Thomas Morissey, Kiki Feroudi Moutsatsos, Julian Niccolini, Paul Novograd, Patrick O'Connell, Dana Reuter, Ron Roge, Harry Slatkin, Joan Rivers, Ian Schrager, Aaron

Shikler, Carly Simon, Nacole Snoep, Omarosa Manigault Stallworth, Radu Teodorescu, Dr. Michael Thompson, Blaine Trump und Faye Wattleton.

Außerdem haben uns viele bei der Suche nach Forschungsmaterial für dieses Buch unterstützt, wofür wir ihnen zu großem Dank verpflichtet sind. Ganz oben auf unserer Liste steht Evelyn Cunningham – unsere unermüdliche Retterin, die alle Recherchearbeiten geschickt koordiniert hat. Danke auch an Stephen Plotkin, Archivar in der John Fitzgerald Kennedy Library; Sharon Kelly, wissenschaftliche Assistentin an der JFK Library; Mary Rose, audiovisuelle Archivarin an der JFK Library, und John Shattuck, Präsident der John Fitzgerald Kennedy Library Foundation; Bernard Crystal von der Bibliothek für seltene Bücher und Manuskripte an der Columbia University; Jean Ashton von der Columbia University; Tom Tierney von den Archiven von *Women's Wear Daily*; Matthew Weigman von Sotheby's; Paula Hantman von Hantman's Auctioneers & Appraisers; Anne Anielewski von der New York Municipal Art Society; Lynn Swanson, Wilton Library Association, und Richard Reston von der *Vineyard Gazette*.

Andere Menschen spielten eine Schlüsselrolle für Strategie und Motivation. Danke Matthew Guma und Richard Pine von Inkwell Management. Matthews Anfangs- und Dauerbegeisterung war für uns von größter Bedeutung. Ezra Doner sind wir für seinen klugen rechtlichen Rat dankbar, Jill Kneerim für ihre literarischen Anmerkungen, Nicolette Wales und Regina Ranonis für die visuelle Empfänglichkeit, Julie Moline, Deborah Weisgall und Teri Agins fürs Mitdenken beim Lesen. Beim *Wall Street Journal* gebührt unser Dank Paul Steiger, Melinda Beck, Jeffrey Trachtenberg und Cheryl Tan, die uns bei diesem besonderen Unterfangen ermutigt haben, sowie Robert Christie und Emily Edmonds für die kreative PR-Arbeit. Die phänomenalen Beiträge unserer Illustratorin Monika Roe wissen wir besonders zu schätzen und applaudieren ihr an dieser Stelle. Und zu guter Letzt verneigen wir uns vor unseren Helden bei Gotham Books – unserem Verleger William Shinker, der Lektorin Lauren Marino, dem Multitalent Hilary Terrell und Webmaster Robert Kempe. Wir sind zutiefst dankbar, dass ihr und das erstaunliche Team bei Penguin uns über jedes erwartete Maß hinaus unterstützt habt.

Eine Anmerkung noch: Viele haben Wetten abgeschlossen, ob zwei so enge Freundinnen gemeinsam ein Buch schreiben könnten, ohne damit ihre intakte Freundschaft aufs Spiel zu setzen. Trotz aller logistischer Herausforderungen und des enormen Zeitdrucks haben wir es heil überstanden.

Quellen

Viele Biografen, Historiker und Autoren haben sich mit Jacqueline Kennedy Onassis, der Kennedy-Ära und den Familien Kennedy und Onassis beschäftigt. Neben Originalinterviews und anderen Quellen (einschließlich unveröffentlichter Korrespondenz, Transkriptionen von mündlichen Berichten, Notizen, Essays, Rechnungen, Terminplänen, Sketchen, privaten Fotoalben, Ausstellungen, Dokumentationen und einiges mehr) haben die Autorinnen über hundert bereits veröffentlichte Bücher und Artikel zu Rate gezogen. Nachfolgend eine Liste der Werke, in denen die Autorinnen wichtige Informationen über Ereignisse aus dem Leben von Jacqueline Kennedy Onassis entdeckt haben. Im Anschluss folgt eine bibliografische Auswahl.

Hauptquellen

Andersen, Christopher: *Jackie After Jack: Portrait of the Lady.* William Morrow, 1998.

Andersen, Christopher: *Sweet Caroline: Last Child of Camelot.* HarperCollins, 2003.

Baldrige, Letitia: *A Lady, First: My Life in the Kennedy White House and the American Embassies of Paris and Rome.* Penguin Books, 2002.

Bradford, Sarah: *America's Queen.* Viking, 2000. (dt.: *Jackie Kennedy Onassis.* Krüger, 2000)

Gallagher, Mary Barelli: *My Life with Jacqueline Kennedy.* David McKay Company Inc, 1969. (dt.: *Die unvergesslichen Jahre mit Jackie im Weißen Haus.* Lichtenberg, 1970)

Heymann, C. David: *A Woman Named Jackie: An Intimate Biography of Jacqueline Bouvier Kennedy Onassis.* Birch Lane Press, 1994. (dt.: *Eine Frau namens Jackie. Die intime Biographie von Jacqueline Kennedy-Onassis.* Heyne, 1990)

Keogh, Pamela Clarke: *Jackie Style.* HarperCollins, 2001.

Klein, Edward: *Farewell Jackie: A Portrait of Her Final Days.* Viking, 2004.

Klein, Edward: *Just Jackie: Her Private Years.* Ballantine, 1998.

Smith, Sally Bedell: *Grace and Power: The Private World of the Kennedy White House.* Random House, 2004.

Spoto, Donald: *Jacqueline Bouvier Kennedy Onassis.* St. Martin's Press, 2000. (dt.: Jackie O. Europa Verlag, 2000)

Taraborrelli, J. Randy: *Jackie, Ethel, Joan: Women of Camelot.* Time Warner, 2000. (dt.: *Die Kennedys und ihre Frauen.* Herbig, 2001)

West, J. B.: *Upstairs at the White House: My Life with the First Ladies.* Warner, 1974

Bibliografie (Auswahl)

Abbott, James A., Rice, Elane M.: *Designing Camelot: The Kennedy White House Restoration.* John Wiley & Sons, 1998.

Adler, Bill (Hrsg.): *The Eloquent Jacqueline Kennedy Onassis: A Portrait in Her Own Words.* William Morrow, 2004.

Andersen, Christopher: *The Day John Died.* William Morrow, 2000. (dt.: *John F. Kennedy Jr.* Marion Schröder, 2000)

Andersen, Christopher: *Jack and Jackie: Portrait of an American Marriage.* Avon Books, 1996.

Anthony, Carl Sferrazza: *As We Remember Her: Jacqueline Kennedy Onassis in the Words of Her Family and Friends.* HarperCollins, 1997.

Anthony, Carl Sferrazza: *The Kennedy White House.* Touchstone, 2001.

Baldrige, Letitia/Verdon, René: *In the Kennedy Style: Magical Evenings in the Kennedy White House.* Doubleday, 1998.

Baldrige, Letitia: *Of Diamonds & Diplomats.* Ballantine Books, 1969.

Bartlett, Apple Parish et al.: *Sister: The Life of Legendary American Interior Decorator Mrs Henry Parish II.* St. Martin's Press, 2000.

Blow, Richard: *American Son: A Portrait of John F. Kennedy, Jr.* Henry Holt & Co, 2002.

Bouvier, Jacqueline, Bouvier, Lee: *One Special Summer.* Delacorte Press, 1974.

Bowles, Hamish: *Jacqueline Kennedy: The White House Years. Selections from the John F. Kennedy Library and Museum.* The Metropolitan Museum of Art, 2001.

Bradlee, Benjamin C.: *Conversations with Kennedy.* Konecky & Konecky, 2000.

Cafarakis, Christian: *The Fabulous Onassis: His Life and Loves.* William Morrow, 1972.

Cassini, Oleg: *In My Own Fashion.* Pocket Books, 1990.

Cassini, Oleg: *A Thousand Days of Magic.* Rizzoli, 1995.

Clinton, Hillary Rodham: *Living History.* Scribner, 2003. (dt.: *Gelebte Geschichte.* Econ, 2003)

Connally, Nellie: *From Love Field: Our Final Hours with President John F. Kennedy.* Rugged Land, 2003.

David, Lester: *Jacqueline Kennedy Onassis: A Portrait of Her Private Years.* St. Martin's, 1994. (dt.: *Jackie Kennedy. Sie prägte eine Epoche.* Droemer Knaur, 1994)

Davis, John H.: *Jacqueline Bouvier: An Intimate Memoir.* John Wiley & Sons, 1996.

Dherbier, Yann-Brice, Verlhac, Pierre-Henri: *Jackie: A Life in Pictures.* PowerHouse Books, 2004.

DuBois, Diana: *In Her Sister's Shadow: An Intimate Biography of Lee Radziwill.* Little, Brown and Company, 1995.

Duhême, Jacqueline: *Mrs Kennedy Goes Abroad.* Artisan, 1998. (dt.: *Jacqueline Kennedy auf Reisen.* Gerstenberg, 1998)

Evans, Peter: *Ari: The Life and Times of Aristotle Socrates Onassis.* Charter Books, 1986. (dt.: *Aristoteles Onassis.* Econ, 1987)

Evans, Peter: *Nemesis.* HarperCollins, 2004.

Flaherty, Tina Santi: *What Jackie Taught Us: Lessons from the Remarkable Life of Jacqueline Kennedy Onassis.* Perigree, 2004.

Fraser, Nicholas et. al.: *Aristotle Onassis.* Lippincott, 1977. (Dt.: *Onassis.* Ullstein, 1982)

Goodwin, Doris Kearns: *The Fitzgeralds and the Kennedys.* Simon and Schuster, 1987.

Hackett, Pat (Hrsg.): *The Andy Warhol Diaries.* Warner Books, 1989.

Heilman, Joan Rattner (Hrsg.): *Kenneth's Complete Book on Hair.* Doubleday, 1972.

Kelleher, K. L.: *Jackie: Beyond the Myth of Camelot.* K. L. Kelleher, 2000.

Kennedy, Caroline: *The Best Loved Poems of Jacqueline Kennedy Onassis.* Hyperion, 2001.

Klein, Edward: *All Too Human: The Love Story of Jack and Jackie Kennedy.* Simon and Schuster, 1997. (dt.: *Jack und Jackie. Die Kennedys. Traumpaar im Zentrum der Macht.* Rütten & Loening, 1997)

Klein, Edward: *The Kennedy Curse.* St. Martin's, 2003. (dt.: *Das Geheimnis der Kennedys.* Herbig, 2004)

Ladowsky, Ellen: *Jacqueline Kennedy Onassis.* Random House, 1997.

Leamer, Laurence: *The Kennedy Women: The Saga of an American Family.* Ballantine Books, 1995. (dt.: *Die Frauen der Kennedys.* Bertelsmann, 1998)

Leamer, Laurence: *Sons of Camelot: The Fate of an American Dynasty.* William Morrow, 2004.

Leaming, Barbara: Mrs Kennedy: *The Missing History of the Kennedy Years.* Simon & Schuster, 2001.

Lincoln, Anne H.: *The Kennedy White House Parties.* The Viking Press, 1967.

Marton, Kati: Hidden Power: *Presidential Marriages That Shaped Our Recent History.* Pantheon Books, 2001.

Moon, Vicky: *The Private Passion of Jackie Kennedy Onassis: Portrait of a Rider.* Regan Books, 2005.

Moutsatsos, Kiki Feroudi: *The Onassis Women.* Putnam, 1988.

Pottker, Jan: *Janet & Jackie: The Story of a Mother and Her Daughter, Jacqueline Kennedy Onassis.* St. Martin's Griffin, 2001.

Radziwill, Lee: *Happy Times.* Assouline, 2000.

Rhea, Mini: *I Was Jacqueline Kennedy's Dressmaker.* Fleet Publishing, 1962.

Sgubin, Marta: *Cooking for Madam: Recipes and Reminiscences from the Home of Jacqueline Kennedy Onassis.* Scribner, 1998.

Shaw, Maud: *White House Nannie: My Years with Caroline and John Kennedy Jr.* New American Library, 1966.

Sotheby's. *The Estate of Jacqueline Kennedy Onassis.* Sotheby's. 1996.

Sotheby's. *Property from Kennedy Family Homes.* Sotheby's, 2004.

Spada, James: *Jackie: Her Life in Pictures.* St. Martin's Press, 2000.

Thayer, Mary Van Rensselaer: *Jacqueline Bouvier Kennedy.* Doubleday, 1961.

Thayer, Mary Van Rensselaer: *Jacqueline Kennedy: The White House Years.* Little, Brown and Co., 1967.

Verdon, René: *The White House Chef Cookbook.* Doubleday, 1968.

Vreeland, Diana: *D.V.,* Alfred A. Knopf, 1984.

White, Theodore H.: *In Search of History.* Harper & Row, 1978, S. 517–525.

Zilkha, Bettina: *Ultimate Style: The Best of the Best Dressed List.* Assouline, 2004.

Archivsammlungen

John Fitzgerald Kennedy Library

Transkribierte mündliche Berichte: Lawrence J. Arata, Janet Auchincloss, Charles Bartlett, Barbara Coleman, Roswell Gilpatric, Fürstin Gracia von Monaco, August Heckscher, Dr. Roy Heffernan, Jacqueline Hirsh,

John Hay Hooker, Jr., Joseph Karitas, Peter Lisagor, Nelson Pierce, Hugh Sidey, Cordenia Thaxton, Nancy Tuckerman und Pamela Turnure, J. B. West, Irvin Williams.

Akten des Weißen Hauses

Vogue-Ausschnitte

Hängeregistraturen

Dokumente von Theodore White Camelot

Audiovisuelle Sammlung

Persönliche Dokumente von Hugh D. Auchincloss III

Sonstige Sammlungen

Lyndon Baines Johnson Library

Mündlicher Bericht von Jacqueline Kennedy Onassis, 1974.

Columbia University

Rare Book & Manuscript Library

Dokumente zu Mary B. Lasker, Sammlung James Oliver Brown, Sammlung Lionel Trilling

Oral History Collection, Columbia University

Erinnerungen von: Thomas H. Guinzburg, Aaron Shikler, Beatrice und Bruce Gould

University of Kentucky

The John Sherman Cooper Oral History Project, Interview mit Jacqueline Kennedy Onassis, 1981.

Akten des Secret Service

Sonstige Quellen

Letzter Wille und Testament von Jacqueline Kennedy Onassis, 22. März 1994.

Auktionshaus Hantman's Auctioneers & Appraisers: John F. Kennedy and Jacqueline Kennedy Onassis Memorabilia Collection catalog, Juli 2003.

Auktionshaus Hantman's Auctioneers & Appraisers: Political Memorabilia Auction catalog, Oktober 2004.

Jackie: Behind the Myth. PBS Home Video, Educational Broadcasting Corp., 1999.

Jackie: Power and Style. CineNova Productions Inc., 1999.

The Kennedy Mystique: Creating Camelot. Partisan/Blackstrap Productions, 2004; Wellspring Media, Inc., 2004.

Register

Die neue Style-Bibel!

16741